MEIN
TOPFGARTEN

DORLING KINDERSLEY
London, New York, Melbourne, München und Delhi

Programmleitung Jonathan Metcalf
Projektleitung Liz Wheeler
Cheflektorat Esther Ripley
Projektbetreuung Zia Allaway
Redaktion Sarah Ruddick, Christine Dyer
Bildredaktion Alison Donovan, Vicky Read
DK Bilddatenbank Jenny Baskaya, Lucy Claxton
Art Director Peter Luff
Fotos Peter Anderson
Herstellung Joanna Byrne

RHS Lektorat Simon Maughan, James Armitage
Zusätzliche Texte Zia Allaway

Für die deutsche Ausgabe:
Programmleitung Monika Schlitzer
Projektbetreuung Manuela Stern
Herstellungsleitung Dorothee Whittaker
Herstellung und Covergestaltung Kim Weghorn

Bibliografische Information Der Deutschen Bibliothek
Die Deutsche Bibliothek verzeichnet diese Publikation in der
Deutschen Nationalbibliografie; detaillierte bibliografische Daten
sind im Internet über http://dnb.ddb.de abrufbar.

Titel der englischen Originalausgabe:
RHS How to grow plants in pots

Übersetzung Reinhard Ferstl
Lektorat Agnes Pahler

ISBN 978-3-8310-2071-3

Printed and bound in China by Leo Paper

Besuchen Sie uns im Internet
www.dorlingkindersley.de

Hinweis
Die Informationen und Ratschläge in diesem Buch sind
von den Autoren und vom Verlag sorgfältig erwogen
und geprüft, dennoch kann eine Garantie nicht über-
nommen werden. Eine Haftung der Autoren bzw. des
Verlags und seiner Beauftragten für Personen-, Sach-
und Vermögensschäden ist ausgeschlossen.

MEIN
TOPFGARTEN

MARTYN COX

DORLING KINDERSLEY

Inhalt

 Mit diesem Symbol sind Zimmerpflanzen gekennzeichnet

A–Z DER PFLANZEN

GESTALTEN MIT GEFÄSSEN

Ob groß oder klein, modern oder traditionell – für jeden Garten, jede Einrichtung und jedes Design gibt es passende Gefäße. Wählen Sie zur Pflanzenauswahl einen passenden Topf. Kombinierte Gefäße aus unterschiedlichen Materialien und in gegensätzlichen Farben wirken immer gut. Wenn Ihr Heim und Garten aus der Masse herausragen sollen, brauchen Sie sich nur nach Gestaltungsideen umzusehen. In diesem Kapitel finden Sie jede Menge davon!

Gruppieren Sie Töpfe mit Sommerblumen *zu modernen Arrangements oder bringen Sie Beete mit Dahlien zum Leuchten. Panaschierte Blattschmuckpflanzen setzen im Haus Akzente. Kisten mit Kräutern wirken rustikal in ländlichen Gärten.*

Werden Sie kreativ

Die Auswahl an Pflanzgefäßen ist enorm. Traditionelle Formen und Materialien gibt es für jeden Gartenstil, ob natürlich oder streng, doch lassen sich auch gebrauchte Behälter zu originellen Gefäßen umfunktionieren. Für pflegeleichte moderne Gärten sind schlanke Würfel, Zylinder und Kegel aus Metall, Kunststoff oder Stein ideal.

Pflanzen in Töpfen sind ausgesprochen wertvolle, unübersehbare Gestaltungselemente. Gerade deshalb aber sollte man sie sorgfältig auswählen. Durch perfekte Abstimmung zwischen dem Gefäß und den Gewächsen entstehen die verschiedensten Arrangements in allen nur denkbaren Stilen, Farben, Formen und Größen.

Die Behältnisse können aus Kunststoff, Glasfaser, Ton, Stein, glasierter Keramik, Metall und Holz sein. Aber wofür entscheidet man sich am besten? Das hängt zum einen vom Gesamteindruck und Stil Ihres Gartens und zum anderen von den zu pflanzenden Gewächsen ab. Natürlich müssen den Pflanzen zuallererst die Standortbedingungen behagen, ansonsten aber kann man getrost mit unkonventionellen Kombinationen experimentieren. Denn einen großen Vorteil hat die Kultur in Töpfen: Fehler sind leicht und schnell korrigiert!

Oben **Penstemon** *und* **Ligularia** *in verwitterten Holzkisten bereichern rustikal gestaltete Pflanzungen und naturnahe Gärten. Man kann die Kisten stapeln oder zu einer Gruppe zusammenstellen, um ein stimmiges Arrangement mit mehreren Ebenen zu schaffen.*

Rechts **Das leuchtende Rot von** **Acer palmatum** *setzt einen Kontrapunkt zum Kobaltblau des alten Ölfasses. Durch kreatives Gestalten geben Sie einer Pflanzung Höhe und Struktur.*

Umweltfreundliches Gestalten

Verwerten statt Wegwerfen: Wer ausgediente Behältnisse, die eigentlich für den Müll bestimmt sind, als Pflanzgefäße nutzt, schont die Umwelt und den Geldbeutel. Man verleiht damit aber auch dem Garten eine ganz persönliche Note. Alte Stiefel, Dosen, Eimer, Wein- und Obstkisten, Plastikbecher und Siebe ... alles, was Platz für Erde bietet, kann zum Lebensraum für Pflanzen umfunktioniert werden. Selbst Büchsen sehen gut aus – ideal sind größere Blechschachteln, wie sie in Restaurants und Lebensmittelläden Verwendung finden. Bevor man sie aber als Pflanzgefäß zweckentfremdet, muss man einige Abzugslöcher in den Boden bohren. Außerdem brauchen die Gewächse genug Platz zur Entfaltung.

Unten **Salate sind in ausgedienten Getränkekartons** *gut aufgehoben. Sie wurzeln flach und eignen sich für die verschiedensten Gefäße. Vor dem Bepflanzen müssen aber Abzugslöcher in den Boden gebohrt werden.*

Unten links **Mit Osterglocken** *verwandeln Sie Blechdosen in dekorative Pflanzgefäße.*

Unten **Sommerblumen** *wie Blaues Gänseblümchen und Zweizahn passen gut in Ihre ausgedienten Stiefel.*

Kühl und modern

In modernen Terrassengärten und minimalistischen Höfen setzt man am besten auf schlichte, elegante Gefäße oder eckige Formen, die zu einem strengen geometrischen Design passen. Übermäßig verzierte oder traditionelle Töpfe dagegen vertragen sich nicht mit zeitgenössischem Ambiente. Während hohe, rechteckige Gefäße bestens mit spitzem oder fiedrigem Laub harmonieren, sind niedrige Würfel ideal für Hochstämmchen mit runder Krone oder kuppelförmig geschnittene Buchsbäume. Kästen überlässt man Gemüse, Kräutern und anderen Nutzpflanzen. Schlanke Zylinder und kegelförmige Töpfe ergänzen sich mit Hängepflanzen zu einer stimmigen asymmetrischen Gruppe. In modernen Gefäßen sehen die meisten Gewächse gut aus, am besten aber kommen strukturbetonte Pflanzen wie Formschnittgehölze, Gräser, Bambus oder Sukkulenten zur Geltung.

*Ganz rechts **Säumen Sie Stege** mit einem Spalier hoher Kunststoffgefäße. Für farbenfrohen Pep sorgt eine Bepflanzung mit* Imperata cylindrica *'Red Baron'.*

*Rechts **Ein minimalistisches Arrangement** aus geometrisch geschnittenen Buchsbäumen und Fächer-Ahornen in großen Gefäßen rahmt den Sitzbereich ein und bildet eine stilvolle Kulisse.*

*Unten **Ein kegelförmiges Gefäß** auf einer Metallplatte unterstreicht die Farbe und Form spitzlaubiger Sukkulenten und hängender Blattschmuckpflanzen im Trockengarten.*

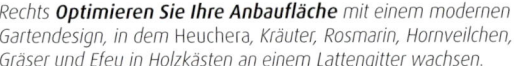

*Rechts **Optimieren Sie Ihre Anbaufläche** mit einem modernen Gartendesign, in dem Heuchera, Kräuter, Rosmarin, Hornveilchen, Gräser und Efeu in Holzkästen an einem Lattengitter wachsen.*

Moderne Materialien

Moderne Gefäße sollen zu modernen Gärten passen und werden daher meist aus Metall oder Kunststoff hergestellt. Sie sind vielseitig einsetzbar, halten lange, wiegen wenig und lassen sich leichter reinigen als Töpfe aus herkömmlichem Material.

METALL

Zink, gehämmertes Aluminium, geschliffener oder verzinkter Stahl und Cortenstahl, der eine schöne Rostpatina bekommt ... sie alle eignen sich für Pflanzgefäße. Da Metall in der Sonne rasch heiß wird, kleidet man es vor dem Bepflanzen mit Luftpolsterfolie aus, sonst werden die Wurzeln geröstet. Für schattige Plätze eignet sich reflektierendes Metall.

Rechts **Zum Spiegelsaal** *wird Ihr Garten mit auffälligen Gefäßen wie diesem geflochtenen Alutopf. Als Blickfang dient eine Cordyline mit spitzen Blättern über einem farbenfrohen Blütenpolster.*

KUNSTSTOFFE

Leichte Töpfe aus Glasfaser oder Faserton eignen sich besonders für Dachgärten, Balkone und andere Bereiche, in denen das Gewicht eine Rolle spielt. Moderne Plastikgefäße sehen mitunter sehr elegant aus und sind in etlichen Stilen und Farben erhältlich. Zudem vertragen sie Frost und halten lange.

Oben **Manchmal lohnt es sich,** *für moderne Gärten in ein Designergefäß wie diesen glatten Metalltopf in Form einer Seidentasche zu investieren.*

Links **Unterpflanzen Sie** *Oliven-Hochstämmchen in Metalltöpfen mit fiedrig blauen Büscheln aus Festuca glauca.*

Links **Zarte Farnwedel** *stehen in Kontrast zur eleganten, modernen Form eines Kunststofftopfs. Durch Spritzguss entstehen aus dem vielseitigen Material unendlich viele unterschiedliche Formen.*

Altmodischer Charme

Naturnahe Pflanzungen und Bauerngärten sind der geeignete Platz für Gefäße aus traditionellen Materialien in klassischer Vasen- oder Schalenform. In Landhausgärten mit breiten Rabatten, einem winzigen, von einer Ziegelmauer gesäumten Bauerngarten oder einem Areal mit schlichter Rasenfläche und kleiner Terrasse setzt man Terrakottatöpfe in warmen Farben ein, die den natürlichen Eindruck unterstreichen. Sie drängen mit ihren gedeckten Tönen weder Blüten noch Blätter in den Hintergrund und wirken mit der Zeit immer rustikaler, wenn sie verwittern. Allerdings springen viele Tongefäße, sobald die Temperatur unter Null fällt. Daher sollte man nur frostsichere Exemplare mit Zehn-Jahres-Garantie verwenden. Sie sind meist teurer, doch zahlt sich die höhere Anfangsinvestition im Lauf der Jahre aus.

Abgenutzte Zinkbehälter haben einen altmodischen Charme, während Holzkisten die Idealbesetzung für naturnahe Zusammenstellungen sind. Keinen Fehlgriff tut man auch mit Flechtkörben: Sie werden mit durchlöcherter Folie ausgeschlagen oder als Übertöpfe für Pflanzen in Plastikgefäßen genutzt.

Ziergräser und kompakte alpine Pflanzen wie Saxifraga *werden in runden Tontöpfen gezogen. Größere Gewächse, etwa* Mahonia, *setzen in Terrakottakübeln markante Akzente.*

Auch glasierte Töpfe funktionieren in traditionellem Ambiente, sofern man dunkle Farben wählt, die zum Design passen. Dieses Gefäß wirkt modern durch die ornamentalen Formen von Euphorbia characias *Silver Swan und Schlangenbart.*

*Links **Die glänzenden, hochroten Hochblätter** der Flamingoblume heben sich von der matten Textur und dezenten Farbe des Korbs ab. In einer traditionellen Umgebung ist diese gegensätzliche Paarung unübersehbar.*

*Unten links **Pflanzen Sie üppige Farne** und rotlaubige Canna in eine flache Kupferschale. Soll das Metall glänzen, behandelt man es, ansonsten darf es Grünspan ansetzen.*

*Unten **Ensemble für geometrische Gärten:** Die Laubkaskade einer bronzefarbenen Form von Carex comans quillt aus einer klassischen Vase.*

***Zu den dichten Blattrosetten** und winzigen, dunkelrosa Blüten von Saxifraga × arendsii bilden die harten Linien und kühlen Farben der abgenutzten Metallkiste einen krassen Gegensatz. Das Ensemble wertet jede Terrasse auf.*

Traditionelles Material

Pflanzgefäße für traditionelle Gärten bekommt man in den verschiedensten Naturmaterialien, am beliebtesten aber sind Ton, Stein und Holz. Sie fügen sich perfekt in ein rustikales und formales Ambiente ein. Wählen Sie Töpfe, die zu den Pflanzen, dem Gartenstil und Ihrem Budget passen.

TON

Die unterschiedlichsten Gefäße, von winzigen Töpfen bis hin zu großen Vasen, werden aus diesem vielseitigen Material hergestellt. Ton ist porös und springt bei Frost, sofern er nicht bei sehr großer Hitze gebrannt wird. Man kann Tontöpfe mit Luftpolsterfolie ausschlagen, damit kein Wasser durch die Wände sickert.

STEIN

Aus Kalk, Eisenstein, Granit und anderen Steinarten fertigt man haltbare Gefäße, die sich ideal für Bäume, Sträucher und Stauden eignen. Preiswerter sind Exemplare aus Terrazzo oder Kunstharzimitat, die echtem Stein täuschend ähnlich sehen und sich auch so anfühlen. Gebrauchte Steingefäße haben eine schöne Patina.

HOLZ UND KORBWAREN

Caisses de Versailles, Holztröge und Halbfässer eignen sich für naturnahe Pflanzungen und unterschiedliche Gewächse. Sie werden mit Folie ausgeschlagen, damit keine Erde durch die Lücken rieselt und das Holz nicht fault. Im Winter bringt man sie nach drinnen. Eine jährliche Behandlung mit Holzschutzmitteln ist ratsam.

Perfekte Partnerschaften

Beim Kombinieren von Pflanzen und Töpfen für ein ausgewogenes Arrangement probiert man oft so lange aus, bis man zu einem zufriedenstellenden Ergebnis gelangt. Wer noch nicht so viel Erfahrung hat, kann sich mehrere Gefäße aus demselben Material anschaffen, die in einem geometrischen oder modernen Garten praktisch von selbst harmonieren. Eine scheinbar wahllos zusammengewürfelte Anordnung aus verschiedenen Formen, Abmessungen und Materialien ist ideal für Bauern- und naturnahe Gärten. Man kann die Töpfe nach ihrer Größe staffeln und damit eher formal-streng aufstellen oder locker gruppieren, was insgesamt weniger streng wirkt.

Materialien abstimmen

Eine einheitliche Gruppe von Gewächsen in Töpfen aus demselben Material ist in Höfen oder auf Terrassen mitunter ein außerordentlich wirkungsvoller Blickfang. In modernen Gärten kann man für seine Gefäße Farben und Designs wählen, die die Inneneinrichtung widerspiegeln und einen nahtlosen Übergang zwischen drinnen und draußen schaffen – oder alle Regeln über den Haufen werfen und Töpfe verwenden, die mit dem Wohnungsstil kontrastieren.

Man schafft eine gewisse Einheitlichkeit, wenn man ähnliche Töpfe im Garten verstreut aufstellt, um den Blick von einem Bereich zum anderen zu lenken. Andererseits kann man durch identische Pflanzen und Gefäße in einer Reihe Flächen teilen oder Elemente wie z. B. ein Tor einrahmen; hohe, elegante Gefäße eignen sich dafür besonders gut. Das Material muss aber zum Gartenstil passen.

Kombinieren Sie verzinkte Gefäße verschiedener Größe und Breite im modernen Garten zu einem Hochbeet der besonderen Art mit Schnittlauch, Paprika, Lauch, Erdbeeren und Tomaten.

Setzen Sie auf Kontraste zwischen grünen Dasylirion longissimum und modernen, dunkelroten Gefäßen.

Arrangieren Sie ein kleines Kunstwerk aus Echeveria 'Duchess of Nuremberg' in dekorativen Metallkästen.

Formen und Größen

Die Kombination mehrerer Materialien, Formen und Größen ist ideal für eine zwanglose, blütendominierte Umgebung. Man bringt Bewegung, Größenvariationen und Perspektiven ins Spiel, indem man Gefäße nach ihrer Höhe gruppiert. Geeignet dafür sind z. B. ein Tisch, eine Bank oder sogar eine alte Leiter. Ein Arrangement aus unterschiedlich gestalteten Töpfen wirkt oft unausgewogen, wenn die Gefäße in einer Reihe stehen – besser ist eine gestaffelte Anordnung. Zusätzlich kann man sie mit ein paar ähnlichen Elementen, etwa der Topf- und Pflanzenfarbe, den Laubformen oder Kies als Mulch, optisch miteinander verknüpfen.

Oben **Eine begrenzte Farbpalette** *mit weißen Schmuckkörbchen, Lobelien und Löwenmaul sowie blauem Salbei und Schlangenbart sorgt in gemischten Töpfen für Ausgewogenheit.*

Oben links **Wählen Sie Töpfe** *aus einem einzigen Material, aber kombinieren Sie Größen, Formen und Blütenfarben.*

Ganz links **Mit ähnlichen Farbtönen** *werden so unterschiedliche Pflanzen wie Kakteen, Dahlien, Echeveria und Federborstengras in einem Kollektiv neutraler Töpfe optisch miteinander verbunden.*

Links **Kontrastierende Pflanzenformen** *wie* Carex dipsacea, Skimmia japonica 'Rubella', Euonymus fortunei 'Emerald 'n' Gold' *und* Heuchera 'Silver Scrolls' *tun sich zu einer spannungsreichen Blattschmuckgruppe zusammen.*

Töpfe in Gärten

Topfpflanzen haben einen großen Vorteil: Sie sind vielseitig einsetzbar. Mit ihnen bringt man Schwung in eine städtische Ruhezone, dekorative Elemente in einen vor Blüten überquellenden Bauerngarten und Farbtupfer in graue Winkel. Große Gefäße eignen sich vor allem als Blickfang in Beeten und Rabatten, kleine eher für lauschige Schlupfwinkel. Besonders der jahreszeitliche Wechsel lässt sich mit Töpfen ausgezeichnet inszenieren: Während Zwiebelblumen das Frühjahr einläuten, blühen im Sommer und Herbst jahreszeitlich typische Beetpflanzen.

Traditionell

Verwitterte und rustikale Gefäße bieten sich für traditionelle, geometrische und Stilgärten an. Ein großer, mit einem Solitärstrauch oder Gras bepflanzter Topf gibt am Ende eines Rasenwegs bzw. einer Pergola einen hervorragenden Blickfang ab und lenkt das Auge durch den Garten. Steinvasen mit üppiger Blüten- und Laubpracht ergänzen Staudenrabatten und Beete; auf einem Sockel platziert entfalten sie noch mehr Wirkung. Man kann Töpfe auch mitten in Pflanzungen stellen – als Überraschungsmoment für Besucher. Mit Gefäßen lassen sich ferner zeitweise Farben in Parterres und Knotengärten integrieren.

Oben **Kaskaden aus farbenfrohen Blüten,** *etwa von Pelargonien und Petunien, in kunstvollen Steinvasen, säumen den Beginn dieses langen Graswegs zwischen Rabatten.*

Links **Panaschierter Efeu** *in einer Tonvase setzt, zwischen andere Gewächse platziert, in Gehölzgruppen oder Farnpflanzungen dezente Akzente.*

Ein lebendiger Mix aus Pelargonien *in großen Tontöpfen belebt das Parterre. Wenn der Herbst naht, ersetzt man die Sommerblumen durch Zwiebelpflanzen für das Frühjahr und Stiefmütterchen.*

Oben **Fusion aus Alt und Neu:** Stellen Sie dem schwertförmigen Laub und den zarten Blüten von traditionellen Schwertlilien die wuchtige Form eines modernen Gefäßes gegenüber.

Modern

Töpfe in klarem, einfachem Design passen zur Eleganz zeitgenössischer Gärten. Ein hohes, schlankes Gefäß aus modernen Materialien wie Kunststein oder Metall kommt, mit einer ornamentalen Pflanze bestückt und an einem zentralen Platz aufgestellt, fast einem Kunstwerk gleich. Minimalistische Pflanzungen sind etwas für schicke Stadtgärten. Mehrere einander ähnelnde Gewächse in identischen geometrischen Gefäßen bringen Struktur und Bewegung in eine Anlage. Man kann mit ihnen eine Treppe flankieren, eine niedrige Mauer erhöhen oder einen Weg säumen. Auch Laubschmuckpflanzen unterstreichen das Design: Empfehlenswert sind Neuseeländer Flachs, Gräser und Buchsbaumkugeln oder Lorbeer-Hochstämmchen in Kugelform, die in eleganten Kübeln wie Wachtposten zu beiden Seiten eines Eingangs fantastisch aussehen.

Oben **Kombinieren Sie** Pflanzen und Gefäße in geometrischen Formen zu stimmigen Arrangements.

Links **Für klare, minimalistische Anlagen** eignen sich Buchskugeln, rechts in hohen Behältern, links in rechteckigen Gefäßen.

Nutzgärten

Viele Obst- und Gemüsepflanzen haben hübsches Laub, dekorative Früchte oder eine ornamentale Wuchsform zu bieten. Sie bereichern Gärten also nicht nur durch ihre Genüsse, sondern auch durch ihr Aussehen. Nutzgewächse mit auffallenden Früchten, etwa Auberginen, Chilis, Tomaten und Erdbeeren, sind allein für sich vollwertige Zierpflanzen, während niedriges Grün, z. B. Kräuter, am besten zu Gruppen kombiniert wird, um optimale Wirkung zu erzielen. Oft ist Obst und Gemüse erst am Ende der Wachstumszeit reif, weshalb man es am besten mit Blumen oder Blattschmuckpflanzen kombiniert. Sie können es zwischen dauerhafteren Gewächsen platzieren oder zu Gruppen arrangieren, die Auge und Gaumen gleichermaßen erfreuen. Viele der Köstlichkeiten kommen mit Töpfen bestens zurecht, doch lassen sich auch Leerräume unter Hochstämmchen mit kriechenden Beerensträuchern oder niedrigen Kräutern füllen.

*Ganz links **Setzen Sie Blüten** wie Fuchsien zwischen Nutzpflanzen. Dekorativ wirken die Tomatensorte 'Minibel' und die Chili 'Hungarian Hot Wax'.*

*Mitte **Ordnen Sie Ihre Töpfe** mit Erdbeeren, Pfefferminze, Petersilie und Schnittlauch höhengestaffelt an. Das erleichtert die Ernte und erhöht den Zierwert.*

*Links **Auberginen brauchen es warm**, damit ihre Früchte gut ausreifen. Hier die Sorten 'Pingtung Long' (links), 'Fairy Tale' (hinten) und 'Listada de Gandia' (rechts).*

*Mit etwas Kreativität** kann man Gemüsegärten elegant und nützlich zugleich gestalten. Lorbeer-Hochstämmchen werden z. B. mit Lavendel unterpflanzt, während Blattsalate und Kohl in Hochbeete kommen.*

Naturgärten

Wenn Sie auf Vielfalt im Garten setzen, gilt das Prinzip: »Alles geht!« Warum nicht Lücken mit Beet- und Balkonpflanzen füllen? Versenken Sie eine Reihe billiger Plastiktöpfe mit Gewächsen, die vom Frühjahr bis zum Herbst ununterbrochen blühen, in der Erde – um unschöne Lücken brauchen Sie sich dann monatelang keine Sorgen mehr zu machen. Gefäße mit Duftwicken an dekorativen Stangenzelten erweitern Pflanzungen in einem Bauerngarten nach oben. Selbst mit alten Holzstühlen und -hockern bringt man ein vertikales Element ins Spiel.

Für Naturgärten eignen sich neben zweckentfremdeten Behältnissen auch Flechtkörbe, glasierte Vasen, Holzkisten und abgestoßene Tontöpfe. Sogar Mauern, Zäune und Bäume lassen sich als Halterung für dekorative Pflanzgefäße nutzen.

*Links **Körbe hebt man** aus Staudenrabatten heraus, indem man sie ungemein dramatisch auf Holzpflöcke setzt. Allerdings sollten Sie trockenheitsverträgliche Arten wie Pelargonien und Bacopa verwenden.*

*Unten **Töpfe aus Cortenstahl** sind witterungsbeständig, bilden einen Rostüberzug und fügen sich bestens in Naturgärten ein.*

__Hängen Sie kleine Töpfe mit Stiefmütterchen__ wie Viola cornuta 'Gem Apricot Antique' an Äste.

__Hängebegonien__ und blaue Convolvulus quellen aus dieser Tonvase in einem Kiesgarten heraus.

Töpfe auf Terrassen

Gartenbesitzer scheuen oft davor zurück, kleine Räume mit Pflanzen zu gestalten. Dabei ist selbst auf der winzigsten Terrasse Platz für eine Vielzahl von Gewächsen. Dennoch muss man sorgfältig auswählen, damit die Pflanzen nicht den ganzen Platz in Beschlag nehmen und ihn noch beengter wirken lassen. Geeignet sind Formschnitt-gehölze, duftende Zwiebelblumen, Gräser, schlanke strukturbetonte Gewächse und Einjährige. Bestücken Sie auch Wände und Fenstersimse mit Pflanzgefäßen.

Moderne Terrassen

Soll eine Terrasse ein modernes Gesicht bekommen, müssen Sie überflüssigen Zierrat entfernen und sich auf elegante Formen konzentrieren. Ordnen Sie ähnliche Töpfe mit Formschnittgehölzen, Bambus, Gräsern, Lavendel oder Schwertlilien entlang der Grenze an. Durch Nutzung vertikaler Flächen vergrößern Sie Ihre Terrasse optisch und lenken den Blick nach oben. Empfehlenswert sind Kletterpflanzen wie *Trachelospermum* und *Clematis*, die sich nicht zu stark ausbreiten; man setzt sie in Tröge am Fuß von Mauern oder Zäunen. Statt Hängeampeln verwenden Sie besser Wandgefäße und einfache Fensterkästen aus modernen Materialien. Für warme Standorte eignen sich strukturbetonte Sonnenanbeter wie *Canna*, für schattige Stellen Farne, Funkien und *Heuchera*.

*Oben rechts **Werten Sie** mit geschnittenem Buchsbaum und Liguster düstere Ecken auf.*

*Rechts **Hohe Töpfe** sind wie geschaffen für beengte Räume. Besetzen Sie sie mit aufrechten Gewächsen wie Canna, Dahlien und Japanischem Blutgras sowie einer Schürze aus roten Fleißigen Lieschen.*

*Ganz rechts **Ziehen Sie duftenden Sternjasmin** in trendigen dunklen Kästen an Lattenwänden.*

Links **Erweitern Sie Ihr Obst- und Gemüsespektrum** *mit Nutzpflanzen in Töpfen. Dazwischen haben Hornveilchen, Studentenblumen und Kapuzinerkresse Platz, die ebenfalls essbar sind. Optimal genutzt wird der Raum mit Ampeln, in denen z. B. Tomaten wachsen.*

Nutzpflanzen

Lang vorbei sind die Tage, als man dachte, Obst und Gemüse ließe sich nur in Beeten und Küchengärten ziehen. Heute werden unzählige kompakte Sorten angeboten, die speziell für die Topfkultur gezüchtet wurden. Doch auch viele andere Nutzpflanzen gedeihen in Trögen oder Halbfässern.

Pflanzen auf Terrassen und anderen befestigten Flächen dürfen mit ihren Reizen nicht geizen, denn man wird mit ihnen konfrontiert, sobald man aus dem Haus tritt oder aus dem Fenster sieht. Wählen Sie daher Gewächse mit schönem Laub, hübschen Blüten oder edlen Früchten, z. B. Grünkohl, Rote Bete, Blattsalate mit krausem Laub, Erdbeeren und Paprika. Arrangieren Sie Topfgruppen neben farbenfrohen Einjährigen und anderen Zierpflanzen oder füllen Sie große Tröge mit mehreren Obst- und Gemüselieferanten. Auch vertikale Flächen sollten genutzt werden – etwa mit Hängeampeln, aus denen Tomaten, Erdbeeren oder Chilis quellen. Kleine Kräutertöpfe auf dem Gartentisch stehen bei Mahlzeiten unter freiem Himmel griffbereit. Obstbäume in Kübeln liefern im Spätsommer Süßes frei Haus.

Oben links **Lorbeerbäumchen mit Flechtstamm** *sind elegante, raffinierte Terrassenelemente und liefern obendrein frische Blätter für die Küche.*

Oben **Zarte Nelken** *und blühender Salbei bringen Leben in Küchen-»Gärten« aus großen verzinkten, mit Kohl und Artischocken bepflanzten Gefäßen.*

Links **Hochrote Erdbeeren** *bilden mit diesem zweckentfremdeten Küchensieb ein dekoratives Ensemble. An gebogenen Stängeln laden sie zum Pflücken ein.*

Zwanglose Pflanzungen

Wer keinen Platz für Rabatten hat oder einen Garten besitzt, der ein paar Farbkleckser gut gebrauchen kann, bringt mit einer vitalen Zusammenstellung auf der Terrasse Schwung in seinen Lebensraum. Für zwanglos gestaltete Gärten eignen sich die verschiedensten Töpfe und Ziergewächse. Langfristig ansehnlich bleiben Heidekräuter, immergrüne Gräser und kleine Sträucher; sie dienen als Kulisse für Frühjahrszwiebelblumen, Sommerblumen und herbstliche Hingucker mit schönem Laub. Auf einem Holzdeck in einem Vorstadtgärtchen mit Rasen und Sträuchern bringt man am besten eine Reihe farbiger Töpfe und Blumen zum Einsatz. Ein Hof in gedämpfter Gehölzkulisse oder im Schatten bietet sich für Holz- oder Tongefäße mit einzelnen Blattpflanzen oder Hornveilchen und Fleißigen Lieschen in Pastelltönen an.

Ganz rechts **Töpfe mit Blüten in kräftigen Farben** *verbreiten festliches Flair auf Holzdecks vor einem Laubhintergrund.*

Rechts **Petunien in Himbeertönen** *beleben einen Topf mit Hakonechloa macra 'Aureola' und hängendem Immergrün.*

Rechts **Eine Pflasterfläche ziert im Herbst** *ein Medley aus Heidekraut, Alpenveilchen, Lavendel und Currykraut in einer Tonschale.*

Ganz rechts **Eine Sommerrabatte** *wird hier in einem glasierten Topf nachgestellt, mit Leymus arenarius, duftenden Nelken, Prachtkerze und hängender silbriger Lakritz-Strohblume.*

*Links **Stilvoll präsentiert sich** das Zimmer unter freiem Himmel, ultrakühl gestaltet mit zylindrischen Gefäßen passend zu den Möbeln und dem eleganten Kalksteinpflaster.*

Städtische Zufluchten

Für Töpfe in Stadtgärten gibt es keine festen Regeln – die Auswahl hängt vom Stil ab, den Sie bevorzugen. Sie können ein ausgeklügeltes Ensemble durch Abstimmung der Gefäße auf die Möbel kreieren oder mit verzinkten Metallbehältern Licht in einen schattigen Hof bringen. Ein minimalistisches Ambiente verlangt nach Pflanzen mit klar strukturiertem Wuchs oder architektonischer Form, etwa kompaktem Lavendel, Gräsern, Bambus und polsterbildender Strauchveronika. Ihren persönlichen kleinen Stadtwald schaffen Sie mit Terrazzo-Würfeln, in denen mehrstämmige Birken wachsen. Solange das Gefäß groß genug ist und die Erde nicht austrocknet, sind sie dort bestens aufgehoben. Wer eine Zuflucht vor der Großstadthektik sucht, richtet sich eine Laubhülle ein, indem er die Terrasse oder den Hof mit einem Meer aus Pflanzen in hohen Töpfen säumt. Das hält die Fläche nicht nur kühl, es dämpft auch den Verkehrslärm.

Erfüllen Sie Ihren städtischen Lebensraum mit dem Duft von Kräutern wie Rosmarin, Majoran und Thymian in glänzenden Metalltöpfen. Mithilfe von Stufen und Mauern gelingt ein mehrschichtiges Layout. Wichtig ist regelmäßiges Gießen.

Kombinieren Sie auf einer kleinen, gepflasterten Terrasse kühles Grün und zartes Rosa. Dafür bieten sich Gerbera, Dahlien, Gräser, Kapfuchsien und der schön panaschierte Strauch Aralia elata 'Variegata' als zwanglose Gruppe an.

Balkone und Dachterrassen

Kompakte und schmale Pflanzen sind wie geschaffen für Balkone, denn sie lassen reichlich Ellbogenfreiheit. Für Dachterrassen wiederum braucht man besonders robuste Gewächse, da sie mit viel Wind und Sonne zurechtkommen müssen. Trotz dieser Einschränkungen ist die Auswahl riesig.

Balkone

Die meisten Balkone sind winzig und lassen nur wenige Quadratmeter für Pflanze und Mensch. Man nutzt den Raum optimal, wenn man Blumenkästen am Geländer befestigt und eventuell Regalsysteme aus behandeltem Holz oder Metall anbringt. Gut darin aufgehoben sind Kräuter, Hauswurz, Alpine oder im Sommer ein paar Zimmerpflanzen. Wer ganzjährig Farbe will, bringt schlanke Koniferen, Buchspyramiden und -spiralen sowie andere Formschnittgehölze in vielfältigen Grüntönen unter. Denken Sie auch an Obst und Gemüse, das an sonnigen Plätzen rasch reift.

Machen Sie die Nachbarn neidisch – etwa mit einem stolzen Rhododendron yakushimanum im glasierten Topf. Die großen rosa Blütenstände der kompakten Art lassen das immergrüne Laub fast völlig in den Hintergrund treten.

Mit einer Anordnung rustikaler Töpfe stellen Sie sich einen Mini-Nutzgarten auf Balkonien zusammen. Winzige Tomaten wie 'Minibel', die feurige Chili-Sorte 'Medusa' und einige Pflücksalate liefern sommerliche Gemüseleckereien, Erdbeeren in Fensterkästen und ein Zwerg-Apfelbaum verführen zum Naschen.

*Links **Mit einem Schutzschild** aus Pflanzen, etwa Sommerblumen im Verbund mit Sträuchern, halten Sie neugierige Blicke fern.*

*Unten **Elegante Kästen** in gestaffelter Anordnung sind ein Hingucker. Halten Sie die Gruppe durch Wiederholung von Leitpflanzen wie Neuseeländer Flachs, Gräser und Efeu schlicht.*

*Oben **Kühlen Topf bewahren** Sie mit blau bereiften Funkien, silbrigem Ziest und elegantem Chinaschilf Miscanthus sinensis 'Morning Light' im Metallgefäß.*

Dachterrassen

Auf Dachterrassen muss die Gewichtsbelastung so gering wie möglich gehalten werden. Wählen Sie Gefäße aus synthetischen Materialien oder Leichtmetall und nutzen Sie Wandflächen als Halterung für Töpfe und Tröge.

Hoch oben können Winde den Pflanzen zusetzen – machen Sie deshalb Ihren luftigen Lebensraum mit Windschutzelementen etwas gemütlicher. Kirschlorbeer, Felsenbirnen, Ginster-Arten und der Bambus *Phyllostachys* bilden einen grünen Schutzgürtel, aber auch Holz-, Bambus- und Metallwände bremsen Böen aus. Wichtig: 40 bis 50 Prozent Wind müssen die Wälle durchdringen können, sonst entstehen Turbulenzen. Liegt der Dachgarten geschützt, erweitert sich die Pflanzenpalette um blühende Einjährige, Stauden und Nutzpflanzen.

Messen Sie vor dem Pflanzenkauf die Tür- und Treppenbreiten aus, damit Sie Ihre Gewächse auch ganz sicher aufs Dach bekommen. Zur Not brauchen Sie sogar einen Kran.

Bringen Sie Blattschmuckgewächse *auf einer städtischen Dachterrasse zusammen: Funkien, Rhododendren und windverträgliche Sträucher können mit statuesken Kiefern in dekorativen Holz- und Tongefäßen kombiniert werden.*

Säumen Sie Ihre Terrasse mit Blumen *und dekorativem Laub in Töpfen und Hochbeeten. Ideal sind saisonale Schönheiten wie Chrysanthemen, Salbei und Fetthennen. Mit Koniferen schützen Sie sich vor neugierigen Blicken.*

*Oben links **Bambus mit schwarzen Halmen** in drei Gefäßen formt auf dieser Terrasse eine lebende Skulptur. Das immergrüne Laub dient ganzjährig als Windschutz.*

*Oben **Moderne Balkonlandschaft:** Befestigen Sie ein Holzgitter an der Wand und hängen Sie eine Reihe von Metallkästen mit **Schlangenbart** und Erdbeeren daran.*

*Links **Hoch über der Stadt** kann der Wind auf einer Dachterrasse recht unangenehm werden. Etwas Schutz bieten Gräser wie Chinaschilf, Anemanthele und Calamagrostis in großen Metallkübeln.*

Dekorative Fensterbänke

Ein Facelifting mit einer Anordnung aus Töpfen oder einem Blumenkasten tut jeder Fensterbank gut. Man bestückt sie mit kompakten Gewächsen nach eigener Wahl. Wer ganzjährig etwas Grünes vor dem Fenster haben möchte, pflanzt kleine Sträucher oder Formschnittgehölze. Sie dienen zugleich den Sommer über als Kulisse für Zwiebelblumen und Balkonpflanzen. Auch Essbares wie Kräuter, Blattsalate und Tomaten freut sich über ein sonniges Plätzchen auf dem Fensterbrett. Alle Gefäße müssen grundsätzlich gut befestigt werden.

Ganzjährig attraktiv

Ob nach Süden gerichtet oder ganz im Schatten: Für jeden Fenstersims gibt es passende Gewächse. Praktisch Orientierte können hier ihr Gemüse, ihre Kräuter und ihr Obst ziehen, während zu alten Villen Formschnittgehölze vielleicht besser passen. Bauerngartenflair lässt sich mit Federnelken, hängenden Glockenblumen und Kräutern verbreiten. Das relativ warme, geschützte Kleinklima erlaubt sogar das Ziehen von Pflanzen, die im Freiland sonst nicht überleben würden. In Städten überwintern mitunter Duftpelargonien und Co. auf der sonnigen Loge.

Für die geschützten Bedingungen vor Fenstern eignen sich Zwergtomaten wie 'Balconi Red'. Mit Tontöpfen greift man die warmen Farben der Früchte auf. Wichtig ist tägliches Gießen.

Ziehen Sie Ihre Lieblingskräuter auf dem Sims, dann haben Sie sie stets griffbereit. Salbei, Petersilie, Rosmarin, Basilikum und Estragon fühlen sich an einem warmen, sonnigen Plätzchen wohl. Lavendel und Pelargonien fügen Farbe hinzu.

Oben **Eleganz** *verbreiten in Gebäuden aus früheren Stilepochen Buchspyramiden, weiße Pelargonien und Efeu in eleganten, schwarzen Gefäßen.*

Ganz links **Läuten Sie den Frühling** *mit Narzissen in verzinkten Fensterkästen ein.*

Mitte **Efeukaskaden** *aus kleinen Töpfen an Fleischerhaken setzen stilvolle Akzente.*

Oben rechts **Weiße und violette Stiefmütterchen** *ergeben eine einfache, aber wirkungsvolle Kombination.*

Links **Die Fülle des Sommers** *birgt der große Kasten mit Petunien, Schwarzäugiger Susanne und Jamesbrittenia.*

Hausgäste

Leben bringt man in eine Wohnung am besten mit wohlbedacht ausgewählten Zimmerpflanzen. Für jeden Raum gibt es das passende Gewächs – angefangen von eleganten Palmen für schlichte Wohnzimmer bis hin zu einer Frühlingsblütenpracht für sonnige Fensterbänke.

Perfekt kombiniert

Zimmerpflanzen schmücken jeden Raum, sofern sie im passenden Gefäß ins rechte Licht gerückt werden. Wählen Sie das Behältnis daher mit Bedacht aus. Elegante Inneneinrichtungen gewinnen durch Keramik- oder Metalltöpfe sowie neutrale Tönungen und schlichtes Design, zu modernem, flippigem Dekor hingegen passen eher leuchtende Farben und ornamentale Formen. Wer es zwanglos und gemütlich-ländlich mag, setzt Kräuter und Blütenpflanzen wie Primeln und Usambaraveilchen in abgenutzte verzinkte Gefäße, Flechtkörbe, Rattantöpfe oder zweckentfremdete Behälter.

*Rechts **Ein klassischer weißer Keramiktopf** ergänzt die eleganten Linien sowie das frische Grün und Weiß der Blattfahne.*

***Zutaten für die Küche** wie Basilikum und Petersilie kann man auf einer wasserdichten Schale in einer rustikalen Holzkiste in Griffweite ziehen.*

***60er-Jahre-Schick** verbreitet dieses gestreifte, glasierte Keramiktopfpaar mit der Grünlilien-Art Chlorophytum laxum.*

***Einen Blumengarten** am Fenster bilden Aeschynanthus, eine Begonie der Hiemalis-Gruppe, Frauenhaarfarn, Bubiköpfchen und Usambaraveilchen in glasierten Töpfen.*

Ganz links **Heben Sie die rosa Hochblätter** und das grasartige Laub der Tillandsia mit kühlen, eleganten weißen Töpfe hervor.

Links **Büroschmuck der besonderen Art:** Echeveria stehen mit anderen Sukkulenten in einem alten Metallschubfach.

Mitte links **Feurige Bromelien** wachsen mit Efeu in Rattankörben auf einem hellen Fensterbrett ohne direkte Sonne.

Ganz links unten **Design mit Grün:** Ein Trio abgestoßener Keramiktöpfe quillt förmlich über vor Stängeln des Bubiköpfchens (Soleirolia soleirolii) mit winzigen Blättchen.

Links **Bringen Sie den Frühling nach drinnen:** Primeln, Hyacinthus 'Pink Pearl', Viola cornuta 'Sorbet Coconut Duet', Narcissus 'Inbal' und Efeu sitzen in dem mit Folie ausgeschlagenen Korb in Kunststofftöpfchen.

BLÄTTER UND BLÜTEN

In diesem Kapitel finden Sie eine Fülle von Anregungen, gleich ob Sie nach jahreszeitlichen Highlights suchen oder ganzjährig die Aufmerksamkeit von Besuchern fesseln möchten. Mit eindrucksvollen Zimmerpflanzen in modernen Gefäßen bringen Sie Farbe und Struktur in ein Interieur, während im Freien Bäume, Sträucher, Stauden und Einjährige im Topf mit prachtvollen Blüten oder üppigem Laub Ihren Gartenraum aufwerten.

Schaffen Sie Blickpunkte mit Bäumen in Kübeln. Körbe voller Balkonpflanzen verbreiten Bauerngartenflair. Orchideen sind in modernen Räumen ein Muss, während Blattschmuckpflanzen Fensterbänke aufwerten.

Zierpflanzen auswählen

Damit Pflanzen gedeihen und gesund bleiben, müssen sie unter geeigneten Bedingungen wachsen. Manche brauchen einen warmen, sonnigen Standort, andere bevorzugen ein schattiges Plätzchen. Die meisten aber sind nicht wählerisch und kommen überall zurecht. Die folgenden Listen helfen Ihnen, Gewächse auszuwählen, die sich für die Bedingungen in Ihrer Wohnung oder in Ihrem Garten am besten eignen.

Standortwahl

Pflanzen sind genetisch darauf programmiert, mit ihrer Umgebung zurechtzukommen. Sie zeigen sich deshalb von ihrer besten Seite, wenn man ihnen Bedingungen wie in ihrem natürlichen Lebensraum bietet. Gewächse mit kleinem, silbrigem oder behaartem Laub stammen meist aus Gebirgsgegenden oder aus dem Mittelmeerraum, wo sie der Sonne ausgesetzt sind. Trägt eine Pflanze dagegen große, dunkle Blätter, ist sie eher im Schatten daheim, etwa im Unterholz. Viele blühen in der Sonne am besten, wo sie die Aufmerksamkeit bestäubender Insekten auf sich ziehen. Solche mit blassen Blüten wiederum fallen eher am Abend auf, da sie von nächtlichen Nektarsammlern angeflogen werden.

Ein ausgeklügeltes Arrangement mit einer Zimmeraralie, die im Halbschatten gedeiht, und Pelargonium 'Lady Plymouth', einer der wenigen Pelargonien, die mit etwas Schatten zurechtkommen. Auch Alocasia verträgt Streuschatten.

Der Frühjahrsreigen aus Hornveilchen, Blaukissen und Goldlack blüht in der Sonne am besten. Die Seggen vertragen Schatten.

FÜR SONNIGE STANDORTE

- Aeonium S. 78–79
- *Alpine Pflanzen* S. 121, S. 134–135
- Aster S. 144
- *Bambus* S. 54–55
- *Bananen* S. 48–49
- Caltha palustris S. 137
- Canna S. 50–51
- Chamaerops humilis S. 73
- Clematis S. 104–105
- Cordyline australis S. 67
- Dahlia S. 130–131
- Dianthus S. 41
- Echeveria S. 78–79
- Erysimum S. 120
- Gaillardia S. 133
- Gerbera S. 132
- Graptopetalum S. 84
- *Gräser* S. 146–147
- Hamamelis und Lonicera S. 44–45
- Hebe S. 129
- Hedychium densiflorum S. 65
- Heliotropium arborescens S. 41
- Hibiscus S. 129
- Ipomoea S. 107
- Iris laevigata S. 137
- Juncus ensifolius S. 137
- Lathyrus odoratus S. 109
- Lavandula S. 38–39
- Lilium S. 42–43
- Lobelia S. 137
- Lotus bertholelotii S. 53
- Malus S. 119
- Melianthus major S. 65
- Nymphaea S. 136–137
- Pelargonium S. 133
- Phormium S. 66
- Prunus S. 119
- Rhodochiton S. 106
- *Rosen* S. 126–127
- Solenostemon S. 52
- Syringa S. 118
- Tetrapanax S. 65
- Thunbergia S. 107
- *Tulpen* S. 116–117
- Viola S. 120
- Yucca S. 67
- Zantedeschia S. 137

FÜR HALBSCHATTIGE BIS SCHATTIGE STANDORTE

- Acer palmatum S. 68–69
- Arisaema S. 53
- Astilboides S. 71
- Azalea S. 122–123
- Cotoneaster S. 145
- Daphne tangutica S. 37
- Equisetum hyemale S. 137
- Eriobotrya japonica S. 65
- Fatsia japonica S. 64
- Galanthus S. 115
- Gunnera S. 70
- Farne S. 96–97
- Fuchsien S. 94–95
- Heliotropium arborescens S. 41
- Heuchera S. 40, S. 99
- Hosta S. 98
- Hyacinthus S. 36
- Hydrangea S. 128
- Iris reticulata S. 115
- Narcissus S. 114
- Nicotiana S. 40
- Phormium S. 66
- Rhododendron S. 122–123
- Rodgersia S. 71
- Seggen S. 147
- Tetrapanax S. 65
- Formschnittgehölze S. 142–143
- Trachelospermum S. 108
- Trachycarpus fortunei S. 72
- Viburnum × burkwoodii S. 37
- Viola S. 120
- Zantedeschia S. 137

Nicotiana *verträgt Schatten, während Petunien zwar Sonne brauchen, aber dort blühen, wo sie am Tag ein paar Stunden Schatten haben.*

FÜR EXPONIERTE STANDORTE

- Alpine Pflanzen S. 121, S. 134–135
- Androsace villosa *var.* jacquemontii S. 121
- Aubrieta S. 121
- Cotoneaster S. 145
- Daphne S. 37
- Galanthus S. 115
- Gentiana acaulis S. 121
- Gräser S. 146–147
- Iris reticulata S. 115
- Leontopodium alpinum S. 121
- Narcissus S. 114
- Saxifraga S. 121
- Sedum rupestre S. 135
- Sempervivum S. 134
- Seggen S. 147

Sempervivum tectorum

ZIMMERPFLANZEN

- Abutilon × hybridum S. 139
- Aechmea S. 63
- Agave S. 80
- Aloe S. 81
- Alocasia × amazonica S. 60
- Ananas comosus S. 77
- Anthurium S. 63
- Begonia S. 100–101
- Blechnum gibbum S. 103
- Bougainvillea S. 113
- Brugmansia *und* Gardenia augusta S. 47
- Kakteen S. 82–83
- Calathea makoyana S. 61
- Chamaedorea elegans S. 56
- Clivia S. 149
- Codiaeum S. 61
- Cycas revoluta S. 57
- Cyclamen persicum S. 125
- Epipremnum aureum S. 103
- Ficus elastica S. 76
- Gloriosa S. 112
- Hardenbergia S. 113
- Hibiscus rosa-sinensis S. 138
- Hippeastrum S. 148
- Hoya S. 46
- Jasminum polyanthum S. 111
- Lantana camara S. 139
- Medinilla S. 62
- Monstera deliciosa S. 59
- Narcissus *und* Hyacinthus S. 150–151
- Orchideen S. 86–93
- Pericallis × hybrida S. 125
- Philodendron S. 59
- Rhapis excelsa S. 57
- Saintpaulia S. 141
- Sansevieria S. 102
- Schefflera S. 58
- Sedum morganianum S. 81
- Smithiantha S. 75
- Solanum S. 149
- Stephanotis S. 110
- Streptocarpus S. 140
- Stromanthe S. 77
- Tacca S. 74

FÜR GESCHÜTZTE STANDORTE

- Arisaema S. 53
- Bambus S. 54–55
- Canna S. 50–51
- Chamaerops humilis S. 73
- Cordyline australis S. 67
- Dahlia S. 130–131
- Echeveria *und* Aeonium S. 78–79
- Eriobotrya japonica S. 65
- Gaillardia S. 133
- Gerbera S. 132
- Gunnera S. 70
- Fuchsien S. 94–95
- Hebe S. 129
- Hedychium densiflorum S. 65
- Hibiscus S. 129
- Ipomoea S. 107
- Kalanchoe S. 85
- Lathyrus odoratus S. 109
- Lotus bertholelotii S. 53
- Melianthus major S. 65
- Pelargonium S. 133
- Petunia S. 40
- Rhodochiton S. 106
- Solenostemon S. 52
- Tetrapanax S. 65
- Thunbergia S. 107
- Trachelospermum S. 108
- Trachycarpus fortunei S. 72
- Yucca filamentosa S. 67

Frühlingsduft

Kaum geht die winterliche Düsternis zu Ende, begrüßt uns die neue Saison mit den ersten Zwiebelblumen und Blütensträuchern. Duftgewächse erfüllen die Luft mit ihrem Wohlgeruch und heben zugleich die Stimmung. Platzieren Sie die duftende Pracht unmittelbar am Eingang, auf Fenstersimsen oder neben Sitzplätzen – und dann heißt es tief einatmen und genießen.

Frühjahrs-Blumenzwiebeln

Pflanzen
Hyazinthen, Palmkätzchen

Höhe und Breite
H 30 cm, B 7 cm

Standort
Sonne oder Halbschatten

Härte
Winterhart

Topfgröße
20 cm oder größer

Topfmaterial
Ton, Stein, Keramik, Plastikgefäße in Übertöpfen

Substrat
Tonhaltige Blumenerde mit Zusatz von Sand

Im Frühjahr blühende Zwiebelblumen sind kinderleicht zu ziehen: Man steckt sie im Herbst in die Erde und wartet einfach ein paar Monate, bis ihre Triebe aus der Erde spitzen. Viele begeistern mit farbenfrohen Blüten, einige zudem mit feinem Wohlgeruch. Hyazinthen duften besonders stark und sind in Weiß, Gelb, Rosa, Violett und Rot zu haben. Auch Traubenhyazinthen riechen gut – am besten die Sorte *Muscari macrocarpum* 'Golden Fragrance'. Sie können eine Gruppe von Duftpflanzen ergänzen mit Narzissen, etwa Jonquillen oder Tazetten, und Blaustern.

STANDORT
Wenn Sie Ihre Eingangstür mit duftenden Blumenzwiebeln in Töpfen flankieren, werden Sie jedes Mal beim Nachhausekommen mit Wohlgeruch begrüßt. Im Hausgarten stellt man sie auf Terrassen, neben Wege oder Sitzbereiche, auf Tische, Stühle oder Fenstersimse – kurzum: dorthin, wo man sie ganz nah bei sich hat.

Hyazinthen duften intensiv und bilden in dichten Gruppen in Flechtkörben zusammen mit Palmkätzchen eine dekorative Showtruppe.

TIPP: PFLEGE NACH DER BLÜTE

Viele behandeln Blumenzwiebeln wie Einjährige und werfen sie nach dem Verblühen auf den Kompost. Dabei kann man sie Jahr für Jahr aufs Neue genießen. Dazu entfernen Sie die welken Blüten, verabreichen dem Laub einen Flüssigdünger und warten, bis die Blätter von selbst einziehen. Nun nehmen Sie die Zwiebeln aus dem Topf, streifen Erdreste ab und lassen sie trocknen. Die Zwiebeln kommen in braune Papierbeutel, werden etikettiert und bis zum Herbst an einem kühlen, dunklen Platz gelagert. Dann geht alles von vorn los!

Duftsträucher

Pflanzen
*Daphne tangutica,
Viburnum × burk-
woodii*

Höhe und Breite
Daphne tangutica:
H 1 m, B 1 m;
*Viburnum × burk-
woodii:*
H 1,5 m, B 1,5 m

Standort
Sonne oder Halb-
schatten

Härte
Winterhart

Topfgröße
30–45 cm

Topfmaterial
Ton, Stein, Metall,
Holz

Substrat
Tonhaltige, nährstoff-
reiche Blumenerde

Der im Frühjahr blühende Strauch *Viburnum ×
burkwoodii* zieht in einem modernen grauen
Steingefäß alle Aufmerksamkeit auf sich. Seine
dichten Büschel aus weißen, süß duftenden
Blüten verschönern jedes Topfensemble. An
geschützten Standorten bleibt er sogar immergrün. Um ihn über die Blüte hinaus interessant zu
gestalten, unterpflanzt man ihn mit hängenden
Gewächsen, Primeln und immergrünen Gräsern.
Duftende Blüten im Frühjahr haben aber auch
andere Schneebälle (*Viburnum*-Arten) zu bieten,
darunter *V. farreri*, *V. × juddii* und *V. carlesii*.

NOCH MEHR DUFT

Auch Seidelbast ist für seine frühen, duftenden
Blüten bekannt. Zu den besten Vertretern gehören
Daphne tangutica mit rosa Röhrenblüten und *D. ×
burkwoodii*, dessen weißer Flor im späten Frühjahr
für einige Wochen schmückt. Weitere Duftsträu-
cher sind *Ribes odoratum*, *Osmanthus delavayi*
und *Euphorbia mellifera*.

Oben **Das immergrüne Laub** von Daphne tangutica
unterstreicht die blassrosa Duftblüten zusätzlich.

Große Sträucher wie
hier Viburnum × burk-
woodii *brauchen gute
Erde und im Frühjahr
einen Langzeitdünger.
Mit Primeln, Efeu und
Phalaris arundinacea
'Dwarf Garters' als
Begleitung zeigt sich
dieser Schneeball von
seiner besten Seite.*

Lavendel

Wenn eine Wolke aus Lavendelduft durch den Garten schwebt, weiß man: Es ist Sommer. Auch Bienen und Schmetterlinge lieben die Blüten, deren Öl in der Aromatherapie zur Beruhigung der Nerven eingesetzt wird. Nicht zuletzt deshalb bereichert Lavendel jede Sitzecke, in der Entspannung groß geschrieben wird.

DUFTENDE BLÜTEN

Pflanze
Lavandula angustifolia 'Hidcote'

Höhe und Breite
H 60 cm, B 75 cm

Standort
Volle Sonne

Härte
Winterhart

Topfgröße
20–40 cm

Topfmaterial
Ton, Stein, Metall

Substrat
Tonhaltige Blumenerde mit Zusatz von Grobsand und Splitt

Lavendel bereichert Terrassen, Balkone und Gärten. Er besitzt aromatisches Laub, das in der Sonne ätherische Öle freisetzt, und duftende Blüten, die Tiere in großer Zahl anlocken. Zu den besten kompakten Formen für Gefäße gehört *Lavandula angustifolia* 'Hidcote' mit dunklen, stark duftenden, violetten Blüten und silbrig grauem Laub. Daneben gibt es Hunderte weiterer Sorten in den verschiedensten Größen, Farben und Blütenformen.

Der aus dem Mittelmeerraum stammende Strauch mag es warm und sonnig. Er gedeiht in leichtem, durchlässigem Substrat – auf nasse Füße reagiert er ausgesprochen empfindlich. Man füllt für ihn ein großes Gefäß mit lehmigem Substrat und mischt etwas Gartenkies dazu. Bei guter Pflege hat man viele Jahre lang Freude daran. Pflanzen Sie Lavendel am besten einzeln, damit die rundliche Form zur Geltung kommt, oder kombinieren Sie mehrere Sorten zu einem farbvariantenreichen Potpourri mit langer Blütezeit.

PFLEGE

Jedes Frühjahr arbeitet man etwas Langzeitdünger in die Oberfläche des Substrats ein. Im Sommer muss häufig gegossen werden. Lavendel mag keine kalten, nassen Böden. Deshalb stellt man seinen Topf im Winter auf Füße, damit das Wasser gut abläuft. Die meisten Formen kann man zwar ganzjährig draußen lassen, doch empfindlichere Sorten sollte man frostfrei überwintern. Halten Sie Ausschau nach dem metallisch grün und purpurrot schillernden Rosmarinkäfer, der die Pflanze kahlfrisst.

Mitte **Einige Formen** *des Echten Lavendels (Lavandula angustifolia) verströmen einen besonders intensiven Duft. Man pflanzt sie in einen rundlichen Topf, der optisch ein Gegengewicht zum Büschel aus Blüten und Laub bildet.*

TIPP: LAVENDEL SCHNEIDEN

Ohne einen Schnitt verholzt Lavendel und wird langbeinig und unansehnlich. Man hält die Pflanzen kompakt, buschig und blühfreudig, indem man alte Blütenstände nach dem Verblühen im Sommer entfernt. Im zeitigen Frühjahr schneidet man stärker zurück, nicht jedoch bis in altes, unbelaubtes Holz.

Empfehlungen

Lavandula angustifolia *'Hidcote'* trägt im Hochsommer reichlich intensiv duftende, violette Blütenähren.

Lavandula stoechas *'Kew Red'* fällt durch kirschrote Blüten mit weißrosa Schopf ins Auge und ist nicht winterhart.

Lavandula angustifolia *'Loddon Pink'* heißt ein kompakter Strauch mit zartrosa Blüten und schmalem, grauem Laub.

Lavandula angustifolia *'Munstead'* ist etwas niedriger als 'Hidcote' und trägt blauviolette Blüten sowie graue Blätter.

Lavandula *'Willow Vale'*, eine französische Form, hat dunkelviolette Blüten mit violetten Schöpfen. Geschützt ziehen.

Lavandula × chaytoriae *'Sawyers'* streckt seine kegeligen violetten Blüten an langen Ähren über silbrigem Laub.

Lavandula angustifolia *'Nana Alba'*, eine weiße Zwergform, eignet sich ideal für kleine Gefäße auf Terrassen.

Lavandula pinnata ist eine nicht winterharte Art mit spitzen violetten Blütenständen und behaartem weißem Laub.

DUFTENDE BLÜTEN

Der Duft des Sommers

Ein Arrangement aus duftenden Blüten kann man durchaus um einige Sommerblumen bereichern, etwa mit Zier-Tabak (*Nicotiana*) oder Sonnenwenden (*Heliotropium*). Diese duftenden Diven eignen sich bestens für gemischte Pflanzungen und lassen sich gut mit anderen leuchtenden Blüten kombinieren. Wo nicht allzu viel Platz ist, topft man Zwergnelken ein, die mit köstlich würzigem Wohlgeruch die Aufmerksamkeit auf sich ziehen.

Zier-Tabak *Nicotiana*

Pflanzen
Nicotiana, Petunia, Solenostemon, Heuchera

Höhe und Breite
Nicotiana: H 60 cm, B 25 cm;
Petunia: B 40 cm;
Solenostemon: H 20 cm, B 30 cm;
Heuchera: H 60 cm, 30 cm

Standort
Sonne oder Halbschatten

Härte
Verträgt keine Temperaturen unter 0 °C

Topfgröße
35 cm

Topfmaterial
Glasierte Keramik, Stein, Ton

Substrat
Universalerde

Auch wenn es um Tabak geht: Diese Gruppe schadet Ihrer Gesundheit nicht. Im Mittelpunkt des Farborchesters steht der Zier-Tabak mit röhrenförmigen Blüten, die bis zum ersten Frost erscheinen. Die ungewöhnlich lindgrünen Blüten dieser Einjährigen bilden einen krassen Gegensatz zu den feurig roten Blättern der Buntnessel (*Solenostemon*). Sie greifen den Farbton der hochroten Hänge-Petunie am Rand auf. Pflanzen Sie die Gruppe im späten Frühjahr, indem Sie zunächst den Tabak in der Mitte platzieren, dann die Buntnesseln und grünen Purpurglöckchen danebensetzen und zum Schluss mit den Petunien die Lücken schließen. Ab Mitte Mai stellt man den Topf in die Sonne.

FARBALTERNATIVEN
Wenn lindgrüne Blüten nicht nach Ihrem Gusto sind, nehmen Sie Zier-Tabak in anderen Farben – es gibt weiße, rote, lila, rosa und violette Formen. Allerdings duften nicht alle, weshalb man einen Blick auf die Verpackung werfen sollte. Sie können Ausschau nach dunkelvioletten Petunien halten, von denen die meisten duften.

TIPP: TABAK AUSSÄEN

Zier-Tabak lässt sich im Frühjahr problemlos aus Samen ziehen. Dazu kleine Töpfe oder Multitöpfe mit Anzuchterde füllen und Samen gleichmäßig auf der Oberfläche aussäen. Nicht bedecken. Wässern und an einen hellen Platz stellen. Sind die Sämlinge groß genug, vereinzelt man sie in 8-cm-Töpfe.

Die elegante Kombination aus Grün- und Rottönen blüht vom Frühsommer bis zu den ersten Frösten.

Sonnenwende *Heliotropium*

Pflanze
Heliotropium arborescens

Höhe und Breite
H 45 cm, B 30 cm

Standort
Sonne oder lichter Schatten

Härte
Verträgt keine Temperaturen unter 0 °C

Topfgröße
20 cm

Topfmaterial
Stein, Kunststoff, glasierte Keramik, Ton

Substrat
Universalerde

Die Vanilleblume verdient ihren Namen zu Recht: Die strauchige Einjährige mit dunkelgrünem Laub und dichten Büscheln winziger violetter Blüten verströmt einen Duft, der sehr stark an Vanille erinnert. Man kann sie in kleinen Töpfen allein für sich präsentieren oder größeren Nachbarn als Lückenfüller zur Seite stellen. Die Vanilleblume lässt sich unschwer im zeitigen Frühjahr durch Aussaat unter Glas vermehren (*siehe S. 40 Tipp: Tabak aussäen*).

GRÖSSE

Heliotropium 'Dwarf Marine', eine der beliebtesten Formen, wird 35 cm hoch, während 'Baby Blue Improved' gerade einmal 20 cm schafft und deshalb ideal für Fensterkästen ist. *H.* × Hybrid Marine bringt es auf stattliche 45 cm.

Heliotropium × **Hybrid Marine**

Nelken *Dianthus*

Pflanzen
Dianthus 'Devon Flores' ('Starry Night'), *Frankenia thymifolia*

Höhe und Breite
Dianthus: H 17 cm, B 17 cm; *Frankenia*: B 20 cm, B 30 cm

Standort
Volle Sonne

Härte
Winterhart

Topfgröße
25 cm

Topfmaterial
Ton, Stein

Substrat
Tonhaltige Blumenerde, mit Zusatz von Grobsand

Zwergnelken sind mit ihren zarten, duftenden Blüten an kräftigen Stängeln über einem Teppich grauer Blätter eine Schau unter den Topfpflanzen. Man kombiniert sie mit anderen Alpinen wie kriechenden *Frankenia*, deren Triebe mit rosarosen Blüten locker über den Rand quellen. Die magentaroten, gefüllten Blüten von *Dianthus* 'Devon Flores' etwa harmonieren mit den warmen Tönen von *Frankenia*.

FARBEN

Das Farbrepertoire von Nelken ist groß: Weiß, Rosa und Violett sind ebenso möglich wie gestreifte, gefleckte oder zweifarbige Blüten. Zudem gibt es einfache und gefüllte Sorten.

Die Pflanzen vertragen Trockenheit und brauchen kaum Pflege – mit einer Wasserdosis alle paar Tage im Sommer und einem im Frühjahr in die Erde eingearbeiteten Langzeitdünger sind sie zufrieden. Man schützt sie vor Winterregen und entfernt welke Blüten, um den Flor zu fördern.

***Ein perfektes Paar** geben* Dianthus *'Devon Flores' und* Frankenia thymifolia *in ihrer kleinen Tonschale ab.*

Elegante Lilien

Wegen ihrer großen Prachtblüten stehen Lilien als Zimmer- wie als Gartenpflanzen hoch im Kurs. Haben sie obendrein einen einnehmenden Duft zu bieten, werden sie zu wahren Schätzen. Der Wohlgeruch orientalischer Hybriden füllt ganze Gärten, während der zarte Flor mancher Arten dezenter duftet.

Pflanzen
Lilium formosanum var. *pricei*, *Ipomoea batatas* 'Margarita', *Gerbera* Garvinea 'Nikki'

Höhe und Breite
Lilium: H 30 cm; *Ipomoea*: H 15 cm, B 1 m; *Gerbera*: H und B 45 cm

Standort
Sonne oder Streuschatten

Härte
Verträgt bis -5 °C

Topfgröße
30 cm

Topfmaterial
Glasierte Keramik, Ton, Stein

Substrat
Tonhaltige Blumenerde mit Zusatz von Splitt

Viele Lilien wachsen zu stattlicher Höhe heran und passen daher besser in Rabatten, *Lilium formosanum* var. *pricei* dagegen bleibt kniehoch und trägt Blüten, die es in punkto Größe und Duft mit denen einer Königs-Lilie aufnehmen. Obwohl die kompakte Schönheit auch solo gut aussieht, wenn sie sich in einem Topf breitmachen und mit jedem Sommer größer und auffallender werden kann, fügt sie sich ebenso in ein dauerhaftes Arrangement ein.

Größter Vorzug der Lilien sind ihre Blüten. Das unscheinbare Laub hingegen lässt sich mit den Blättern und Körbchenblüten winterharter *Gerbera* oder den lindgrünen Blättern von *Ipomoea batatas* 'Margarita' kaschieren. Diese buschige, kriechende Pflanze treibt im Sommer und Frühherbst Unmengen an üppigem grünem Laub aus, bis der Frost ihrem Ausbreitungsdrang ein Ende setzt.

PFLEGE

Wegen ihres kompakten Wuchses muss *Lilium formosanum* var. *pricei* nicht gestützt werden, höhere Lilien aber brauchen einen Stab, der ihren Blütenstängel aufrecht hält. Man gießt sie im Sommer mehrmals wöchentlich. Im Herbst nimmt man die erfrorene *Ipomoea* aus dem Topf. *Gerbera* Garvinea-Sorten halten Frost bis -5 °C aus und überstehen wie die Lilie in milden Gegenden an einem geschützten Standort den Winter vielleicht sogar im Freien. Wird es kälter, muss man sie allerdings nach drinnen bringen. Im Frühjahr verabreicht man ihnen einen Langzeitdünger, der in die oberste Substratschicht eingearbeitet wird.

Mitte **Gruppieren Sie Duftlilien** *wie diese* Lilium formosanum var. pricei *mit Sommerblumen wie Gerbera und hängenden Blattschmuckpflanzen wie die Süßkartoffel.*

TIPP: LILIENZWIEBELN PFLANZEN

Lilienzwiebeln werden am besten im Herbst oder Frühjahr gepflanzt. Füllen Sie den Topf zu einem Drittel mit Substrat, streuen Sie 3 cm hoch Kies oder Sand darauf. Legen Sie die Zwiebeln schräg darauf, damit Wasser von den Schuppen abfließen kann und sie nicht faulen. Zum Schluss den Topf mit Erde auffüllen.

Lilien – eine Auswahl

Lilium _'Journey's End'_ ist mit ihren großen zerzausten, rosa-weiß gezeichneten duftenden Blüten nichts für Zartbesaitete.

Lilium nepalense kommt mit Schatten zurecht. Die elegante Art trägt grüne Blüten mit zurückgebogenen Petalen.

Lilium medeoloides blüht an kurzen Stängeln. Sie trägt kleine orangefarbene Blüten. Für lichten Schatten.

Lilium speciosum _var._ rubrum trägt intensiv duftende, zurückgebogene, rosa Blüten mit weinroten Flecken.

Lilium martagon, die Türkenbund-Lilie, wächst in der Sonne wie im Halbschatten. Dunkelrosa, gesprenkelte Blüten.

Lilium pyrenaicum wird wegen ihrer duftenden, nickenden gelben Blüten gezogen. Für Sonne und Streuschatten.

Lilium _'Star Gazer'_ wird recht hoch. Die großen roten, nach oben gerichteten Blüten duften intensiv. Für große Töpfe.

Lilium _'Sterling Star'_ ist eine kompakte Sorte für Töpfe. Nach oben gerichtete, schneeweiße, leicht duftende Blüten.

Winterüberraschung
Hamamelis und *Lonicera*

Wenn der Garten farblos seinen Winterschlaf hält, erwecken ihn die Chinesische Zaubernuss (*Hamamelis mollis*) und die Wohlriechende Heckenkirsche (*Lonicera fragrantissima*) zu neuem Leben. Man braucht für Sträucher, die im Winter blühen, keine großen Rabatten – ein Kübel in prominenter Position auf einer Terrasse genügt. Später können Sie ihr Laubkleid als Kulisse für Frühjahrs- und Sommerblüher nutzen.

DUFTENDE BLÜTEN

Pflanzen
*Hamamelis mollis,
Lonicera
fragrantissima*

Höhe und Breite
Hamamelis: H 1,8 m,
B 1,2 m; *Lonicera*: H
1,2 m, B 1,2 m.

Standort
Sonne, geschützt

Härte
Winterhart

Topfgröße
45 cm oder größer

Topfmaterial
Stein, Ton, Kunststoff

Substrat
Hamamelis: Moor-
beeterde; *Lonicera*:
tonhaltige Blumen-
erde

Im Winter blühende Sträucher sind in Kleingärten, wo sich jede Pflanze ihren Platz verdienen muss, ein echter Luxus. Trotzdem kann man für diese saisonalen Stars Raum schaffen. Die Chinesische Zaubernuss (*Hamamelis mollis*) etwa kann man in einem Kübel auf der Terrasse oder dem Balkon ziehen und immer dann ins Blickfeld rücken, wenn sich ihre stark duftenden, gelben spinnenartigen Blüten öffnen. Die Farbpalette bei Zaubernüssen reicht von Gelb über Orange bis Rot und Violett – besonders reizvoll sind Formen mit gedrehten oder gekräuselten Blütenblättern. Eine echte Winterkönigin ist die Wohlriechende Heckenkirsche (*Lonicera fragrantissima*), die ihren Namen verdient und an geschützten Standorten ihre cremegelben Blüten in großer Zahl öffnet.

GROSSE STRÄUCHER IN TÖPFEN
Damit Sträucher nicht unter Staunässe leiden, legt man auf den Grund des Kübels eine Schicht Tonscherben, um die Abzugslöcher frei zu halten. Beim Einpflanzen muss das Gehölz so in die Erde kommen, dass zwischen Oberfläche und Topfrand noch 5 cm Platz bleiben. Dazu füllt man etwas Substrat ein, nimmt den Strauch aus dem alten Topf, stellt diesen in den neuen und füllt Erde rundherum ein. Dann nimmt man ihn heraus und steckt den Wurzelballen in das entstandene Loch. Festdrücken, gut gießen, mulchen – fertig!

TIPP: ZAUBERNÜSSE SCHNEIDEN

Schneiden kann man, sobald die Blüten welken. Als Erstes nimmt man totes oder krankes Holz heraus. Dann sind Zweige, die sich überkreuzen, und solche, die die Form beeinträchtigen, an der Reihe. Zaubernüsse wachsen sehr langsam, man sollte nicht zu stark oder oft schneiden. Um die Pflanze zu begrenzen und buschigen Wuchs zu fördern, reicht es, die Triebspitzen zu kappen.

Den Duft von Zaubernusszweigen kann man auch drinnen genießen. Schneiden Sie die Sträucher so, dass sie ihre Form bewahren.

Empfehlenswerte Duftsträucher

Hamamelis virginiana *öffnet mit dem Laubfall im Herbst kleine Blüten. Der Strauch verträgt belastete Stadtluft.*

Hamamelis × intermedia '*Pallida*' *trägt im Februar und März Büschel aus duftenden schwefelgelben Blüten.*

Hamamelis × intermedia '*Jelena*' *schmückt mit großen kupferorange-farbenen Blüten im zeitigen Winter.*

Lonicera fragrantissima *wächst halb-immergrün. Der duftende Strauch öffnet seine cremeweißen Blüten im Winter.*

Hamamelis × intermedia '*Arnold Promise*' *bringt den Winter hindurch große gelbe Blüten hervor. In voluminö-sen, frostfesten Töpfen sieht der Strauch bestens aus.*

DUFTENDE BLÜTEN

Duftendes Heim

Bringen Sie frischen Duft in Ihre Wohnung. Hier folgt eine Auswahl von Zimmerpflanzen, die mit ihren dekorativen Blüten nicht nur das Auge erfreuen. Sie bevorzugen helle, luftige Räume wie zum Beispiel Wintergärten, bereichern Ihr Heim vom Sommeranfang bis zum Frühherbst und wiederholen ihr Fest für die Sinne jedes Jahr aufs Neue.

Wachsblume *Hoya*

Pflanze
Hoya lanceolata
subsp. *bella*

Höhe und Breite
H und B 45 cm

Standort
Drinnen, hell

Temperatur
Mindesttemperatur
5 °C

Topfgröße
20 cm

Topfmaterial
Glasierte Keramik,
Kunststoff

Substrat
Tonhaltige Blumen-
erde. Nach Möglich-
keit Dränage durch
Hinzufügen von glei-
chen Teilen Laubhu-
mus, Sand, Holzkohle
und Rindenhäcksel
verbessern

Die vom Himalaja bis Nordmyanmar verbreitete *Hoya lanceolata* subsp. *bella* ist eine immergrüne, strauchige Art mit sternförmigen weißen, in der Mitte roten Blüten, die im Sommer erscheinen. Ihren Duft verströmt sie zwar den ganzen Tag, doch ist er am Abend besonders intensiv. Mit ihren überhängenden Trieben eignet sie sich gut für Blumenampeln, doch kann man sie, an unauffällige Stützen gebunden, auch in Töpfen ziehen. Eine weitere beliebte Zierpflanze ist *Hoya carnosa* mit langen kletternden Trieben, die man an Rankgittern oder ähnlichen Stützen hochzieht. Sie blüht vom späten Frühjahr bis hinein in den Herbst und damit etwas länger als *H. lanceolata*. Beide Arten können im Sommer im Freien stehen, doch sollte man sie vor praller Mittagssonne schützen.

WÄSSERN

Wachsblumen müssen im Frühjahr und Sommer regel-mäßig gegossen werden und brauchen alle vier Wochen einen Flüssigvolldünger. Auch die Blätter kann man gele-gentlich besprühen. Im Winter wird weniger gegossen.

> **TIPP: SCHNITT UND ERZIEHUNG**
>
> Strauchige Wachsblumen müssen mit Gerüsten oder Ruten gestützt werden, weil ihre Triebe sonst umfal-len. Kletternde Formen erreichen theoretisch eine Höhe von über 4 m, doch kann man sie niedrig halten, indem man sie spiralförmig um Stützen oder Rank-gitter führt. Dazu bindet man die biegsamen Triebe einfach mit einer weichen Schnur an. Falls sich eine Wachsblume als allzu wuchsfreudig erweist, schneidet man sie nach der Blüte ein bisschen zurück.

Schlichte Kera-miktöpfe passen gut zum wirren Laub und den Dolden aus kleinen Blüten.

Engelstrompete *Brugmansia*

Pflanze
Brugmansia × candida 'Grand Marnier'

Höhe und Breite
H 1,8 m, B 90 cm

Standort
Hell, in der vollen Sonne

Temperatur
Mindesttemperatur 7 °C

Topfgröße
30 cm

Topfmaterial
Glasierte Keramik, Kunststoff, Metall

Substrat
Durchlässige Erde mit Lehmanteil

Brugmansia × candida 'Grand Marnier'

Die große Engelstrompete ergibt einen fantastischen Blickfang in einem Wintergarten oder sonnigem Raum. Die oft als Hochstämmchen gezogene Form 'Grand Marnier' entwickelt eine buschige Laubkrone, vor der die stark duftenden Blüten effektvoll hervortreten. Ihre apricotfarbenen, hängenden Trompeten erscheinen vom Sommer bis in den Herbst hinein. Man kann Engelstrompeten im Sommer nach draußen stellen, doch müssen sie ins Haus, sobald die Nächte kühl werden. Man hält sie von Kindern und Haustieren fern, da die ganze Pflanze mitsamt der Blüten giftig ist.

PFLEGE
Im Winter hält man den Topfballen eher trocken, aber sobald das Wachstum einsetzt, gießt man stärker. Engelstrompeten brauchen viel Dünger, günstig sind Gaben von Flüssigdünger alle zwei Wochen im Sommer. Im Mai oder Juni schneiden.

Gardenie *Gardenia augusta*

Pflanze
Gardenia augusta

Höhe und Breite
H 60 cm, B 45 cm

Standort
Hell, ohne direkte Sonne

Temperatur
Tagestemperatur im Sommer: 21–24 °C, Nachttemperatur: 15–18 °C, Winter: 16 °C

Topfgröße
20 cm

Topfmaterial
Glasierte Keramik, Kunststoff

Substrat
Moorbeeterde

Für Anfänger ist *Gardenia augusta* nichts. Die Exotin verlangt viel Pflege und Aufmerksamkeit. Bekommt sie aber, was sie braucht, wird man vom Sommer bis zum Herbst mit großen wächsernen, intensiv duftenden Blüten vor einem Hintergrund aus glänzenden grünen Blättern belohnt. Gardenien mögen keine pralle Sonne und werden daher im Sommer an ein West- und im Winter an ein Südfenster gestellt.

TEMPERATUREN
Gardenia augusta ist eine rechte Diva und pocht mit Nachdruck darauf, verwöhnt zu werden. Man stellt sie zufrieden, indem man ihr nachts Temperaturen von 15–18 °C und tagsüber 21–24 °C bietet. Im Winter begnügt sie sich großzügig mit kühleren 16 °C. Schwanken die Temperaturen zu stark, verweigert sie womöglich die Blüte. Auch sollte man sie nicht umstellen, sobald die Knospen erscheinen. Diese könnten sonst abfallen, bevor sie sich öffnen.

Gießen Sie mit weichem Wasser, damit das Laub von Gardenien nicht gelb wird. Ideal ist Dünger für Eriken.

Alles Banane

Mit ein paar Bananenstauden in Töpfen verbreiten Sie Dschungelatmosphäre. Die riesigen Blätter entfalten sich mit majestätischer Geste vom Frühjahr bis zum Herbst. Man setzt Bananen am besten in große Kübel und stellt sie an einen sonnigen, geschützten Platz. Regelmäßig gedüngt und gewässert, begeistern sie viele Jahre lang mit ihrem gewissen exotischen Etwas. Im Winter muss man sie allerdings gut vor Frost schützen.

Pflanze
Ensete ventricosum 'Maurelii' (Zierbanane)

Höhe und Breite
H bis 2,2 m,
B bis 2 m

Standort
Volle Sonne

Härte
Verträgt keine Temperaturen unter 0 °C

Topfgröße
Mindestens 45 cm

Topfmaterial
Stein, Ton

Substrat
Tonhaltige, nährstoffreiche Blumenerde

Essbare Früchte braucht man von Zierbananen nicht zu erwarten, aber wenn man sie im Sommer in den Garten stellt, wird man von ihrem üppigen Laub mehr als entschädigt. Die riesigen paddelförmigen bis lanzettlichen Blätter wachsen aus der Spitze eines kräftigen Stamms und bilden ein dichtes, palmenartiges Laubdach. Die in Asien beheimatete Familie der Bananengewächse umfasst die drei Gattungen *Musa*, *Ensete* und *Musella*. Die meisten Bananen tragen einfarbiges jadegrünes Laub, doch gibt es auch dekorativ überlaufene, rot gestreifte oder panaschierte Formen.

Damit die Stauden nicht von Böen umgeworfen werden, zieht man sie am besten in großen, schweren Gefäßen mit tonhaltiger Erde. Sie brauchen einen warmen, sonnigen, geschützten Standort – an windigen Plätzen zerfleddert das Laub leicht. Gegossen wird regelmäßig, gegen Staunässe aber reagieren sie empfindlich.

DÜNGEN

Bananen sind nährstoffhungrig und werden höher und laubreicher, wenn man sie mit viel Dünger »füttert«. Einen Blitzstart legen sie im Frühjahr mit einem Volldünger hin. Anschließend verabreicht man ihnen mit jeder Wassergabe einen Flüssigdünger, streut außerdem monatlich Hornmehl auf das Substrat und wässert gründlich.

TIPP: ÜBERWINTERN

Bringen Sie Bananen nach Möglichkeit in ein beheiztes Gewächshaus, ein kühles Zimmer oder einen Wintergarten. Notfalls kann man harte Formen in milden Gegenden auch draußen lassen, wenn man den Ballen mit einer Lage Rindenmulch schützt und den Topf in Luftpolsterfolie oder Vlies wickelt. Die Blätter werden abgeschnitten, sodass man über den Stängel ein dickes Rohr schieben kann, das mit Stroh ausgepolstert wird. Obenauf kommt ein Deckel.

Die Zierbanane entwickelt stattliche paddelförmige, grün und rotbraun gefärbte Blätter. Sie muss an einem windgeschützten Standort stehen.

Empfehlenswerte Bananen

Ensete ventricosum *trägt eine federballähnliche Krone aus langen, aufrechten Blättern.*

Manche Hybriden *sind dekorativ gezeichnet und eignen sich daher vorzüglich als Blattschmuckgewächse.*

Ensete ventricosum *'Tandarra Red'* *ist eine exquisite Sorte mit riesigen, rot überlaufenen Blättern.*

Musa basjoo *heißt eine japanische Art mit winterhartem Wurzelstock. Sie wächst rasch und trägt riesige Blätter.*

Unterpflanzen Sie mehrfarbige Bananen *mit lindgrünen Süßkartoffeln und Hahnenkamm, dessen dunkelrotes Laub und rosarote, bauschige Blütenstände zur Zierbanane passen.*

Farbenprächtige *Canna*

Machen Sie Ihren Garten mit *Canna* zum Tropenparadies. Die strahlenden Sonnenanbeter blühen vom Hochsommer bis zum Herbst, ihr Laub aber hat schon lange vorher seinen flammenden Auftritt. Blätter und Blüten sind in vielen feurigen Tönen erhältlich, die an die Karnevalskostüme ihrer Heimat Brasilien erinnern.

TROPISCHES FLAIR

Pflanze
Canna 'Durban'

Höhe und Breite
H 1,5 m, B 50 cm

Standort
Volle Sonne

Härte
Verträgt keine Temperaturen unter 0 °C

Topfgröße
30 cm oder größer

Topfmaterial
Stein, Ton, glasierte Keramik, Kunststoff

Substrat
Tonhaltige, nährstoffreiche Blumenerde

Ob als Leitpflanze in einem Arrangement aus Sommerblumen, als Solitär in einem Topf oder im Verbund mit Montbretien, Süßkartoffeln und Bananen – Blumenrohr (*Canna*) ist vielseitig einsetzbar und verbreitet eine üppige Tropenatmosphäre. Die frostempfindlichen Stauden werden aus Rhizomen gezogen und treiben hohe Stängel mit irisähnlichen Prachtblüten in feurigem Rot, Orange und Gelb aus. Dazu kommt oft leuchtendes Laub. Zu den besten Formen zählt *Canna* 'Durban', die große orangefarbene Blüten und dunkelrote Blätter mit flammenartiger Zeichnung in Rot, Rosa und Orange aufbietet. Andere Sorten wiederum sind wegen ihres dunklen Laubs begehrt. *C.* 'Black Knight' beispielsweise unterstreicht mit weinroter Laubfärbung die eigenen tiefroten Blüten, aber auch den Sommerflor benachbarter Gewächse.

SO FÖRDERT MAN DIE BLÜTE

An einem warmen, geschützten Plätzchen in der vollen Sonne geben *Canna* ihr Bestes. Sie blühen je nach Sorte vom Hoch- bis zum Spätsommer und entwickeln bis zur Herbstmitte Blütentriebe. Schon ein wenig Schatten allerdings genügt und sie schaffen es nicht mehr, rechtzeitig zu blühen. Abgesehen von möglichst viel Hitze brauchen sie außerdem viel Feuchtigkeit. Daher gießt man sie vom Frühjahr bis zum Herbst reichlich und lässt sie nie austrocknen. Weil sie extrem hungrig sind und für kräftigen Wuchs sowie gute Blüte ausreichend Nährstoffe brauchen, verabreicht man ihnen alle 14 Tage einen Flüssigdünger. Das Entfernen von welkem Flor fördert die Blühwilligkeit.

*Mitte **Wie Flammen züngeln** die Blätter von* Canna *'Durban' aus dem verzierten Topf. Darunter »glühen« rote Fleißige Lieschen und Zigarettenblümchen.*

TIPP: ÜBERWINTERN UND TEILEN

Man bringt *Canna* durch die kalte Jahreszeit, wenn man sie vor dem ersten Frost im Herbst auf 3 cm über dem Boden zurückschneidet und den Topf an einen frostfreien Ort stellt. Das Substrat muss im Winter feucht bleiben, sollte aber nicht zu nass sein. Im Mai oder Juni siedelt man die Gewächse nach draußen um. Teilen Sie die Rhizome im Frühjahr. Dazu streift man die Erde ab und schneidet den Wurzelstock mit einem scharfen Messer in mehrere Abschnitte, von denen jeder eine Knospe oder ein Auge hat. Die Teile werden in frische Erde gepflanzt.

Schöne Sorten

Canna *'Assaut'* ist eine hohe Sorte mit violettem Laub und hellroten Blüten an langen Stängeln im Hochsommer.

Canna *'Richard Wallace'* (*'King Midas'*) heißt eine robuste Form mit dunkelgrünem Laub und goldgelben Blüten.

Canna *'Black Knight'* zeigt stolz ihre tiefroten Blüten vor einer dunkelrotvioletten Laubkulisse.

Canna *'Rosemond Coles'* öffnet leuchtend rote Blüten mit goldgelbem Rand über dunkelgrünen Blättern.

Canna *'Striata'* trägt strahlend orangefarbene Blüten über breiten, ovalen, grünen Blättern mit gelben Streifen.

Canna speciosa *'Tropical Rose'* ist eine Zwergform mit grünen Blättern und rosa Blüten an kniehohen Stängeln.

Canna *'Durban'* entwickelt orangefarbene Blüten über bronzefarbenen, rot, orange und rosa gestreiften Blättern.

Canna *'Cleopatra'* bleibt kompakt, trägt grünes Laub und prächtige rot-gelbe Blüten mit kontrastierenden Flecken.

Bunte Highlights

Braucht Ihr Garten ein Facelifting? Dann bringen Sie mit tropisch anmutenden Blüten und Blatt-schmuckgewächsen Farbe ins Spiel. Buntnesseln sind die perfekten Lückenfüller, wenn Frühjahrs- und Sommerblumen sich verabschieden. Und sie wirken gut in Topfarrangements. Die Blüten des Kanarischen Hornklees präsentiert man am besten in Blumenampeln auf Augenhöhe oder am Rand von Töpfen. Die Kobralilie wiederum hellt dunkle Winkel auf.

Buntnessel *Solenostemon scutellarioides*

Pflanzen
Solenostemon (ver-schiedene Arten und Sorten)

Höhe und Breite
H 20 cm, B 20 cm

Standort
Sonne oder Halb-schatten

Härte
Mindesttemperatur 15 °C

Topfgröße
10 cm

Topfmaterial
Kunststoff, Metall, Stein, Ton, Körbe

Substrat
Universalerde

Generationen von Pflanzenfreunden kennen sie als *Coleus* und noch heute werden sie gelegent-lich unter dieser wissenschaftlichen Bezeichnung verkauft. Einst galten sie als altmodisch, doch inzwischen sind neue, interessante Formen mit farbenfrohem Laub wieder groß in Mode. Mit ihnen bringt man Leben auf Terrassen oder in Rabatten, doch machen sie auch als Unterpflan-zung von Gehölzen in Kübeln eine gute Figur.

Man kann sie aus Samen ziehen oder als junge Pflänzchen kaufen. Sie werden gut gewässert und während der Wachstumszeit mehrmals umge-topft. Sollen sie buschig wachsen, stutzt man die Triebe. Auch die Blüten werden abgezwickt, da das Laub sonst seine Farbkraft verliert.

TIPP: SCHUTZ IM WINTER

Im Frühherbst verfrachtet man Buntnesseln an einen hellen Platz, wo die Tem-peratur nicht unter 15 °C fällt – ideal ist eine warme Fensterbank oder ein beheiztes Gewächshaus. Kürzen Sie die Triebe um die Hälfte und lassen Sie das Substrat zwischen den Wassergaben fast aus-trocknen, denn bei zu viel Nässe zu dieser Jahreszeit droht Pilzbefall.

Man kauft Jungpflan-zen im Frühjahr und setzt sie in größere Gefäße, damit sie sich vom Sommer bis zum Herbst schön entfalten.

Kanarischer Hornklee *Lotus berthelotii*

Pflanze
Lotus berthelotii

Höhe und Breite
H 20 cm, B unter-
schiedlich

Standort
Volle Sonne

Härte
Verträgt keine Tem-
peraturen unter 0 °C

Topfgröße
30 cm

Topfmaterial
Kunststoff, Ton, Körbe

Substrat
Tonhaltige Blumen-
erde

Lotus berthelotii **füllt eine große Blumenampel.**

»Papageienschnabel« heißt der Kanarische Hornklee in England – und wenn man die Blüten sieht,
erkennt man unschwer, warum. Die Zierpflanze
wird derzeit immer beliebter, denn ihre hängenden Triebe mit dem grauen gefiederten Laub
eignen sich hervorragend für Blumenampeln oder
als Randbepflanzung großer Gefäße. Minusgrade
übersteht der Hornklee nicht, doch im Sommer
fühlt er sich draußen ausgesprochen wohl.

GUTE BLÜTE

Um reich zu blühen, braucht die Pflanze sechs
bis acht Sonnenstunden täglich – man stellt sie
daher an einen warmen, hellen Platz. Im Frühjahr
und Sommer muss sie regelmäßig gegossen, im
Frühjahr außerdem alle paar Wochen mit Flüssigdünger versorgt werden. Im Winter hält man
sie frostfrei und drosselt die Wassergaben (*siehe
dazu den Tipp zu den Buntnesseln gegenüber*).

Kobralilie *Arisaema candidissimum*

Pflanze
*Arisaema candidis-
simum*

Höhe und Breite
H 40 cm, B 15 cm

Standort
Streuschatten

Härte
Verträgt bis -5 °C

Topfgröße
20 cm

Topfmaterial
Kunststoff, Ton

Substrat
Tonhaltige, nährstoff-
reiche Blumenerde

Zur Gattung *Arisaema* gehören zahlreiche Arten knollenbildender, im Frühjahr und Sommer blühender Stauden aus China,
Japan, Nordamerika und dem Himalaja. Sie tragen große
Blätter und an meist langen Stielen Blütenstände mit
Hochblatt, das manchmal an einen Kobrakopf erinnert,
daher der Name. Die Pflanzen sind giftig, weshalb ihr
mitunter gefährliches Aussehen vielleicht eine Warnung ist,
doch wirken nicht alle abschreckend. *Arisaema candidissimum* erinnert mit ihrem rosa und weißen Hochblatt mehr
an ein Häubchen Softeis und duftet obendrein verführerisch.

STANDORT

Kobralilien bevorzugen Schatten und eignen sich bestens für
kleine, geschützte Stadtgärten, wo sie manchmal sogar
den Winter draußen überstehen. Man pflanzt sie
entweder zu mehreren oder nutzt sie als Lückenfüller in Beeten bzw. Rabatten. Nach dem Verblühen und
Einziehen sind die Töpfe im Nu entfernt. Während der
Wachstumszeit gießt man sie regelmäßig, in der winterlichen Ruhephase aber hält man die Erde nur leicht feucht.

Die elegante Spatha in Pastelltönen schützt die
winzigen Blüten von Arisaema candidissimum.

TROPISCHES FLAIR

Graziler Bambus

Mit Bambus verbreitet man in Gärten, auf Terrassen und auf Balkonen im Nu eine üppige, tropische Atmosphäre. Die Auswahl ist riesig: Hohe, filigrane Formen für große Gefäße sind ebenso erhältlich wie kompaktere Sorten für beengte Verhältnisse. Die pflegeleichten, eleganten Pflanzen sehen das ganze Jahr über gut aus.

TROPISCHES FLAIR

Pflanze
Pseudosasa japonica

Höhe und Breite
H 3 m, B 1,2 m

Standort
Volle Sonne oder Halbschatten

Härte
Winterhart

Topfgröße
45–60 cm

Topfmaterial
Metall, Kunststoff, glasierte Keramik

Substrat
Tonhaltige, nährstoffreiche Blumenerde

Bambusse sind vielseitige Pflanzen, die sich für viele Gartenstile und Verwendungszwecke eignen, ganz gleich, ob man einen Blickfang, einen Hintergrund, etwas Grünes zum Kaschieren unansehnlicher Elemente oder einen Raumteiler braucht. Ihre Stärken sind die dekorativen Halme in allerlei Farben wie Goldgelb, Schwarz und Grün – sogar gestreifte Formen gibt es. Sie gedeihen in Blumenerde und brauchen große Töpfe, damit sie sich ausbreiten können – das gilt vor allem für stattlichere Vertreter wie *Pseudosasa*, *Sasa*, *Fargesia* und *Phyllostachys*. Ideal sind Gefäße aus Metall, Kunststoff oder glasiertem Material; Ton hingegen entzieht dem Substrat Feuchtigkeit, sodass die Pflanzen austrocknen können und vergilben. Manche Vertreter breiten sich im Garten mit Ausläufern ungebührlich stark aus, in Töpfen aber müssen sie sich zwangsläufig im Platz beschränken. Trotzdem sollte man keine Formen wählen, die sehr schnell wachsen und häufig umgetopft oder geteilt werden müssen. Alle hier empfohlenen Arten haben keinen zu ausgeprägten Ausbreitungsdrang und brauchen kaum Zuwendung.

PFLEGE

Bambusse sind durstige Gewächse und müssen regelmäßig gewässert werden, da sie sonst ihr Laub abwerfen. Wer mehrere Exemplare in Töpfen zieht, sollte über ein automatisches Bewässerungssystem nachdenken, denn die Ballen müssen immer feucht bleiben. Damit sie viele neue Halme und gesundes Laub entwickeln, brauchen sie im Frühjahr und Frühsommer eine Gabe Volldünger. Stark verdichtete Horste älterer Exemplare lichtet man aus, indem man dünnere Halme oder ältere, unschöne Triebe herausnimmt. Die dekorativen Halme kommen besser zur Geltung, wenn man das untere Drittel der Pflanzen entlaubt.

TIPP: DEKORATIVER MULCH

Sie beleben Ihre Gefäßpflanzungen und verhindern Unkraut, wenn Sie das Substrat von Bambussen mit einer dekorativen Mulchschicht abdecken. Wählen Sie Material, das einen Kontrast zum Topf bildet und gleichzeitig den Bambus hervorhebt, z. B. Kies, Schiefer, eingefärbten Splitt oder Glasperlen.

Hoch und grazil: Phyllostachys bambusoides *'Castillonii' gibt im großen Topf einen schönen Sichtschutz ab, verbraucht aber viel Wasser.*

Bambus in vielen Variationen

Fargesia murielae *treibt viele elegante, schlanke Halme mit üppig grünem Laub aus und verträgt sogar trockene Böden.*

Sasa veitchii *ist ein buschiger Bambus mit violetten Halmen und panaschierten Blättern, die im Winter hellbraun werden.*

Phyllostachys vivax *fo*. aureocaulis *wird hoch und hat leuchtend gelbe, gelegentlich grün gestreifte Halme.*

Pleioblastus variegatus *kommt mit Sonne oder Schatten gut zurecht, bildet kniehohe Halme und weiß-grünes Laub.*

Moderne verzinkte Behälter mit dem Maketebambus (Pseudo-sasa japonica) und grauem Schiefermulch: So sieht eine gehobene Randgestaltung in einem modernen Stadtgarten aus.

TROPISCHES FLAIR

Auf die Palme gebracht

Sie sehen elegant aus, wachsen noch bei schlechten Lichtverhältnissen und sind unkompliziert: Als Solitäre für klar umrissene, schlichte Gefäße haben tropische Palmen mit ihren architektonischen Formen und dekorativen Wedeln viele Vorteile. Man nutzt sie gern als Blickfang oder auch als grüne Kulisse für eine Gruppe von Zimmerpflanzen und exotische Blütengewächse. Im Sommer stehen sie gut an einem geschützten Platz auf einer warmen Terrasse.

Bergpalme *Chamaedorea elegans*

TROPISCHES FLAIR

Pflanze
Chamaedorea elegans

Höhe und Breite
H 2,4 m, B 1,5 m

Standort
Hell, aber abseits direkter Sonne

Härte
Mindesttemperatur 18 °C

Topfgröße
30 cm

Topfmaterial
Glasierte Keramik, Stein, Kunststoff

Substrat
Gut durchlässige Universalerde

In unseren Breiten nutzt man Bergpalmen schon seit dem 19. Jahrhundert als Zimmerpflanzen, etwa als Wohnzimmer- oder Tischdekor. Ihr großes Plus ist das exotische Aussehen und die langen Wedel glänzend grüner Blätter. Mit kleineren Exemplaren belebt man Regale und Lücken zwischen Büchern, während stattlichere Bergpalmen schattige Ecken auffrischen oder als zentraler Blickfang an einem gut sichtbaren Standort dienen. Sie wachsen ziemlich langsam, weshalb man Pflanzen in der passenden Größe für den vorgesehenen Standplatz kaufen kann.

PFLEGE
Bergpalmen sind unter anderem deshalb beliebt, weil sie so wenig Ansprüche stellen. Man hält den Ballen während des Wachstums feucht; im Winter dagegen sollte er auch einmal austrocknen. Flüssigdünger hält das Laub üppig und gesund. Man düngt im Frühjahr und Sommer monatlich. Eine Sommerfrische auf der Terrasse tut Bergpalmen gut. Im Freien kann man sie zudem als Kulisse für Beete und tropische Blüten einsetzen.

TIPP: GESUNDE WEDEL

Wenn die Spitzen der Blätter braun werden, braucht die Palme vermutlich höhere Luftfeuchtigkeit. Besprühen Sie das Laub daher regelmäßig mit einem Zerstäuber oder wischen Sie es ab – das befreit es obendrein von Staub. Dieselbe Störung kann außerdem auf zu starkes Gießen zurückzuführen sein, der Ballen darf also nicht im Wasser stehen. Mitunter sind Blätter aber auch braun, weil die Sonne sie versengt hat. Stellen Sie Ihre Palme deshalb an einen kühlen, schattigen Standort.

Tropisches Laub belebt dunkle Ecken und bringt einen Hauch von Luxus in eine minimalistische Innenraumgestaltung.

Sagopalmfarn *Cycas revoluta*

Pflanze
Cycas revoluta

Höhe und Breite
H und B 1,5 m

Standort
Hell, aber abseits
direkter Sonne

Härte
Mindesttemperatur
10 °C

Topfgröße
30–45 cm

Topfmaterial
Ton, Stein, Kunststoff,
Keramik

Substrat
Tonhaltige, nährstoff-
reiche Blumenerde

Trotz ihres Aussehens ist *Cycas revoluta* keine Palme, sondern gehört zu den Palmfarnen. Die Blättchen ihrer derben Wedel laufen in einer stacheligen Spitze aus, weshalb man die Pflanzen am besten dort postiert, wo man sie nicht versehentlich streift. Sagopalmfarne mögen es hell, vertragen aber keine direkte Sonne und eignen sich daher vor allem für halbschattige Standorte. Junge Exemplare haben einen buschigen Wuchs, entwickeln mit der Zeit jedoch einen palmenartigen Stamm.

WÄSSERN UND PFLEGEN
Der Sagopalmfarn mag es feucht, zu viel aber sollte man nicht gießen, sonst werden die Blätter braun. Im Winter drosselt man die Wassergaben beträchtlich. Sobald im Frühjahr neue Wedel erscheinen, stellt man die Pflanze nicht mehr an einen neuen Platz, da die Stiele sonst schief wachsen.

Ein Topf aus Bambus passt perfekt zu diesem exotischen Gewächs.

Steckenpalme *Rhapis excelsa*

Pflanze
Rhapis excelsa

Höhe und Breite
H und B 1,5 m

Standort
Halbschatten

Härte
Mindesttemperatur
15 °C

Topfgröße
15–20 cm

Topfmaterial
Metall, glasierte
Keramik, Ton

Substrat
Universalerde

Mit ihren auffälligen, glänzenden Blättern an aufrechten Stielen ist diese horstbildende Palme ein echter Hingucker. Sie stammt aus dem subtropischen Ostasien und verlangt förmlich nach einem verzierten Gefäß in fernöstlichem Stil. Die ausgesprochen anspruchslosen Gewächse gedeihen selbst im Schatten eines Nordzimmers, genießen aber auch den Sommer draußen, sofern man sie lange vor dem ersten Frost wieder in den Schutz des Hauses bringt. Während der Wachstumsphase wird gut gewässert, im Winter weniger. Besprühen Sie das Laub wöchentlich mit einem Zerstäuber.

SORTEN
Von *Rhapis excelsa* sind Dutzende gerade unter Sammlern sehr begehrte Sorten erhältlich. Viele tragen hübsches mehrfarbiges Laub, wie 'Taiheinishiki' mit auffallend gelb und grün gestreiften Blättern oder 'Variegata' mit weißen Streifen. 'Zuikonishiki' wird nur etwa 60 cm hoch und trägt gelb gezeichnete Blätter.

Als typische Art des Unterholzes braucht die Steckenpalme alle 14 Tage eine Düngergabe.

TROPISCHES FLAIR

Narrensicheres Blattwerk

Sicher gibt es Zimmerpflanzen, die viel Pflege und Aufmerksamkeit einfordern, bei den nachfolgen-den Blattschmuckgewächsen allerdings kann man fast nichts falsch machen. Mit ihren markanten Blättern verbreiten Strahlenaralie, Fensterblatt und Philodendron zwar eine exotische Atmosphäre, gleichzeitig aber sind sie robust und widerstandsfähig und sehen selbst dann noch gut aus, wenn man sie eine Weile vernachlässigt.

Strahlenaralie *Schefflera*

Pflanzen
Schefflera arboricola
'Gold Capella',
Ficus pumila 'Sonny'

Höhe und Breite
Schefflera:
H 1,5 m, B 1 m;
Ficus: B bis 1 m

Standort
Viel Licht, aber
abseits direkter
Sonne

Härte
Mindesttemperatur
im Winter 13 °C

Topfgröße
30 cm oder mehr

Topfmaterial
Beliebig

Substrat
Universalerde

Größtes Plus dieser überall erhältlichen, ausge-sprochen pflegeleichten Zimmerpflanzen sind ihre glänzenden Blätter an schlanken Stielen. Es gibt rein grüne Sorten, die panaschierten aber haben einen wesentlich höheren Zierwert und werten jeden Raum auf. Eine der besten Züchtun-gen ist *Schefflera arboricola* 'Gold Capella', die in warmen Klimazonen 3 m hoch und fast genauso breit wird. In Töpfen dürfte sie aber kaum zu sol-cher Größe heranwachsen. Will man sie kompakt halten, schneidet man sie im Frühjahr zurück. Der Haupttrieb ist nicht sonderlich kräftig, weshalb man die Pflanze an einer geeigneten Stütze, etwa einem Moosstab, befestigen muss.

GIESSEN

Halten Sie die Erde in der Vegetationsperiode vom Frühjahr bis zum Frühherbst feucht, aber nicht übermäßig nass, da sonst die Wurzeln fau-len. Im Winter lässt man das Substrat zwischen jeder Wassergabe völlig austrocknen. Düngen Sie Strahlenaralien während des Wachstums mit einem Flüssigvolldünger.

TIPP: PANASCHIERUNG ERHALTEN

Stehen Pflanzen mit farbiger Blattzeichnung an einem zu dunklen Standort, wachsen sie kaum noch und verlieren ihre Panaschierung. *Schefflera* beispielsweise kann wie-der in einen völlig grünen Zustand zurückschlagen. Rein grüne Triebe sind wüchsiger als gemusterte und sollten sogleich entfernt werden.

Die Kletterfeige Ficus pumila *'Sonny' weicht den Topfrand visuell auf und kontrastiert reizvoll mit der Strahlenaralie.*

Fensterblatt *Monstera deliciosa*

Pflanze
Monstera deliciosa

Höhe und Breite
H 1,8 m, B 60 cm

Standort
Hell, aber abseits direkter Sonne

Härte
Mindesttemperatur 15 °C

Topfgröße
30 cm oder mehr

Topfmaterial
Beliebig

Substrat
Universalerde

Die tropische Kletterpflanze treibt riesige, glänzende grüne Blätter aus, die mitunter bis zu 70 cm lang werden. In dem tief gelappten Laub bilden sich oft elliptische Löcher. Man zieht die Pflanzen an einem Moosstab oder anderen Stützen und düngt sie im Sommer regelmäßig mit einem Flüssigvolldünger.

WASSER- UND LICHTBEDARF
Das Fensterblatt braucht zwar regelmäßig Wasser, doch sollte man den Ballen zwischen den einzelnen Gaben jedes Mal fast austrocknen lassen; im Winter wird spärlicher gegossen. Säubern Sie die Blätter von Staub und besprühen Sie sie gelegentlich. Wenn die Pflanze zu groß wird, kann man sie getrost schneiden. Fensterblätter kommen zwar mit dunklen Ecken zurecht, bilden aber dort kleine Blätter und dünne, überlange Triebe. Besser ist ein heller Standort ohne direkte Sonne. Im Winter rückt man sie gegebenenfalls näher ans Licht.

Monstera deliciosa

Philodendron

Pflanze
Philodendron bipinnatifidum

Höhe und Breite
H und B bis 1,5 m

Standort
Hell, aber abseits direkter Sonne

Härte
Mindesttemperatur 15 °C

Topfgröße
45 cm oder mehr

Topfmaterial
Kunststoffgefäß im Übertopf

Substrat
Universalerde

Geben Sie diesem stattlichen tropischen Strauch reichlich Platz in einem hellen Zimmer und er wird sich wunderbar in Szene setzen. Die große, ornamentale Pflanze bereichert einen Innenraum ganzjährig mit riesigen, tief gelappten Blättern in glänzendem, üppigem Grün. In der warmen Jahreszeit wird regelmäßig gegossen und gedüngt, im Winter dagegen lässt man die Topferde zwischendurch immer wieder austrocknen. Wischen Sie das Laub mit einem weichen, feuchten Tuch ab und besprühen Sie es gelegentlich.

WEITERE ARTEN
Es werden verschiedene Philodendren kultiviert. Zu den besten Arten gehören *P. hederaceum* mit glänzenden, herzförmigen Blättern und *P. angustisectum* mit palmenähnlich geteiltem Laub. *P. melanochrysum* trägt dunkelgrüne, pfeilförmige Blätter mit samtiger Oberfläche. Alle sind Kletterer und brauchen Moosstäbe als Stütze.

Philodendron bipinnatifidum mit attraktivem Laub

TROPISCHES FLAIR

Tropischer Blattschmuck

Sie haben die Nase voll von eintönigen, gesichtslosen Räumen? Dann fügen Sie mit exotischen Blattschmuckpflanzen in modernen Töpfen Farbe hinzu. Die strahlenden Schönheiten aus den Tropen werden am besten solo in ihren Gefäßen präsentiert, denn in gemischten Pflanzungen müssten sie mit anderen um ihren Platz im Rampenlicht kämpfen und sich gegenseitig Konkurrenz machen – zum Nachteil aller.

TROPISCHES FLAIR

Pfeilblatt *Alocasia × amazonica*

Pflanze
Alocasia × amazonica

Höhe und Breite
H und B 60 cm

Standort
Hell, aber abseits direkter Sonne

Härte
Mindesttemperatur 15 °C

Topfgröße
20 cm

Topfmaterial
Kunststoff, Stein, Keramik, Metall

Substrat
Universalerde mit etwas Rinde oder Perlit als Zusatz

Mit bis zu 45 cm langen Blättern gehört das Pfeilblatt zu den Laubriesen unter den Exoten. Die von kräftigen Stielen getragenen, glänzenden, dunkelgrünen »Pfeilspitzen« tragen mit ihrer leuchtend silbrigen Äderung eine ganz und gar ungewöhnliche, wunderschöne Zeichnung. Platzieren Sie die Pflanze an einem hellen Standort im Zimmer, denn wenn sie zu wenig Licht bekommt, verliert sie ihre intensive Färbung. Auch braucht sie viel Wärme: Wird es ihr zu kühl, wirft sie beleidigt die Blätter ab. Bekommt sie aber nach ein, zwei Tagen wieder ihre Wunschtemperatur, erholt sie sich und treibt neu aus.

PFLEGE
Der Ballen muss stets feucht bleiben, bei Staunässe aber fault er. Im Winter lässt man ihn nach jeder Wassergabe völlig austrocknen. Während des Wachstums besprüht man das Laub regelmäßig. Gut tut der Pflanze im selben Zeitraum außerdem einmal im Monat ein Flüssigvolldünger. Ansehnlich bleibt sie, wenn man tote, welke oder verletzte Blätter immer gleich abschneidet.

TIPP: SO BLEIBT DAS LAUB GESUND

Das Besprühen von Laub mit einem Handzerstäuber erhöht nicht nur die Luftfeuchtigkeit, sondern verhindert auch, dass sich Staub auf den Blättern absetzt. Trotzdem sollte man sie gelegentlich mit einem weichen, feuchten Tuch abwischen, damit sie glänzend bleiben. Seien Sie vorsichtig, um die Blätter nicht zu verletzen.

Ein helles Badezimmer ist der ideale Standort für ein Pfeilblatt, das es gern warm und feucht mag.

Korbmarante *Calathea makoyana*

Pflanze
Calathea makoyana

Höhe und Breite
H 45 cm, B 25 cm

Standort
Hell, aber abseits
direkter Sonne

Härte
Mindesttemperatur
16 °C

Topfgröße
15 cm

Topfmaterial
Keramik, glasierter
Ton, Stein, Metall

Substrat
Universalerde

Kaum eine Zimmerpflanze kann mit einer so ungewöhnlichen Blattzeichnung dienen wie die Korbmarante. Die gebürtige Brasilianerin bildet einen buschigen Horst spatelförmiger Blätter mit dunkelgrünen Rändern und ovalen Malen auf der Oberfläche. Auf der Unterseite der Blätter wiederholt sich dasselbe Muster – allerdings in violett! Gleichzeitig entsteht durch die netzartigen, fast durchsichtigen Bereiche ein silbriger Effekt auf dem Laub. Die Pflanzen kommen in einem neutralen oder hellen Topf am besten zur Geltung und brauchen einen hellen, geschützten Standort ohne Zug, aber mit viel Luftfeuchtigkeit.

PFLEGE
Gießen Sie regelmäßig, aber lassen Sie den Ballen dazwischen fast austrocknen. Im Winter wird noch spärlicher gewässert. Besprühen Sie das Laub im Sommer und düngen Sie monatlich.

Die Korbmarante trägt sehr ungewöhnliches Laub.

Wunderstrauch *Codiaeum*

Pflanze
Codiaeum variegatum var. *pictum* 'Gold Star'

Höhe und Breite
H 1 m, B 60 cm

Standort
Sehr hell, aber
abseits direkter
Sonne

Härte
Mindesttemperatur
15 °C

Topfgröße
20 cm

Topfmaterial
Stein, Keramik,
Metall, Kunststoff

Substrat
Tonhaltige Blumen-
erde

Codiaeum variegatum var. *pictum* 'Gold Star'

Wenn es um Showeffekte geht, hat der Wunderstrauch nur wenig Konkurrenz. Die Bandbreite an Farbvarianten und Blattformen ist groß. Ursprünglich stammt er aus Malaysia und den Inseln im östlichen Pazifik. Man zieht ihn wegen seiner ledrigen Blätter, die in den Farben eines typischen Kindermalkastens gesprenkelt sind.

In seiner Heimat wächst der Wunderstrauch als großer Baum, als Zimmerpflanze im Topf bleibt er aber eher kompakt. Man gießt ihn im Sommer regelmäßig, im Winter hingegen weniger. Befeuchten Sie das Laub mit einer Sprühflasche und düngen Sie die Pflanze während des Wachstums monatlich mit einem Flüssigvolldünger.

AUSWAHL
C. variegatum var. *pictum* 'Petra' trägt speerförmige grüne Blätter mit auffälliger gelber Äderung, 'Gold Star' dagegen hat goldgelb geflecktes Laub. Für Liebhaber kräftigerer Farben ist 'Excellent' mit großen gegabelten Blättern und grün-gelb-roter Zeichnung ideal.

Exotische Blüten

Mit exotischen Blütenschönheiten beschwören Sie in Ihrem Heim Tropenwelten herauf. Wenn Sie den Pflanzen die gewünschten Bedingungen bieten, werden Sie mit einer großartigen Show belohnt. Medinillen sind stattliche Diven mit großen Blättern und prachtvollen Blütenständen, während Flamingoblumen vor allem auf die Besonderheit ihrer wächsernen Hochblätter setzen. *Aechmea* wiederum macht mit einem ornamentalen Wuchs auf sich aufmerksam.

Medinille *Medinilla magnifica*

TROPISCHES FLAIR

Pflanze
Medinilla magnifica

Höhe und Breite
H und B 1,2 m

Standort
Hell, aber abseits direkter Sonne

Härte
Mindesttemperatur 15–20 °C

Topfgröße
20 cm

Topfmaterial
Keramik, Stein, Metall

Substrat
Orchideenerde

Die Kultur von Medinillen lohnt sich schon allein wegen ihrer großen glänzenden, hübsch geäderten Blätter. Zur Hochform läuft die Pflanze aber im Frühjahr und Sommer auf, wenn ihre langen Stiele sich unter dem Gewicht der sattrosa Blüten biegen. Sie stammt von den Philippinen und braucht einen warmen, hellen Platz ohne direkte Sonne, etwa im beheizten Wintergarten oder Gewächshaus. Der Ballen darf während der Wachstumszeit nicht austrocknen. Auch sollte man das Laub häufig besprühen und gelegentlich mit einem weichen Tuch von Staub befreien.

Sobald Blütenknospen erscheinen, gibt man Medinillen *alle paar Wochen einen Flüssigdünger, damit sie tatsächlich ihren exotischen Flor entfalten.*

TIPP: SO FÖRDERN SIE DIE BLÜTE

Mitunter zieren sich Medinillen mit dem Blühen etwas, doch kann man den Flor fördern, indem man die Temperatur im Winter etwas reduziert und auch die Wasserzufuhr drosselt. Warten Sie, bis das Substrat fast trocken ist, und geben Sie gerade so viel, dass die Pflanze nicht welkt. Im Frühjahr steigert man die Dosis, verabreicht 14-tägig einen Flüssigdünger und erhöht die Luftfeuchtigkeit durch Besprühen.

Lanzenrosette *Aechmea*

Pflanze
Aechmea fasciata

Höhe und Breite
H und B 50 cm

Standort
Hell, aber abseits
direkter Sonne

Härte
Mindesttemperatur
15 °C

Topfgröße
15 cm

Topfmaterial
Kunststoffgefäß im
dekorativen Übertopf

Substrat
Durchlässige Universalerde

Die auffälligen Hochblätter halten bis zu zwei Monate.

Die Lanzenrosette (*Aechmea fasciata*) stammt aus Südamerika. Ihr Stellenwert als Zimmerpflanze beruht vor allem auf der aufrechten Rosette aus dekorativ mit silbrigen Querbändern gezeichneten Blättern. Ältere Exemplare haben zudem eine Überraschung parat: Irgendwann einmal wächst aus der Mitte der Laubrosette ein Stiel mit einem großen Kopf aus rosa Hochblättern und kleinen blauen Blüten.

WASSERBEDARF

Man hält nicht nur das Substrat feucht, sondern füllt das Innere der Blattrosette mit frischem Regenwasser. Wer in einer Gegend mit weichem Leitungswasser lebt, kann es auch aus dem Hahn entnehmen. Hartes Wasser allerdings hinterlässt Krusten, die den Zierwert beeinträchtigen. Einmal im Monat wird der Trichter geleert und neu aufgefüllt, um Fäulnis zu verhindern.

Flamingoblume *Anthurium*

Pflanze
Anthurium andraeanum

Höhe und Breite
H und B 50 cm

Standort
Hell. Im Sommer
nicht ins Südfenster
stellen.

Härte
Mindesttemperatur
15 °C

Topfgröße
15 cm

Topfmaterial
Kunststoffgefäß in
einem dekorativen
Übertopf

Substrat
1 Teil tonhaltige
Blumenerde, 1 Teil
Grobsand und 3 Teile
Laubhumus

Sie erinnern an den reichen Kopfschmuck, wie man ihn oft beim Karneval in Rio sieht. Allerdings beeindrucken die dekorativen Flamingoblumen vom Frühjahr bis zum Spätsommer für lange Zeit. Auffallend sind nicht die unscheinbaren Blüten an dem fingerartigen grünen Kolben, sondern deren Hochblätter. Sie können weiß, gelb, grün, rosa, orangefarben oder rot sein.

Flamingoblumen bevorzugen helle Standorte ohne direkte Sonne und Zugluft, im Winter aber sind sie für einen sonnigeren Standort dankbar. Sie vertragen ein Austrocknen des Ballens nicht, auf Staunässe reagieren sie gleichfalls empfindlich.

UMTOPFEN

Die Pflanzen müssen alle paar Jahre in etwas größere Gefäße umgetopft werden. Dabei kommt der Ballen so in die Erde, dass die aus der Oberfläche herausragenden Wurzeln exponiert bleiben. Sie werden anschließend mit einer Lage feuchtem Moos zugedeckt. Ein Gemisch aus Topferde, Sand und Laubhumus verbessert die Dränage und bietet der Pflanze die sauren Bedingungen, die sie braucht.

Flamingoblumen
müssen regelmäßig
mit Wasser besprüht
werden.

Markantes Laub

Blattschmuckpflanzen tragen Blätter in den unterschiedlichsten Formen, Größen und Farben. In Töpfen bieten sie sich als dauerhafter, effektvoller Schmuck an. Viele kommen bestens mit schattigen Verhältnissen zurecht und eignen sich für kleine Stadtgärten ebenso wie für moderne Gestaltungen, doch gibt es für jeden Verwendungszweck das passende Gewächs. Manche Blattschönheiten sind allerdings sehr empfindlich und brauchen es im Winter warm.

Pflanzen
*Fatsia japonica,
Alocasia sanderiana,
Pelargonium* 'Lady
Plymouth'

Höhe und Breite
Fatsia H und B 1,5 m;
Alocasia H und
B 1 m; *Pelargonium*
H 40 cm, B 20 cm

Standort
Streuschatten

Härte
Im Winter vor Frost
schützen

Topfgröße
45 cm

Topfmaterial
Stein, Metall, glasier-
ter Ton

Substrat
Mischung aus Univer-
sal- und tonhaltiger
Blumenerde

Die kräftig grünen, glänzenden Blätter der Zimmeraralie (*Fatsia japonica*) verbreiten Dschungelatmosphäre innerhalb von Pflanzgefäßen. Man präsentiert die Blattschmuckpflanze als Solitär oder kombiniert sie mit anderen tropisch anmutenden Gewächsen wie *Alocasia sanderiana* (*siehe auch S. 60*). Letztere kommt zwar vorwiegend als Zimmerpflanze zum Einsatz, bringt aber mit ihren dunkelgrünen, pfeilförmigen, silbrig geäderten Blättern auch Schwung in sommerliche Freilandpflanzungen. Panaschierte Pelargonien wiederum bilden ein Gegengewicht zu beiden und warten zudem mit duftendem Laub auf.

Fatsia bevorzugt schattige Standorte und hält bis zu -5 °C aus. Kultiviert man sie jedoch im Topf mit anderen empfindlichen Gewächsen, bringt man sie im Winter nach drinnen. Im zeitigen Frühjahr arbeitet man etwas Langzeitdünger in das Substrat ein. Während des Wachstums wird gut gegossen, im Winter aber sollte der Ballen zwischen den Wassergaben immer wieder austrocknen.

SCHNITT
Wenn eine Zimmeraralie zu groß für den Topf wird, schneidet man sie im Frühjahr oder Sommer. Der Haupttrieb wird auf eine zur Topfgröße passende Höhe gestutzt. Weil die unteren Zweige kleinere Pflanzen im Gefäß überwuchern können, lichtet man sie ebenfalls aus.

TIPP: WINTERSCHUTZ

Wer eine Zimmeraralie im Topf im Freiland zieht, kann sie in milden Gegenden vielleicht sogar draußen über den Winter retten. Dazu braucht die Pflanze aber guten Schutz. Wickeln Sie das Gefäß in Sackleinen oder Luftpolsterfolie und decken Sie die Pflanze zusätzlich mit Vlies ab, falls starke Fröste angekündigt sind. Auf dieselbe Weise kann man auch *Eriobotrya japonica, Hedychium densiflorum* und *Tetrapanax* schützen. *Alocasia*, Pelargonien und *Melianthus* dagegen überstehen den Winter draußen auf keinen Fall. Sie müssen bis zum Frühjahr an einem hellen, frostfreien Platz im Haus stehen.

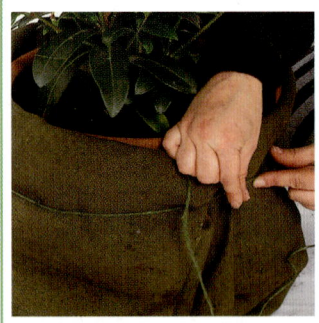

Fatsia trägt glänzend dunkelgrüne Blätter. Im Herbst kommen weiße runde Blütenstände und später schwarze Früchte hinzu.

In diesem weißen Steintopf ergänzen sich unterschiedliche Laubformen und -texturen perfekt.

WEITERE ZIMMERPFLANZEN MIT GROSSEM LAUB

Melianthus major, auch Honig- strauch genannt, trägt große, blau bereifte, gefiederte Blätter, die nach Erdnussbutter riechen. Die Art verträgt keinen Frost.

Eriobotrya japonica, die Japanische Wollmispel, ist ein kleiner Baum, den man wegen seiner architektonischen Form und der tief gerippten, großen dunkelgrünen Blätter schätzt.

Hedychium densiflorum bildet einen großen Horst aus langen lanzettlichen Blättern, über denen im Spätsommer duftende, orange- farbene Blüten erscheinen.

Tetrapanax, der Reispapierbaum, trägt riesige immergrüne Blätter an langen Stielen. 'Rex' gehört zu den härtesten Sorten. Die Pflanze über- steht milde Winter im Freien.

Auf die Spitze getrieben

Mit prachtvollen Blüten darf man bei ihnen nicht rechnen, dennoch zieht ihr auffälliges spitzes Laub die Aufmerksamkeit auf sich: Gewächse mit schwertförmigem, strahligem Laub gleichen, allein für sich präsentiert, lebenden Skulpturen, lassen sich aber genauso gut mit anderen ornamentalen Gewächsen zu einem herrlichen Ensemble aus gegensätzlichen Texturen, Farben und Formen kombinieren.

Neuseeländer Flachs *Phormium*

Pflanze
Phormium 'Jester'

Höhe und Breite
H und B 1 m

Standort
Sonne oder Halbschatten

Härte
Verträgt bis -5 °C

Topfgröße
30 cm

Topfmaterial
Ton, Stein, Metall

Substrat
Tonhaltige, nährstoffreiche Blumenerde, mit Zusatz an Sand oder Splitt

Neuseeländer Flachs ist eine unkomplizierte strukturbetonte Pflanze mit auffälligen schwertförmigen Blättern, die in hohen Gefäßen einen farbenfrohen Blickfang abgeben. Für gutes Gedeihen brauchen die immergrünen, horstbildenden Stauden stark durchlässige, feuchtigkeitsspeichernde Erde, ein sonniges Plätzchen und regelmäßige Wassergaben, vor allem in heißen, trockenen Sommern. Im späten Frühjahr sollte man Langzeitdünger geben. Neuseeländer Flachs ist in Mitteleuropa nicht winterhart.

AUSWAHL

Formen von *P. cookianum* haben hängendes Laub, solche von *P. tenax* eher einen aufrechten Wuchs. *P.* 'Platt's Black' beeindruckt mit tiefvioletten Blättern, während *P.* 'Jester' rosa-grün gerandete Schwerter nach oben reckt und das Laub von *P.* 'Pink Panther' mit einem rosa Rand eingefasst ist. Mit ihrem kaskadenförmigen Wuchs eignen sich alle drei genannten Sorten für hohe Töpfe.

Neuseeländer Flachs setzt an einem sonnigen Platz im Garten einen unübersehbaren Akzent.

TIPP: SO BLEIBT DAS LAUB GESUND

Damit Neuseeländer Flachs sich von seiner besten Seite zeigt, entfernt man abgestorbene, welke oder unschöne Blätter. Dünnere Schwerter lassen sich mit der Schere abschneiden, dickere müssen mit einem scharfen Messer gekappt werden. Halten Sie den Topfballen feucht, gießen Sie aber nicht direkt auf die Blätter, da sie sonst an heißen Tagen von der Sonne versengt werden.

Keulenlilie *Cordyline australis*

Pflanze
Cordyline australis
Purpurea-Gruppe

Höhe und Breite
H 1,5 m, B 60 cm

Standort
Volle Sonne

Härte
Verträgt kaum 0 °C

Topfgröße
30 cm

Topfmaterial
Ton, Stein, Metall

Substrat
Tonhaltige, nährstoff-
reiche Blumenerde

Kombinieren Sie Keulenlilien *mit einer farbigen Duftnessel* (Agastache) *als Kontrapunkt zum strahligen, spitzen Laub.*

An den schwertförmigen Blättern der Keulenlilie bleibt der Blick zwangsläufig hängen. Die robusten, pflegeleichten Pflanzen kommen sogar mit salzigen Winden in Küstengärten zurecht und gedeihen in voller Sonne am besten. Zur Auswahl stehen zahlreiche Formen in den unterschiedlichen Farben. Sie halten einige Jahre im Topf aus, doch irgendwann werden sie zu groß, da sie rasch wachsen und kümmern, wenn es den Wurzeln zu eng wird. Man stellt sie an einen hellen Standort in einem kühlen Zimmer oder überwintert sie im frostfreien Gewächshaus.

PARTNERWAHL

Keulenlilien entwickeln mit der Zeit einen kahlen Stamm, der durch Unterpflanzung kaschiert werden kann. Im Bild links lockern *Agastache*-Blüten in Orange und violetter Lavendel mit grauem Laub die strengen Formen der *Cordyline* auf.

Fädige Palmlilie *Yucca filamentosa*

Pflanze
Yucca filamentosa
'Bright Edge'

Höhe und Breite
H 90 cm, B 1,5 m

Standort
Volle Sonne

Härte
Winterhart

Topfgröße
45 cm

Topfmaterial
Kunststoff, Stein,
Metall, Ton

Substrat
Tonhaltige Blumen-
erde

Die straff aufrechte Rosette aus schwertförmigen, immergrünen Blättern belebt ganzjährig sonnige Winkel eines Gartens oder Südterrassen und -balkone. Im Frühsommer treibt der immergrüne Strauch einen bis 2 m hohen Blütenstand mit Unmengen hängender, cremefarbener Blüten aus. Obwohl sich die Fädige Palmlilie als Solitär bestens eignet, fügt sie sich auch hervorragend in sommerliche Pflanzungen mit Agaven und Keulenlilien ein.

PFLEGE

Die Fädige Palmlilie bleibt ansehnlich, wenn man sie regelmäßig gießt und während der Wachstumszeit monatlich einen Flüssigdünger verabreicht. Schneiden Sie tote, kranke oder beschädigte Blätter am Ansatz ab. Der Blütenstand wird entfernt, sobald die Blüten welken. Manche Arten der umfangreichen Gattung *Yucca* sind winterhart, andere brauchen Schutz oder müssen in der kalten Jahreszeit sogar im Haus stehen.

Yucca filamentosa 'Bright Edge'

Wunderbare Ahorne
Acer palmatum

Größter Vorzug der Fächer-Ahorne ist ihr graziles Laub. Die fernöstlichen Bäume werten Terrassen und Gärten ungemein auf. Im Frühjahr und Sommer bereichern die kompakten Bäume ihre Umgebung mit einem dekorativen Laubdach, im Herbst dagegen trumpfen sie mit strahlender Herbstfärbung in Gelb, Orange und Rot auf.

Pflanze
Acer palmatum

Höhe und Breite
H 2 m, B 1,5 m

Standort
Geschützt, im Streuschatten

Härte
Winterhart

Topfgröße
30–45 cm

Topfmaterial
Ton, Stein, Töpfe im fernöstlichen Stil, Kunststoff

Substrat
50 : 50-Mischung aus tonhaltiger, nährstoffreicher Blumenerde und Moorbeeterde

Bäume sind meist zu wüchsig und zu groß für die Topfkultur, die meisten japanischen Ahorne aber lassen sich entweder Zeit mit dem Größerwerden oder bleiben von Natur aus kompakt. Zu den begehrtesten Ziergewächsen gehören die verschiedenen Formen des Fächer-Ahorns (*Acer palmatum*), die niedrige Kuppeln oder gewölbte Kronen aus übergebogenen Zweigen mit elegant geschlitztem Laub bilden. Man schätzt sie zwar vor allem wegen ihrer strahlenden Herbstfärbung, doch sehen sie ganzjährig gut aus. Nach dem Laubfall bereichern sie winterliche Gärten durch ihre schöne Gestalt und manchmal sogar durch ihre ungewöhnliche Borkenfarbe. Im Frühjahr wiederum treiben sie oftmals frisch leuchtendes Laub aus, das bis zum Sommer die Färbung wechselt.

Ahorne werden gern als Solitäre in Rasenflächen oder an Teichen in Szene gesetzt. Dank ihrer Herkunft eignen sie sich als Begleiter von Bambussen, asiatischen Gräsern, Steinen und japanischem Dekor auf fernöstlich gestalteten Terrassen oder in Zen-Gärten.

EMPFINDLICHES LAUB

Fächer-Ahorne sind zwar im Großen und Ganzen winterhart, doch reagiert ihr Laub empfindlich auf starken Frost, Wind und sengende Hitze. Deshalb pflanzt man sie weder in Frostsenken oder an windige Standorte noch auf nach Süden ausgerichtete Flächen in praller Sonne. Ideal ist ein geschütztes Plätzchen im Streuschatten.

*Mitte **Ein Ahorn mit rotem Sommerlaub** bringt Spannung in die Terrassenbegrünung und passt gut zu Blattschmuck- und zu Blütenpflanzen.*

TIPP: SO BLEIBEN AHORNE GESUND

Fächer-Ahorne müssen kaum geschnitten werden. Im Frühjahr entfernt man die oberste Substratschicht und ersetzt sie durch frische Erde mit Langzeitdünger. Eine Mulchdecke hält Feuchtigkeit im Erdreich. Wässern Sie den Ballen gut und packen Sie ihn im Winter in Luftpolsterfolie ein.

Empfehlungen

Acer palmatum *var.* dissectum *'Filigree'* trägt fiedriges grünes Laub, das im Herbst eine gelbe Farbe annimmt.

Acer palmatum *'Chitose-yama'* beeindruckt mit tief geteilten, grünen Blättern. Sie erstrahlen im Spätsommer dunkelrot.

Acer palmatum *'Sango-kaku'* begeistert mit rosa Trieben und Herbstlaub. Später färben sich die Blätter noch gelb.

Acer palmatum *var.* dissectum *'Garnet'* zeigt fein geteiltes, dunkelrotes, im Herbst hellrot leuchtendes Laub.

Acer palmatum *'Bloodgood'*, ein buschiger Baum mit dunkelvioletten Blättern, erstrahlt im Herbst hellrot.

Acer palmatum *'Linearilobum'* färbt im Herbst seine tief geteilten Blätter von Bronzebraun über Orange bis Gelb.

Acer palmatum *'Nicholsonii'* präsentiert zunächst olivgrüne, geteilte Blätter, die im Herbst mit Orangetönen aufwarten.

Acer palmatum *'Katsura'* hat zunächst rot gerandete, orange Blätter, die später grün, dann gelb, rot und orange werden.

HAUPTDARSTELLER

Sumpfpflanzen: groß und mächtig

Sie sind gewiss nichts für Kleinmütige: Mit ihren bizarren Riesenblättern gäben die feuchtigkeitsliebenden Sumpfstauden die ideale Kulisse für Dinosaurierfilme ab – ebenso verbreiten sie im Garten echte Dschungelatmosphäre. Ungeachtet ihrer Größe sind diese Pflanzengiganten bereit, sich in Töpfen bezähmen zu lassen, falls man sie während der Wachstumszeit regelmäßig gießt und sie nie austrocknen lässt.

Mammutblatt *Gunnera*

Pflanze
Gunnera manicata

Höhe und Breite
H 1,5 m, B 1,8 m

Standort
Halbschatten

Härte
In milden Regionen winterhart, Schäden entstehen bei anhaltendem Frost

Topfgröße
45 cm oder mehr

Topfmaterial
Kunststoff und andere nicht luftdurchlässige Materialien

Substrat
Tonhaltige Blumenerde mit Laubhumus

Das Mammutblatt bildet in feuchtem Erdreich, etwa an Teichrändern, große Horste. Man schätzt die Pflanze wegen ihrer gigantischen Blätter, die mehr als 1 m Durchmesser erreichen. In Gefäßen allerdings wird der Hang zum Riesenwuchs gedrosselt. Die Pflanzen fühlen sich in dunkleren Ecken wohl und werden bevorzugt als Kulisse für andere schattenliebende Blattschmuckpflanzen oder als Blickfang auf Terrassen eingesetzt. Im Frühsommer schiebt sich ein langer Zapfen mit winzigen roten Blüten aus der Mitte des Horsts. *G. tinctoria* ist eine kleine Art und daher für beengte Verhältnisse besser geeignet. Düngen Sie im Frühjahr mit einem Langzeitdüngergranulat und geben Sie im Sommer monatlich etwas Flüssigdünger. Die Erde darf nie austrocknen.

BEHERZT SCHNEIDEN

Ließe man *Gunnera*-Exemplare in Kleingärten ungehemmt wachsen, würden sie bald zu viel Platz wegnehmen. Kopflastige Exemplare wiederum neigen zum Umfallen. Zum Glück nimmt die Pflanze einen harten Rückschnitt nicht übel.

TIPP: ÜBERWINTERN

Gunnera sind völlig winterhart, der Ansatz der Pflanze auf Bodenhöhe kann allerdings bei lang anhaltendem Frost Schaden nehmen. Nach dem Abfrieren der oberirdischen Teile entfernt man die abgestorbenen Blätter und legt sie zum Schutz über den Ansatz. Auch eine Lage Stroh, die mit Drähten und Heringen am Boden fixiert wird, eignet sich als Kälteschutz. Sobald im Frühjahr die schlimmsten Fröste vorüber sind, muss man die Isolierung aber entfernen.

Die riesigen Blätter *verbünden sich mit anderen Grünpflanzen zu einem skulpturartigen »Laubkunstwerk«.*

Bronzeblatt *Rodgersia*

Pflanze
Rodgersia pinnata
'Superba'

Höhe und Breite
H 1,2 m, B 75 cm

Standort
Halbschatten

Härte
Winterhart

Topfgröße
30–45 cm

Topfmaterial
Kunststoff und
andere nicht
luftdurchlässige
Materialien

Substrat
Tonhaltige Blumen-
erde mit einem
Anteil Laubhumus

Im Sommer ziehen die hohen weißen oder rosa Blütenstände der Rodgersien die Blicke auf sich, doch schon vorher bereichert die Pflanze den Garten mit ihrer architektonischen Struktur und den dekorativen handförmigen, bis zu 90 cm langen Blättern. Sie sind nach dem Austrieb bronzerot überzogen, werden mit der Zeit aber dunkelgrün. Durch ihre runzlige Oberfläche laden sie förmlich zum Anfassen ein. Topfarrangements mit Farnen, Lilien und Funkien, die ebenfalls kühle, schattige Bedingungen und stets feuchte Erde bevorzugen, fügen ein hoheitliches Element hinzu.

SCHNECKEN ABHALTEN
Mit Schädlingen haben Rodgersien zwar nur selten Probleme, doch können Schnecken frischen Austrieb im Frühjahr anfressen. Man schützt die Pflanzen mit Kupferringen, organischen Pellets oder anderen Abwehrmaßnahmen.

Die rosa Blütenrispen erscheinen im Sommer.

Tafelblatt *Astilboides*

Pflanze
Astilboides tabularis

Höhe und Breite
H 1,2 m, B 90 cm

Standort
Halbschatten

Härte
Winterhart

Topfgröße
30–45 cm

Topfmaterial
Kunststoff und
andere nicht
luftdurchlässige
Materialien

Substrat
Tonhaltige Blumen-
erde mit einem
Anteil Laubhumus

Blätter von der Größe einer kleinen Tischplatte

Wer das Ungewöhnliche liebt, wird von diesem Schattenbewohner begeistert sein. Seine riesigen runden Blätter mit gelapptem Rand werden von kräftigen Stielen getragen und bis zu 90 cm breit. Die Kultur des Tafelblatts lohnt sich schon allein wegen des Laubs, doch hat es auch noch kleine weiße Blüten zu bieten, die im Hochsommer an übergeneigten Stängeln erscheinen. Ideal platziert ist der Sumpfbewohner in Gefäßen neben Wasserflächen. Man kombiniert ihn mit anderen Gewächsen, die es feucht mögen, etwa Astilben oder Blut-Weiderich (*Lythrum salicaria*).

WASSERBEDARF
Das Tafelblatt reagiert ausgesprochen empfindlich auf Wasserknappheit. Es hört sofort zu wachsen auf und bekommt braune Blätter, wenn der Boden austrocknet. Man hält das Erdreich feucht, indem man den Topf mit Plastikfolie ausschlägt, die man in etwa 3 cm Höhe über dem Grund durchlöchert. So fließt überschüssige Nässe ab, während am Boden eine Reserve verbleibt.

HAUPTDARSTELLER

Palmen für den Garten

Wer schnell und unkompliziert exotisches Flair in seinen Garten bringen möchte, topft eine Palme ein. Die immergrünen Pflanzenstatuen sind mit ihren stacheligen Wedeln in einer minimalistischen Gestaltung die idealen Partner für moderne Gefäße. Außerdem peppen sie Kombinationen mit Blütenpflanzen und üppig belaubten Gewächsen auf. Auf diese Weise wird Ihre Terrasse zum tropischen Paradies.

Chinesische Hanfpalme *Trachycarpus fortunei*

Pflanze
Trachycarpus fortunei

Höhe und Breite
H 1,8 m, B 1 m

Standort
Sonne oder Streuschatten

Härte
Winterhart

Topfgröße
‹45 cm

Topfmaterial
Kunststoff, Stein, Terrakotta

Substrat
Tonhaltige Blumenerde

Man könnte meinen, ein solcher Exot müsste intensiv umsorgt werden. Weit gefehlt: Die Chinesische Hanfpalme lässt sich auch in kühleren Klimazonen bemerkenswert einfach kultivieren. Sie braucht außer regelmäßigen Wassergaben, etwas Nährstoffen während des Wachstums und einem gelegentlichen Schnitt praktisch keine Pflege. Das Beste ist ihre Robustheit: Sie hält Temperaturen bis -15 °C aus.

Natürlich aber gedeiht sie an einem geschützten Standort am besten. Vor kräftigem Wind sollte man sie schützen, weil er die Blätter zerrupft. Geben Sie der Palme einen stabilen Kübel mit mineralischer Blumenerde und verabreichen Sie ihr jährlich einen Langzeitdünger. Im Sommer muss sie regelmäßig gewässert werden, Staunässe verträgt sie aber nicht, weshalb man das Gefäß im Winter am besten auf »Füßchen« stellt.

Setzen Sie die Hanfpalme als Blickfang auf einer sonnigen bis halbschattigen Terrasse oder im Garten ein. Besonders schöne Wirkung entfaltet sie als Bestandteil einer orientalischen oder tropischen Pflanzung.

SCHÖNEN WUCHS BEWAHREN

Damit die Palme ihren schönen Wuchs nicht verliert, entfernt man die unteren Wedel, sobald sie braun werden und absterben, was ein natürlicher Prozess und in der Regel kein Anzeichen für eine Krankheit oder Störung ist. Schneiden Sie die Stiele so nah am Stamm wie möglich ab. Wenn man will, kann man auch die Haare vom Stamm abziehen, obwohl das nicht notwendig ist. Dazu rupft man einfach an der Basis die haarigen Fasern mit den Händen ab, schneidet den Rest mitsamt alter Stielstumpen ab und arbeitet sich so den Stamm hoch.

Die Fächer aus spitzen Blättchen entfalten vor einem schlichten Hintergrund eine beeindruckende Wirkung.

TIPP: ÜBERWINTERN

Obwohl die Chinesische Hanfpalme in unseren Breiten fast winterhart ist, braucht sie doch etwas Unterstützung, um durch den Winter zu kommen. Ihr schlimmster Feind ist durchnässtes Erdreich. Man stellt sie deshalb an einen geschützten Platz an einer Hauswand, wo weniger Niederschlag fällt und den Ballen im Winter durchweicht. Auch den Topf sollte man schützen, vor allem wenn er aus Ton gebrannt wurde. Wickeln Sie ihn in Luftpolsterfolie oder Sackleinen.

Zwergpalme *Chamaerops humilis*

Pflanze
Chamaerops humilis

Höhe und Breite
H und B 1,2 m

Standort
Volle Sonne

Härte
Verträgt bis -9 °C

Topfgröße
30–45 cm

Topfmaterial
Ton, Kunststoff, Stein

Substrat
Tonhaltige Blumen-
erde mit Zusatz von
Grobsand

Die sehr langsam wachsende Zwergpalme mit Fächern aus steifen Blättern kann 1,2 m hoch werden, doch braucht sie dafür Jahrzehnte, weshalb man am besten ein Exemplar in der passenden Größe kauft. Anfangs noch buschig, bildet sie mit der Zeit einen Stamm, da die unteren Blätter absterben.

Obwohl sie nicht so viel Kälte verträgt wie die Chinesische Hanfpalme, erweist sie sich mit ihrem dichten Wuchs als widerstandsfähiger gegen Wind und gedeiht in Töpfen sogar an der Küste. Wegen ihrer kompakten Größe kann man sie vor starkem Frost problemlos ins Haus retten.

MIT BEDACHT WÄSSERN

Gießen Sie die Palme im Sommer und während des Wachstums gut. Erst wenn sie älter ist, kann man den Topfballen zwischen den Wassergaben austrocknen lassen. Im Winter gießt man Freilandexemplare überhaupt nicht, sondern stellt sie an einen vor starkem Regen geschützten Platz.

Drei Palmen in einer Reihe: ein modernes Pflanzendekor

Diese Zwergpalme hat den Ehrenplatz auf einer Terrasse bekommen. In dem schnörkellosen weißen Keramiktopf sieht sie sehr elegant aus.

Ungewöhnliche Blüten

Diese Zimmerpflanzen brauchen etwas mehr Pflege und Aufmerksamkeit als üblich, lohnen aber auf jeden Fall die Mühe. Ernährt man sie gut, öffnen sie prachtvolle Blüten, die den Wohnbereich wunderbar bereichern. Einer modernen Innenraumgestaltung steuern sie ein Spannungsmoment bei. Man pflanzt sie in farblich auf sie abgestimmte Gefäße – oder auch in solche, die einen auffallenden Kontrapunkt zu den Blütenfarben setzen.

Teufelsblüte *Tacca*

Pflanze
Tacca chantrieri

Höhe und Breite
H und B 1 m

Standort
Hell, aber abseits direkter Sonne

Härte
Mindesttemperatur 13 °C

Topfgröße
20 cm

Topfmaterial
Kunststoff, Metall, glasierter Ton

Substrat
Universalerde mit geringem Tonanteil

Es gibt eine Menge Pflanzen mit ungewöhnlichen Blüten, aber kaum eine ist so sonderbar wie die Teufelsblüte. *Tacca chantrieri* stammt aus Indien und Teilen von Südostasien. Der englische Name »bat flower« (»Fledermausblume«) bezieht sich auf die nickenden dunklen Blüten und fädigen »Haare«, die von den großen, flügelartigen Hochblättern hängen. Die Blüten stehen an Schäften hoch über einem Büschel üppiger, tief geäderter Blätter. Die Teufelsblüte will einen warmen Standort im Zimmer, kann aber im Sommer wochenlang an einem geschützten Platz im Freien stehen.

ANZUCHT AUS SAMEN
Die Pflanzen sind in Gartencentern erhältlich, viel mehr Spaß macht es, sie selbst aus Samen zu ziehen. Dazu sät man 5 mm tief in kleine Töpfe mit Vermehrungserde, gießt und stellt das Gefäß in einen beheizten Anzuchtkasten. Nach dem Keimen, das bis zu neun Monate dauern kann, pikiert man sie in 8-cm-Töpfe, sobald sie groß genug sind. Binnen drei Jahren blühen sie.

TIPP: LANGZEITPFLEGE
Wenn die Teufelsblüte gut aussehen soll, muss man dafür sorgen, dass das Substrat nie austrocknet. Zudem sollten die Blätter im Sommer regelmäßig besprüht werden. Sobald die Wurzeln den Topf völlig ausfüllen, topft man die Pflanze in ein größeres Gefäß um oder teilt sie im Frühjahr. Im Herbst beginnt eine Ruhephase, die bis zum Frühjahr dauert. In dieser Zeit hält man sie trocken und warm. Danach kann man wieder mit dem Gießen beginnen.

Die einzigartigen Blüten der Teufelsblüte stehen an hohen Schäften. Sie ergeben einen überraschenden Blickfang.

Tempelglocke *Smithiantha*

Pflanze
Smithiantha 'Little One'

Höhe und Breite
H 20 cm, B 10 cm

Standort
Hell, aber abseits direkter Sonne

Härte
Mindesttemperatur 15 °C

Topfgröße
15 cm

Topfmaterial
Kunststoff, Keramik, glasierter Ton

Substrat
Universalerde

Bei näherem Hinsehen erkennt man, warum diese mexikanische Staude Tempelglocke heißt: Ihre leuchtenden Blüten, die im Sommer und Herbst von langen Stängeln hängen, haben eine perfekte Glockenform. Die kälteempfindliche Zimmerpflanze verlangt nach einem hellen Platz ohne direkte Sonne und mag hohe Luftfeuchtigkeit. Während des Wachstums gießt man sie gut, lässt das Substrat zwischen den Wassergaben aber völlig austrocknen. Man sollte auch jedes Mal einen Flüssigvolldünger ins Gießwasser geben, jedoch nur ein Viertel der empfohlenen Konzentration wählen.

Die samtigen dunklen Blätter von Smithiantha brauchen hohe Luftfeuchtigkeit. Man stellt die Töpfe deshalb auf eine mit Kies und Wasser gefüllte Schale.

AUSWAHL

Von *Smithiantha* gibt es mehrere Sorten. 'Little One' heißt eine Zwergform mit leuchtend orangefarbenen Blüten und samtig violetten Blättern. 'Extra Sassy' trägt rosa Blüten über großen roten Blättern. *Smithiantha cinnabarina* ist eine rund 60 cm hohe Art mit behaartem rotem Laub und roten Blüten.

TIPP: ÜBERWINTERN

Im Winter ziehen *Smithiantha*-Pflanzen vollständig ein und treten in eine Winterruhe. Man entfernt die abgestorbenen Blüten und Blätter und lässt die Erde völlig austrocknen. Bis zum Frühjahr darf nicht mehr gewässert werden. Dann setzt man das Exemplar in einen größeren Topf und gießt spärlich, bis das Wachstum wieder voll einsetzt.

HAUPTDARSTELLER

Aufregendes Blattwerk

Wer nach unauffälligen Zimmerpflanzen sucht, die sich gut in einen Hintergrund einfügen, kann jetzt weiterblättern. Hier geht es nicht um Mauerblümchen, sondern um auffälliges, farbenfrohes Laub, das förmlich nach Aufmerksamkeit schreit und sich das ganze Jahr als Gesprächsthema anbietet. Versuchen Sie einige dieser Diven mit verschiedensten Laubformen und -farben zu einer dekorativen Gruppe zusammenzustellen.

Gummibaum *Ficus elastica*

Pflanze
Ficus elastica 'Tineke'

Höhe und Breite
H 1,8 m, B 90 cm

Standort
Hell, aber abseits direkter Sonne

Härte
Mindesttemperatur 15 °C

Topfgröße
30 cm

Topfmaterial
Kunststoff, Keramik, glasierter Ton, Metall

Substrat
Tonhaltige Blumenerde

In einem glatten, dunkelvioletten, modernen Gefäß bekommt der bekannte, pflegeleichte Gummibaum ein völlig neues Gesicht. Er wirkt mit einem Mal hochaktuell – und ist meilenweit von der altbackenen Stubenpflanze der 1960er- und 1970er-Jahre entfernt. Inzwischen sind von der gängigen grünen Art viele dekorative Formen erhältlich. 'Doescheri' trägt große, elliptische Blätter mit grauen Flecken und cremegelbem Rand. 'Tineke' hat eine ähnliche, tarnfarbenartige Zeichnung mit rosa-roter Tönung, während 'Decora' mit dunkelgrünem, breitem, nach dem Austrieb bronze überlaufenem Laub aufwartet.

WÄSSERN UND DÜNGEN

Gießen Sie Gummibäume das ganze Jahr, aber lassen Sie den Topfballen dazwischen jedes Mal austrocknen. Die Pflanzen treiben gesund nach, wenn man ihnen monatlich einen stickstoffreichen Flüssigdünger gibt. Werden sie zu hoch oder langbeinig, schneidet man sie.

TIPP: LAUB SÄUBERN

Weil die glatten Blätter von *Ficus elastica* Staub magnetisch anziehen, muss man sie regelmäßig säubern. Dann bekommen sie die maximale Lichtdosis ab und sehen obendrein besser aus. Es gibt viele Sprays und Reinigungsmittel im Handel, doch braucht man sie nicht unbedingt, sofern man nicht gerade einen unnatürlichen Glanz bevorzugt. Wischen Sie einfach die Blattfläche mit einem weichen, feuchten Tuch ab, um den Staub zu entfernen. Mit ein bisschen Milch glänzt das Laub besonders.

Panaschierte Sorten wie 'Tineke' gedeihen an einem hellen Standort. Sie brauchen monatlich einen Flüssigdünger.

Stromanthe *Stromanthe sanguinea*

Pflanze
Stromanthe sanguinea 'Triostar'

Höhe und Breite
H 50 cm, B 45 cm

Standort
Hell, leicht schattiert

Härte
Mindesttemperatur
15 °C

Topfgröße
20 cm

Topfmaterial
Kunststoff, glasierter
Ton, Keramik, Metall

Substrat
Universalerde mit
geringem Tonanteil

'Triostar' entwickelt grün, cremeweiß und rot gemustertes Laub. Ein Platz abseits der direkten Sonne tut ihr nicht gut.

Diesem Exot gelingt es, Tropenatmosphäre zu verbreiten. Mit seinem kunterbunten Laub bringt er Leben in schattige Zimmerwinkel. Die langen, lanzettlichen, panaschierten Blätter haben eine glatte, glänzende Oberfläche und sehen aus, als seien sie mit grünen, rosa, dunkelrosa, weinroten und weißen Pinselstrichen bemalt. Damit nicht genug, erscheinen im Frühjahr auch noch winzige rosa Blüten.

PFLEGE
Halten Sie die Erde ständig feucht, sonst kräuseln sich die Blätter. Aber aufgepasst: Bei Staunässe faulen die Triebe. In heißen Sommern besprüht man die Pflanzen mit Wasser. Im Frühjahr und Sommer fügt man dem Gießwasser alle vier Wochen Flüssigdünger bei. Verdichtete Exemplare können vor dem Neuaustrieb im Frühjahr geteilt werden.

Ananas *Ananas comosus*

Pflanze
Ananas comosus var. *variegatus*

Höhe und Breite
H 1 m, B 50 cm

Standort
Hell und sonnig

Härte
Mindesttemperatur
15 °C, für die Blüten-
bildung sind 24 °C
und mehr ideal

Topfgröße
20 cm

Topfmaterial
Kunststoff, glasierter
Ton, Keramik, Metall

Substrat
Orchideenerde

Aus Südamerika stammt diese große, prachtvolle Variante der Art, die essbare Ananasfrüchte liefert. Sie treibt Rosetten aus leuchtend gefärbten, gelb bis rötlich gestreiften, übergeneigten Blättern mit stacheligem Rand. Im Sommer bildet sich an der Spitze eine Blüte, aus der eine kleine rote Frucht an einem kräftigen Stängel hervorgeht. Sie kann rund zehn Monate an der Pflanze bleiben. Die Ananas ist eine Bereicherung für jedes Arrangement von Bromelien.

PFLEGE
Ananas mögen Sonne und hohe Luft-feuchtigkeit. Bestens aufgehoben sind sie im Wintergarten. Man benetzt sie regelmäßig mit einer Sprühflasche. Die Mitte der Rosette muss immer voll Wasser bleiben. Halten Sie die Erde feucht, aber vermeiden Sie Staunässe – am besten geht das mit stark durchlässiger Orchideenerde. Ananas blühen nur bei hohen Temperaturen. Wenn die Knospen erscheinen, gibt man alle paar Wochen einen Flüssigdünger.

Die Ananas wächst das ganze Jahr über und kann unter optimalen Bedingungen recht groß werden.

HAUPTDARSTELLER

Pflegeleichte Asketen
Echeveria und *Aeonium*

Manche Pflanzen brauchen viel Zuwendung, *Aeonium* und *Echeveria* aber sind genügsam und robust. Die Sukkulenten stammen aus sonnigen Klimazonen, vertragen Trockenheit, wachsen langsam und müssen nicht geschnitten werden. Mit ihren kunstvollen Blattrosetten und ungewöhnlichen Blüten bilden sie einen dekorativen Topfschmuck.

DÜRREHELDEN

Pflanzen
Aeonium und *Echeveria*

Höhe und Breite
H 4 cm – 1 m,
B 13 cm – 1 m

Standort
Aeonium: Sonne oder Halbschatten; panaschierte Formen brauchen für gute Färbung viel Licht; *Echeveria*: vollsonnig

Härte
Aeonium: Mindesttemperatur 10 °C; *Echeveria*: Mindesttemperatur 7 °C

Topfgröße
7,5–22 cm

Topfmaterial
Ton, glasierte Keramik, Kunststoff

Substrat
Tonhaltige Blumenerde mit Zusatz von Grobsand

Früher ließ man *Echeveria* und *Aeonium* meist auf Fensterbänken verstauben. Dabei geben diese ebenso hübschen wie frostempfindlichen Pflanzen vom späten Frühjahr bis zum ersten Frost im Herbst einen ausgezeichneten Gartenschmuck ab.

Ihr Spektrum an Größen und Wuchsformen ist enorm. Manche entwickeln sich mehrstämmig zu Sträuchern, die man wegen ihrer violetten, bronzeroten, grünen, blauen oder panaschierten Blattrosetten zieht, andere entwickeln gebogene Triebe und wieder andere eine einzelne flache Rosette. Einige besitzen Blätterwirbel so groß wie ein Suppenteller, andere erreichen gerade einmal die Größe eines Daumennagels. Trotz ihrer Vielgestaltigkeit haben sie jedoch etwas gemeinsam: Sie gedeihen in grober, mineralischer Erde und sehen in Tontöpfen und glasierten Gefäßen hinreißend aus. Man gießt sie im Sommer alle zehn Tage und schützt sie während längeren Regenperioden vor zu viel Nässe. Kopflastige Exemplare und solche mit einem einzelnen Hauptstamm müssen gegebenenfalls gestützt werden.

IN GRUPPEN PFLANZEN
Zwar sehen *Aeonium* und *Echeveria* auch als Solitäre gut aus, mehr Wirkung aber erzielt man mit Arrangements. Kombinieren Sie Farben, Formen und Größen. Hohe Exemplare kommen in die Mitte, niedrige an den Rand. Tüpfelchen auf dem »i«: eine Schicht aus Kies oder einem anderen dekorativen Mulch auf dem Substrat.

Mitte **An solchen schönen Gruppen** bleibt der Blick unweigerlich hängen: Sukkulenten auf einem einfachen Holztisch.

> ### TIPP: WINTERPFLEGE
> Diese Sukkulenten vertragen keinen Frost. Man stellt sie daher im Winter drinnen auf einer hellen Fensterbank auf oder wickelt die Töpfe in ein, zwei Lagen Vlies und stellt sie in ein beheiztes Gewächshaus. Wenn die Erde völlig ausgetrocknet ist, gibt man ein Quäntchen Wasser. Totes und krankes Laub wird sogleich entfernt. Vielleicht muss man gelegentlich Schmier- und Wollläuse bekämpfen (*siehe S. 243*).

Echeveria und *Aeonium*

Echeveria agavoides *bildet Gruppen dichter Rosetten aus schmalen, spitz zulaufenden Blättern.*

Echeveria gibbiflora *var.* metallica *präsentiert im Sommer über riesigen Rosetten kurze Ähren aus roten Blüten.*

Echeveria secunda *var.* glauca *formt Gruppen aus kleinen Rosetten und öffnet rote und gelbe Blüten.*

Aeonium haworthii *'Variegatum' hat helle, gelb und grün panaschierte Blätter mit rotem Rand.*

Aeonium *'Zwartkop', eine verzweigte Sukkulente, bringt mit ihren fast schwarzen Rosetten Spannung in Arrangements.*

Aeonium arboreum *ist ein wüchsiger Strauch mit architektonischem Wuchs und vielen hellgrünen Rosetten.*

Aeonium *'Ballerina' bildet einen runden Busch aus Rosetten mit schmalen, graugrünen, weiß gerandeten Blättern.*

Aeonium haworthii, *ein kompakter Strauch, trägt Unmengen kleiner, blau bereifter Rosetten an drahtigen Zweigen.*

DÜRREHELDEN

Sonnenanbeter mit Struktur

Ob mit Stacheln bzw. gezähntem Rand bewehrt oder mit vielen kleinen runden Blättern besetzt: Diese Sukkulenten begeistern mit einer ungewöhnlichen Struktur und Form, die man durch einen kontrastierenden Topf mit glatter Oberfläche und schlichter Form noch unterstreichen kann. Sie werden von jeher als Zimmerpflanzen gezogen, können im Sommer aber auf einer sonnigen, geschützten Terrasse oder einem Balkon getrost draußen bleiben.

Agave

Pflanze
Agave americana
'Mediopicta Alba'

Höhe und Breite
H und B bis 80 cm

Standort
Volle Sonne, im
Zimmer hell

Härte
Mindesttemperatur
5 °C

Topfgröße
20–60 cm, je nach
Größe der Pflanze

Topfmaterial
Ton, Stein, Kunststoff,
Metall, Keramik

Substrat
Durchlässige tonhaltige Blumenerde

Die anspruchslosen, strukturbetonten Pflanzen sind wie geschaffen für moderne Gefäße und Einrichtungs- oder Gartenstile. Man präsentiert sie am besten einzeln und setzt sie in einen kontrastierenden Topf. Die weiß gestreifte Form 'Mediopicta Alba' etwa kommt in einem schlichten weißen Keramiktopf hervorragend zur Geltung.

Platzieren Sie Agaven dort, wo man nicht mit den Kleidern an den gezähnten Rändern hängen bleibt. Das Substrat lässt man zwischen den Wassergaben austrocknen; im Winter hält man sie sogar noch trockener. Wüchsige Arten werden alle paar Jahre umgetopft. Wer sie schmal halten will, entfernt die jungen Ableger.

SORTENAUSWAHL

Die Auswahl an Sorten ist groß. *Agave parryi* var. *truncata* trägt blaue, breitblättrige Rosetten. Mit ihren schmalen stacheligen Blättern und der kugeligen Form sieht *A. stricta* recht gefährlich aus. Die kompakte Art *A. schidigera* entwickelt aufrechte Blätter mit weißen Fasern. *A. victoriae-reginae* fällt durch steifes, weiß gerandetes Laub auf.

> **TIPP: FREILANDKULTUR**
>
> Ein sonniger Platz draußen ist für Agaven im Sommer der ideale Lebensraum, im Winter brauchen sie aber einen hellen, frostfreien Standort. Ältere Exemplare der *Agave americana*, die zu groß für die Umsiedelung nach drinnen sind, kann man in milden Gegenden oder sehr geschützt liegenden Gärten sogar draußen über den Winter bringen. Dazu holt man sie in Hausnähe, hüllt sie in Vlies und neigt den Kübel leicht, damit der Ballen trocken bleibt.

Agave americana 'Mediopicta Alba' *zeichnet sich durch Rosetten aus weiß-grün gestreiften Blättern aus.*

Fetthenne *Sedum morganianum*

Pflanze
Sedum morganianum

Höhe und Breite
H 30 cm, B 60 cm

Standort
Hell

Härte
Mindesttemperatur
5–7 °C

Topfgröße
10–15 cm

Topfmaterial
Ton, Kunststoff,
Keramik

Substrat
Durchlässige tonhaltige Blumenerde

Mit ihren hängenden, von schweren zylindrischen, graugrünen Blättern nach unten gezogenen Trieben bietet diese Fetthenne einen seltsamen Anblick. Im Frühjahr und Sommer öffnen sich am Ende der Triebe kleine rosa Blüten. Es reicht, die anspruchslose Pflanze gelegentlich zu gießen und umzutopfen, doch darf man dabei die empfindlichen Blätter nicht abbrechen. Zwischen den Wassergaben soll der Ballen fast austrocknen; im Winter wird noch spärlicher gegossen.

PFLANZIDEEN

Junge Exemplare kann man in einem kleinen, dekorativen Topf ziehen. Sobald die Triebe aber ihre volle Länge erreichen, muss das Gefäß höher platziert werden. Ideal sind Ampeln oder Schalen an der Wand, doch kann man den Topf auch in ein Regal stellen, wo die fallenden Triebe mit ihren perlartigen Blättern gut zu sehen sind.

Die Blätter dieser Fetthenne erinnern an Perlschnüre.

Aloe

Pflanze
Aloe ferox

Höhe und Breite
Im Topf H und B bis
70 cm

Standort
Im Zimmer hell, im
Garten vollsonnig

Härte
Mindesttemperatur
10 °C

Topfgröße
Je nach Größe der
Pflanze 10–60 cm

Topfmaterial
Ton, Stein, Kunststoff,
Metall, Keramik

Substrat
Tonhaltige Blumenerde mit Zusatz von
Grobsand

Jeder hat schon von *Aloe vera* und den heilenden Eigenschaften ihres Safts gehört, doch gibt es noch viele andere, meist aus Afrika stammende *Aloe*-Arten. Die große, vielgestaltige Gruppe umfasst zwergige Gewächse, solche mit glattem Laub für Südfenster und stattliche Sukkulenten wie die stachelbewehrte *Aloe ferox*. Viele von ihnen fühlen sich im Sommer an einem sonnigen Platz im Garten wohl, doch muss man sie vor dem ersten Frost nach drinnen retten. Halten Sie die Topferde im Sommer leicht feucht und gießen Sie nicht auf die Blattrosetten. Im Winter soll der Ballen fast trocken bleiben.

ALOE MIT HOHEM DEKORWERT

Ein dekorativer Zimmerschmuck sind die glattlaubige *Aloe vera* und *A. variegata* mit quergebänderten grünen Blättern. *A. ferox* wirkt mit den stahlblauen, rot gerandeten Blättern fast wie ein modernes Kunstwerk, während *A. arborescens* 'Variegata' mit schwertförmigem, gelb gebändertem Laub eine stattliche Größe erreicht.

Ornamental wirkt *Aloe ferox* mit stacheligem Laub.

Stachelige Partner

Ein heller Fleck in einem warmen Raum ist der perfekte Platz für Kakteen. In modernen Keramiktöpfen sehen die strukturbetonten, fast unzerstörbaren Stachelträger richtig stilvoll aus. Die Auswahl an Arten für ein dekoratives Arrangement mit den verschiedensten Farben und Texturen ist groß.

Pflanzen
*Euphorbia trigona,
Crassula, Aeonium,
Pachypodium,
Opuntia*

Höhe und Breite
Euphorbia trigona:
H 1,2 m, B 60 cm;
Crassula: H und
B 70 cm;
Aeonium:
H und B 60 cm;
Pachypodium:
H 1,2 m, B 40 cm;
Opuntia: H und B
70 cm

Standort
Sonnig und warm

Härte
Mindesttemperatur
15 °C

Topfgröße
Für große Kakteen
oder Sukkulenten:
30–45 cm

Topfmaterial
Stein, Keramik,
Kunststoff

Substrat
Tonhaltige, nährstoff-
arme Blumenerde
mit Zusatz von Sand
und Splitt

Mitte **Diese Gruppe
aus verschiedenen
Sukkulenten** *eignet
sich vorzüglich für
sonnige Wohnungen
mit Zentralheizung.*

Wer seinen Wohnraum mit etwas Statueskem aufwerten möchte, braucht keine modernen Plastiken: Genauso gut sind Gewächse wie *Euphorbia trigona*, eine südafrikanische Sukkulente, deren hohe grüne, säulenförmige Stämme hübsche schwarze Stacheln und kleine Blätter tragen. Ihr zur Seite stellen kann man eine *Opuntia*-Art, einen klassischen, stachelbewehrten Blattkaktus, einen bizarren *Pachypodium* mit seinem gefährlich aussehenden Stamm und eine verzweigte *Crassula* als optischen Kontrast.

Bei der Zusammenstellung einer solchen Gruppe wählt man Pflanzen unterschiedlicher Höhe und Form, sodass kompakte, dichte Vertreter neben aufragenden, schlanken Exemplaren stehen. Bringen Sie so viele Gewächse zusammen, dass das Ensemble eine Wirkung als Ganzes entfaltet. Zu zahlreich dürfen sie aber auch nicht werden, sonst wirkt der Raum vollgestopft. Lassen Sie den Kakteen und Sukkulenten reichlich Platz, damit sie in ihrer ganzen Schönheit zur Geltung kommen und damit man nicht an Dornen hängen bleibt. Sukkulente mögen es hell und luftig.

WASSERBEDARF

Obwohl sie aus überaus trockenen Regionen stammen, heißt das nicht, dass man sich überhaupt nicht um sie kümmern muss. Im Sommer lässt man den Wurzelballen zwischen den Wassergaben jedes Mal austrocknen. Zu den anderen Jahreszeiten wird gerade so viel gegossen, dass die Pflanzen nicht welken. Andere Sukkulenten brauchen etwas mehr Wasser als Kakteen (*siehe S. 80–81*).

TIPP: SCHMERZFREIES PFLANZEN

Die haarfeinen Dornen von Kakteen können sehr schmerzhaft sein. Daher trägt man beim Einpflanzen Lederhandschuhe. Halten Sie die Gewächse außerdem fest, indem Sie sie in Zeitungspapier und dünnen Karton wickeln. Aber drücken Sie nicht zu fest, um die empfindlichen Dornen nicht abzubrechen.

Kakteen: eine Auswahl

Notocactus magnificus (*Syn.* Parodia magnifica) *ist ein kompakter, blau bereifter, runder Kaktus mit goldgelben Dornen an ausgeprägten Rippen. Er bildet bereitwillig Ableger, sodass mit der Zeit eine große Gruppe entsteht.*

Mammillaria zeilmanniana *schützt sich mit zweierlei Dornen: kleinen nadelartigen und solchen, die wie Angelhaken aussehen. Die gruppenbildende Art mildert ihr wehrhaftes Aussehen im Sommer mit zahlreichen rosa Blüten.*

Echinocereus *ist eine Gattung mit säulenförmigen bzw. zylindrischen Arten. Sie sind für die kräftigen Farben ihrer Blüten bekannt, die sich im Frühjahr und Sommer öffnen. Sie bleiben niedrig und brauchen daher wenig Platz.*

Opuntia microdasys *var.* albispina *ist die zwergige Ausgabe einer großen, imposanten Art und bestens geeignet für kleine Töpfe. Die ovalen, dunkelgrünen Segmente sind mit weißen Dornenbündeln übersät.*

Rebutia krainziana *bildet dunkelgrüne Sprosse, die an flache Kugeln erinnern. Die Bündel aus winzigen, silbrigen Dornen sind spiralig auf der Oberfläche angeordnet. Im Sommer öffnen sich hochrote Blüten.*

Schlumbergera truncata, *der bekannte Weihnachtskaktus, wird bevorzugt in einen hohen Topf oder eine Blumenampel gepflanzt. Die endständigen rosa Blüten an den langen, hellgrünen Trieben erscheinen im Herbst und Winter.*

Blühende Sukkulenten

Die meisten Sukkulenten schätzt man wegen ihrer ausgefallenen Laubstruktur, doch gibt es auch einige Arten mit hübschen Blüten. Sie sind unkomplizierte Schönheiten, die es trocken und sonnig mögen und ihren dekorativen, farbenprächtigen Flor über viele Wochen zur Schau tragen. Die Blüten von *Graptopetalum bellum* etwa sehen wie winzige Kometen aus, während die der *Kalanchoe*-Arten durch außerordentlichen Formenreichtum beeindrucken.

Graptopetalum

DÜRREHELDEN

Pflanze
Graptopetalum bellum

Höhe und Breite
H 25 cm, B 15 cm

Standort
Sonnige Fensterbank

Härte
Mindesttemperatur 5–10 °C

Topfgröße
10–20 cm

Topfmaterial
Ton, Keramik

Substrat
Tonhaltige, nährstoffarme Blumenerde mit Zusatz von Sand und Splitt

Auf den ersten Blick ist diese Sukkulente mit ihrer flachen Blattrosette zwar hübsch anzusehen, alles in allem aber doch relativ unscheinbar. Im Sommer macht die Pflanze jedoch einen erstaunlichen Wandel durch, denn es erscheinen kurze Rispen mit sternförmigen, grellrosa Blüten, bei denen man sogleich an einen rosa Cadillac aus der Zeit um 1960 denkt. Von ihrer besten Seite zeigt sich die gebürtige Mexikanerin an hellen, sonnigen Standorten im Haus.

Graptopetalum braucht nicht viel gegossen zu werden. Im Sommer lässt man die Erde zwischen den Wassergaben immer wieder austrocknen, während man im Winter noch geiziger wird und der Pflanze gerade so viel gibt, dass sie nicht vertrocknet. Steht der Ballen im Wasser, faulen die Wurzeln. *Graptopetalum* breitet sich aus und bildet mit der Zeit eine Gruppe weiß gerandeter Rosetten. Wenn der Topf zu klein wird, siedelt man das Gewächs in ein größeres Gefäß um oder teilt die Rosetten und pflanzt sie getrennt ein.

PFLANZENPARTNER

Graptopetalum hat als Solitär einen hohen Zierwert, sieht aber ohne Blüten mitunter etwas langweilig aus. Daher gruppiert man die Pflanze in einer Schale mit anderen Sukkulenten, die ähnliche Bedingungen brauchen, etwa *Crassula*, *Echeveria* oder eine kleine *Aloe*. Ebenfalls möglich ist die Kombination mit hängenden *Graptopetalum paraguayense* und den rötlichen Rosetten von *Graptopetalum rusbyi*. Auf die Substratoberfläche kommt eine dekorative Mulchschicht (*siehe S. 239*).

Graptopetalum bellum *blüht* an einem hellen, sonnigen Standort am besten. Geben Sie der Pflanze monatlich Kaktusdünger in halber Konzentration.

Kalanchoe

Pflanze
Kalanchoe pumila

Höhe und Breite
H und B 45 cm

Standort
Sonne

Härte
Mindesttemperatur
10 °C

Topfgröße
15 cm

Topfmaterial
Ton, Kunststoff,
Keramik

Substrat
Tonhaltige, nährstoff-
arme Blumenerde
mit Zusatz von Sand
und Splitt

Die pulvergrauen, gekerbten Blätter von *Kalanchoe pumila* geben eine ausgezeichnete Kulisse für die hellrosa Blüten ab, die im Frühjahr und Sommer an schlanken Stängeln erscheinen. Durch ihren in die Breite gehenden Wuchs ist die Sukkulente die ideale Kandidatin für Ampeln und Wandgefäße. Im Sommer fühlt sie sich an einem sonnigen, geschützten Platz auf der Terrasse wohl.

Die Gattung *Kalanchoe* setzt sich aus zahlreichen Sukkulenten verschiedenster Größen und Wuchsformen zusammen. Einen Versuch wert sind auch Arten wie *K. manginii* mit großen glockenförmigen, hängenden Blüten an langen Stängeln und das Flammende Käthchen (*Kalanchoe blossfeldiana*), die beliebteste und am weitesten verbreitete Art.

PFLEGE

Halten Sie die Pflanzen relativ trocken und achten Sie darauf, dass die Blätter nicht nass werden. Der Ballen muss zwischen den Wassergaben austrocknen; im Winter wird noch spärlicher gegossen. Die verschiedenen *Kalanchoe*-Formen sind mit einer sonnigen Fensterbank zufrieden. Sie brauchen nach der ersten Blüte einen Anreiz, um noch einmal ihren Flor zu öffnen. Dazu schneidet man die Blütenstängel am Ansatz ab und stellt die Pflanze vier Wochen auf eine schattige Fensterbank. In dieser Zeit wird nicht gegossen. Danach bringt man die Pflanze zurück in die Sonne.

Die zarten rosa Blüten und hellgrauen Blätter verlangen nach einem pastellfarbenen, dezenten Topf.

DÜRREHELDEN

EINE AUSWAHL EMPFEHLENSWERTER FORMEN

Kalanchoe *'Tessa'* liefert mit ihren dunkelgrünen, fleischigen Blättern selbst die Kulisse für die orangefarben-hellroten Röhrenblüten an überhängenden Stängeln im Sommer.

Kalanchoe *'Wendy'* entwickelt gekerbte Blätter und drahtige Stängel mit weithin sichtbaren Rispen aus bis zu 15 rosa, glockenförmigen Blüten mit gelben Zipfeln.

Kalanchoe blossfeldiana *'Calandiva White Monroe'* trägt weiße Blüten, die an Röschen erinnern. Sie öffnen sich aus grünlichen Knospen über großen, glänzenden Blättern.

Kalanchoe blossfeldiana *Rosa Form* gehört zu den verbreitetsten Kreuzungen. Ihre großen Schirmrispen aus winzigen, sternförmigen rosa Blüten erscheinen im Frühjahr.

Malayenblume *Phalaenopsis*

Diese Schmetterlingsorchidee oder Malayenblume ist zurecht so beliebt. Sie trägt viele elegante Blüten an verzweigten Stängeln, die monatelang halten. Zudem blüht sie das Jahr über oft mehrmals in Schüben. Und das Beste: Sie ist beileibe keine zickige Schönheit, sondern gedeiht willig in jedem normal beheizten Zimmer.

EINFACHE ORCHIDEEN

Pflanze
Phalaenopsis-Hybride

Höhe und Breite
H und B 30 cm

Standort
Hell, aber abseits direkter Sonne

Härte
Mindesttemperatur tagsüber 20 °C, nachts 16 °C

Blütezeit
Ganzjährig

Topfgröße
15 cm

Topfmaterial
Kunststoffgefäß in einem dekorativen Übertopf

Substrat
Orchideenerde

Exotische Blüten in fast jeder nur erdenklichen Farbe, monatelanger Flor und das auch noch mehrmals im Jahr – man könnte meinen, die Sache hat einen Haken. Hat sie nicht: *Phalaenopsis* sind anspruchslose Orchideen, die in jedem Zimmer gedeihen, das im Sommer unbeheizt ist und im Winter von einer Zentralheizung erwärmt wird.

Die Blüten erscheinen in der Regel an verzweigten Stängeln, die von dünnen Stöcken gestützt werden müssen. Sie können sich zu jeder Jahreszeit öffnen, weshalb man allein durch Ziehen mehrerer Sorten meist schon kontinuierlich den Flor genießen kann. Bestens aufgehoben sind Malayenblumen an einem Ostfenster oder einem anderen hellen Standort ohne direkte Sonne. Man gießt sie regelmäßig, sodass die Erde feucht bleibt, vermeidet aber Staunässe, sonst faulen die Wurzeln. Weil *Phalaenopsis* hohe Luftfeuchtigkeit mögen, stellt man die Töpfe auf eine halb mit Wasser gefüllte Schale voll Kies oder bestäubt sie mit Wasser – am besten morgens, damit die Feuchtigkeit bis zum Abend verdunstet. Eine Lage Moos auf dem Substrat hält Feuchtigkeit zurück und sieht gut aus.

VERBESSERTE BLÜHWILLIGKEIT
Nach dem Verblühen schneidet man den Stängel bis zum zweiten Blattansatz über dem Ballen zurück. Daraus sollte sich ein neuer Stängel entwickeln, der weitere Knospen trägt. Geben Sie entsprechend den Anweisungen auf der Packung Orchideendünger in das Gießwasser, um die Blühwilligkeit der Pflanze zu erhöhen.

Mitte **Phalaenopsis-Hybriden** *sind leicht zu bekommen und recht preiswert. Man kann mehrere Exemplare zu einem eleganten Arrangement zusammenstellen.*

TIPP: PHALAENOPSIS-HYBRIDEN

Wer mit *Phalaenopsis* zurechtkommt, wird auch mit × *Doritaenopsis*, einer Kreuzung zwischen *Phalaenopsis* und *Doritis*, keine Probleme haben. Die Auswahl an farbenprächtigen Hybriden wie × *Doritaenopsis* Taida Sweet Berry (links) ist groß. Sie werden genauso wie *Phalaenopsis* behandelt.

Empfehlungen

P. cornu-cervi *hat nicht nur sternförmige, gesprenkelte Blüten zu bieten, sondern erfüllt die Luft auch mit feinem Duft.*

P. Brother Little Amaglad *ist eine kompakte Sorte. Sie trägt zarte blassrosa Blüten mit hellorangefarbener Lippe.*

P. violacea, *eine kompakte, duftende Schönheit, begeistert im Frühjahr und Sommer mit violett gezeichneten Blüten.*

P. I-Hsin Black Tulip *wird wegen ihrer dunkelweinroten, weiß gerandeten Blüten geschätzt.*

P. stuartiana *öffnet im Winter an hohen Stängeln weiße Blüten mit hübschen, rot gesprenkelten unteren Lippen.*

P. Doris *wird wegen der großen rosa Blüten kultiviert, die ganzjährig an 30 cm hohen Stängeln erscheinen.*

P. Brother Pico Sweetheart 'K&P' *ist eine winzige Orchidee mit Unmengen blassrosa, rotlippiger Blüten.*

P. Lundy *bleibt mit 15 cm Höhe kompakt. Aufsehen erregen die grüngelben Blüten mit roter Äderung.*

EINFACHE ORCHIDEEN

Spektakuläre Blüten

Eine über und über mit Blüten bedeckte Orchidee sieht schon beeindruckend aus. Befasst man sich aber einmal näher mit diesen Prachtgewächsen, erkennt man erst die Schönheit ihrer Einzelblüten, die ein ausgefeiltes Muster bieten oder mit einer zweiten Farbe überlaufen sind. *Dendrobium* bevorzugt kühlere Temperaturen, während *Oncidium*-Arten mit unterschiedlichsten Bedingungen zurechtkommen.

Oncidium

Pflanze
Oncidium
Sharry Baby

Höhe und Breite
H 60 cm, B 30 cm

Standort
Hell, aber abseits direkter Sonne

Härte
Mindesttemperatur tagsüber 18–24 °C, nachts 13–16 °C

Blütezeit
Blüht mehrmals im Jahr

Topfgröße
15 cm

Topfmaterial
Kunststoffgefäß im Übertopf

Substrat
Orchideenerde

Obwohl *Oncidium* vor allem wegen der gelben Blüten geschätzt wird, umfasst die Gattung auch Formen mit weißem, cremefarbenem, rosa und rotem Flor. Manche sind kurz und kompakt, andere bilden einen robusten Laubfächer und über 1 m hohe Stängel, die gestützt werden müssen. Die meisten blühen im Herbst, doch gibt es ebenso Vertreter, die im Frühjahr, Sommer und Winter zur Blüte kommen. Einige Arten stellen gewisse Ansprüche, Hybriden wie Sweet Sugar und die nach Schokolade duftende Sharry Baby aber eignen sich für Anfänger.

TEMPERATUREN

Oncidium bevorzugen es je nach Art bzw. Sorte kühl, temperiert oder warm. Vor dem Kauf prüft man zuerst, ob man dem anvisierten Exemplar die passenden Bedingungen bieten kann. Formen, die es kühl mögen, brauchen tagsüber 16 °C und nachts mindestens 10 °C. Orchideen für temperierte Verhältnisse gedeihen bei 18–24 °C tagsüber und 13–16 °C nachts. Wärmeliebende Typen sind bei mindestens 21 °C tagsüber und 16 °C nachts am besten aufgehoben.

> **TIPP: SO FÖRDERN SIE DIE BLÜTE**
>
> *Oncidium* blühen in der Regel bereitwillig, doch haben manche Pflanzenfreunde Schwierigkeiten, ein Exemplar, das sie in reich blühendem Zustand gekauft haben, zu einem erneuten Flor anzuregen. Die Gewächse brauchen die für sie passende Temperatur und genug Licht. Man gießt sie regelmäßig, im Winter jedoch spärlicher. Bei jedem zweiten Gießen gibt man nach Vorschrift einen Orchideenflüssigdünger.

Oncidium *Sharry Baby* trägt dunkelrote, pinkfarbene und weiße Blüten, die lange halten und angenehm duften.

Dendrobium

Pflanze
Dendrobium Momozono 'Princess'

Höhe und Breite
H 60 cm, B 30 cm

Standort
Hell, aber abseits direkter Sonne

Härte
Braucht es kühl, aber nicht unter 10 °C

Blütezeit
Frühjahr

Topfgröße
15 cm

Topfmaterial
Kunststoffgefäß mit einem dekorativen Übertopf

Substrat
Orchideenerde

Viele tausend Auslesen dieser Diven sind im Handel erhältlich. Die Palette reicht von wenigen Zentimeter hohen Formen bis zu Riesen, die weit über 1 m Höhe erreichen. Man erkennt *Dendrobium* an den schlanken, rohrartigen Pseudobulben, die entweder am ganzen Trieb Blüten und Blätter tragen oder an der Spitze Blütenbüschel bilden. Die meisten *Dendrobium*-Arten bevorzugen kühle 16 °C tagsüber und eine Mindesttemperatur von 10 °C nachts, manche allerdings brauchen aber auch wärmere Bedingungen.

LICHT UND LUFTFEUCHTIGKEIT

Dendrobium sind mit einem hellen Standort ohne direkte Sonneneinstrahlung zufrieden – ideal ist ein Ostfenster. Man wässert die Pflanzen von Frühjahr bis Herbst regelmäßig, drosselt die Zufuhr aber im Winter etwas. Bei zu hohen Wassergaben faulen die Wurzeln. Wie die meisten Orchideen sind Dendrobien ziemlich salzempfindlich. Man versorgt sie bei jeder dritten Wassergabe mit einem Flüssigdünger in halber Konzentration. Um ihnen eine hohe Luftfeuchtigkeit zu bieten, stellt man sie auf eine mit Wasser und Kies gefüllte Schale oder besprüht sie morgens mit Wasser, sodass die Flüssigkeit bis zum Abend verdunstet.

*D. **Momozono 'Princess'** reckt Büschel aus auffälligen rosa, gelben und weißen Blüten empor.*

EINFACHE ORCHIDEEN

EMPFEHLUNGEN

D. nobile *öffnet große blassrosa Blüten mit dunklerer Zeichnung und gelbem Schlund. Sie stehen an 45 cm hohen zylindrischen Stängeln und erscheinen im Frühjahr.*

D. Sonia *ist eine echte exotische Schönheit. Aus ihr werden in Hawaii oft Blumengirlanden geflochten. Ihr intensives Pink kontrastiert mit der cremegelben Zeichnung.*

D. Sweet Dawn *kann einen Raum mit ihrem Duft erfüllen. Die sternförmigen weißen Blüten mit gelber Mitte zeigen sich meist vom Herbst bis zum Frühjahr.*

D. fimbriatum *mag es an ihrem Standort eher kühl. Sie öffnet im Frühjahr hübsche gesäumte Blüten in hellem Orangegelb mit rotbrauner Mitte.*

Kühle Schönheiten

Diese prachtvollen Orchideen gehören zu den unkompliziertesten Vertretern ihrer Familie überhaupt. Sie gedeihen bei normaler Raumtemperatur und blühen gerade im Winter, wenn die meisten anderen Pflanzen wenig zu bieten haben. Ihren zum Teil angenehm duftenden Flor tragen sie in Trauben an schlanken Stielen. Sie verfügen über ein breites Spektrum an Blütenfarben und brauchen sehr wenig Pflege.

Pflanze
Cymbidium Lisa Rose

Höhe und Breite
H 60 cm, B 90 cm

Standort
Halbschatten im Sommer, hell im Winter

Härte
Hängt von der Sorte ab – die meisten gehen bei Temperaturen unter 7 °C ein und gedeihen ab 25 °C nicht mehr so gut

Topfgröße
15 cm

Topfmaterial
Kunststoffgefäß im dekorativen Übertopf

Substrat
Orchideenerde

Die hohen Trauben aus farbenfrohen Blüten sind der größte Vorzug dieser Orchideen. Sie schmücken bis zu zehn Wochen lang, meist im Winter und Frühjahr. Dank züchterischer Bemühungen sind viele tausend Sorten in den unterschiedlichsten Schattierungen von Weiß, Gelb und Rot bis Rosa und Grün entstanden – viele sind attraktiv gesprenkelt. Ihre schlanken Stängel können bis zu 1 m hoch werden, doch gibt es auch genügend kompakte Varianten für beengte Verhältnisse, die gerade einmal 30 cm erreichen.

Cymbidium stellen keine großen Ansprüche, doch achtet man darauf, dass das Substrat während der Wachstumszeit feucht bleibt. Zu viel Gießen aber ist auch nicht gut, sonst droht Fäulnis. Im Winter reduziert man das Gießen und hält die Pflanzen eher trocken. Sie blühen am reichsten, wenn man Orchideendünger in jede zweite Wassergabe mischt. Die Stängel werden gestützt und nach dem Verwelken bis zum Ansatz zurückgeschnitten.

TEMPERATURBEDARF

Im Sommer ist eine Temperatur von 16–25 °C ideal für *Cymbidium*. Man stellt sie nach draußen oder an einen hellen Ort in einem kühlen Zimmer, doch dürfen sie nicht in der Sonne stehen. Vor dem ersten Frost bringt man sie rechtzeitig nach drinnen. Im Winter senkt man die Temperatur auf 10–14 °C. Ein Quartier im Gewächshaus, Wintergarten oder auf einem hellen Fensterbrett behagt ihnen am meisten.

Von **Cymbidium** *sind zahllose Sorten in den verschiedensten Tönungen erhältlich, darunter diese rosa* Cymbidium *Lisa Rose.*

TIPP: UMTOPFEN

Orchideen füllen ein Gefäß mit ihren Wurzeln bald aus und müssen daher alle paar Jahre umgetopft werden. *Cymbidium* indes blühen am besten, wenn es ihnen ein bisschen zu eng wird; sie brauchen daher nicht so häufig ein größeres Gefäß wie andere Orchideen. Ist es doch einmal so weit, dann nimmt man einen Topf, der nur ein paar Zentimeter größer als der alte ist. Als Erstes holt man den Ballen heraus und entfernt tote oder schrumpelige Triebe und abgestorbene Wurzeln. Klopfen Sie auf den Ballen, damit lose Erde herausfällt. Nun streut man Substrat auf den Boden des Topfs, stellt die Pflanze darauf und füllt Orchideenerde ein.

Cymbidium-Palette

C. hookerianum *ist mit den herrlich duftenden, apfelgrünen Blüten, die sich im Winter öffnen, ein echtes Prachtstück.*

C. Showgirl *geizt im Winter und Frühjahr nicht mit rosa überlaufenen, rot gefleckten, weißen Blüten.*

C. Pontac 'Mont Millais' *heißt eine hohe Sorte mit stolzen, dunkel rotbraunen Blüten, die im Winter erscheinen.*

C. Portelet Bay *bringt im Winter große weiße Blüten mit breiten Blütenblättern und leuchtend roter Mitte hervor.*

C. Golden Elf *trägt im Sommer große sattgelbe, süß duftende Blüten. Stilvoll inszeniert wird sie, wenn man sie in einen kontrastreich abstechenden schwarzen Topf pflanzt.*

Frauenschuh *Paphiopedilum*

Auf den ersten Blick hält man die Blüten fast für Fälschungen – zu perfekt, um wahr zu sein, denkt man bei ihrem Anblick unwillkürlich. Sie sind in den verschiedensten Farben, Formen und Zeichnungen erhältlich. Ihnen allen aber ist das ungewöhnliche Kronblatt in Form eines Schuhs gemein.

EINFACHE ORCHIDEEN

Pflanze
Paphiopedilum-Hybride

Höhe und Breite
H und B 15–30 cm

Standort
Hell, abseits direkter Sonne

Härte
Von Sorte zu Sorte verschieden

Topfgröße
15 cm

Topfmaterial
Kunststoffgefäß in einem dekorativen Übertopf

Substrat
Orchideenerde

Ihre hohe Beliebtheit verdanken Frauenschuhe den prachtvollen, farbenfrohen Blüten und ihrem mitunter dekorativ gefleckten Laub. Sie gehören zwar nicht zu den pflegeleichtesten Orchideen, sind aber auch nicht gerade schwierig in der Kultur. Die Zahl der Formen, deren Kultur sich lohnt, ist groß. Sie werden während der Blüte 15–30 cm hoch und tragen ihre Blüten entweder einzeln oder in Büscheln. Die auffallenden Blüten setzen sich aus einem oberen Kelchblatt, zwei zurückgebogenen Kronblättern und einem schuhartigen Kronblatt vorne zusammen.

Frauenschuhe müssen regelmäßig gegossen werden, doch lässt man die Erde zwischen den Wassergaben fast austrocknen. Auf zu viel Nässe reagieren sie empfindlich. Sie freuen sich über hohe Luftfeuchtigkeit, weshalb man mehrere Pflanzen zusammen auf eine mit Kies und Wasser gefüllte Schale stellt oder die Blätter mit einem weichen, feuchten Tuch abwischt.

LICHT- UND WÄRMEBEDARF

Frauenschuhe benötigen einen hellen Platz ohne direkte Sonne. Sie lassen sich nach ihren Temperatur-Ansprüchen in drei Gruppen einteilen. Vor einem Kauf prüft man, welche Bedingungen man anbieten kann. Die Gruppe, die es kühl mag, braucht tagsüber 16 °C und nachts 10 °C. Eignen sich die Pflanzen für ein temperiertes Klima, sorgt man tagsüber für 18–24 °C und nachts für 13–16 °C. Wärmeliebende Frauenschuhe wiederum verlangen am Tag mindestens 21 °C und in der Nacht 16 °C.

*Mitte **Geben Sie Frauenschuhen** alle 14 Tage die halbe empfohlene Dosis eines Orchideendüngers. Im Herbst und Winter reicht eine monatliche Nährstoffgabe.*

TIPP: SO TEILEN SIE FRAUENSCHUHE

Nach ein paar Jahren füllen die Wurzeln von *Paphiopedilum* ihren Topf aus und müssen in ein größeres Gefäß mit frischer Orchideenerde umgesiedelt werden. Eine weitere Möglichkeit ist, sie im Frühjahr, wenn sie nicht blüht, zu teilen. Dazu nimmt man sie behutsam aus dem Topf, lockert den verdichteten Wurzelballen und sucht nach einer natürlichen Kluft darin. Dann zieht man die beiden Teile vorsichtig auseinander, entfernt abgestorbene Wurzeln, pflanzt eine der beiden Hälften mit frischer Erde wieder in den ursprünglichen Topf und die andere in ein neues Gefäß.

Schöne Frauenschuhe

P. *Clair de Lune* ist eine geschätzte Hybride mit einer einzigen lindgrünen Blüte pro Schaft.

P. **callosum** lässt sich sehr leicht kultivieren und trägt einen hohen Schaft zwischen stark gefleckten Blättern.

P. **fairrieanum** öffnet im Herbst eine einzelne, violett geäderte Blüte über dem Horst aus riemenförmigen Blättern.

P. **insigne,** eine kompakte Art mit blassgrünem Laub, trägt ihre einzeln stehenden Blüten von Herbst bis Frühjahr.

P. **venustum** bietet sehr exotisch aussehende Blüten an schlanken Schäften auf. Sie blüht im Winter und Frühjahr.

P. **villosum** ist eine kompakte Orchidee, deren rötliche Blüten mit hellgrünem Kelchblatt etwa 15 cm groß werden.

P. *Pinocchio* heißt eine kleine Form, an deren Schaft mehrere gelbgrüne Blüten mit rosagelbem Schuh stehen.

P. *Maudiae 'Coloratum'* treibt einen 30 cm hohen Schaft mit einer einzigen dunkelroten, gestreiften Blüte aus.

Winterharte Fuchsien

Winterharte Fuchsien gehören zu den wenigen blühenden Topfpflanzen, die mit Schatten zurecht-kommen. Sie blühen kontinuierlich vom Hochsommer bis in den Herbst hinein. Die Auswahl ist groß und reicht von eleganten, einfachen Glocken bis zu dicken, gerüschten und gefüllten Blüten. Gut sehen Fuchsien in Kombination mit Fleißigen Lieschen und Blattschmuckgewächsen aus. Ihr Laub erfriert im Herbst, doch treiben sie im Frühjahr neu aus.

Pflanzen
Fuchsia 'Genii', *Chlorophytum comosum*, violette *Heuchera*, einfarbiger Efeu,

Höhe und Breite
Fuchsia: H 90 cm, B 75 cm;
Chlorophytum: H 45 cm, B 30 cm;
Heuchera: H und B 50 cm;
Efeu: B 60 cm

Standort
Sonne oder Halbschatten

Härte
Efeu und *Heuchera* sind völlig winterhart; *Fuchsia* 'Genii': Mindesttemperatur -5 °C; *Chlorophytum*: Mindesttemperatur 7 °C

Topfgröße
30 cm

Topfmaterial
Stein, Ton, Metall

Substrat
Tonhaltige Blumenerde

Ob hoch und elegant oder kompakt und reichblühend – unter den Fuchsien gibt es viele winterharte Sorten. *Fuchsia* 'Genii' hat sogar noch einen weiteren Vorteil: Das nach dem Austrieb goldgelbe Laub wird mit der Zeit kräftig grün. Man kann ihre dekorativen Blätter und mit Blüten dicht behängten Stängel zum Mittelpunkt einer Topfgruppe machen und ihr violettlaubige *Heuchera*, gestreifte Grünlilien und hängenden Efeu zur Seite stellen.

So winterhart manche Arten sein mögen, ihren oberirdischen Wuchs büßen sie nach einem strengen Frost ein. Problematisch ist das nicht, denn im Frühjahr treiben sie unbekümmert wieder aus, wenn man sie im Frühjahr bis ins gesunde Holz zurückschneidet. Entfernen Sie bei dieser Gelegenheit gleich schwache, verletzte und kranke Triebe. Stellen Sie Fuchsien im Winter in die Nähe einer Hauswand oder an einen anderen geschützten Standort, um sie vor den schlimmsten Unbilden der Witterung zu schützen.

EMPFEHLENSWERTE SORTEN

Für jeden Gartenstil gibt es die passende Fuchsie. Wer eine kleine Sorte braucht, ist mit 'Tom Thumb' gut beraten, die rot-rosalila Blüten trägt. Ihre Cousine heißt 'Lady Thumb' (*rechte Seite*) und hat etwa dieselbe Größe. Etwas höher werden 'Alice Hoffman' mit halb gefüllten rosa-weißen Blüten und 'Mrs Popple' (*rechte Seite*). Die noch größere, dunkelviolett-karminrote Form 'Riccartonii' bietet sich als Star einer großen gemischten Topfpflanzung an, kann aber durch Rückschnitt im Frühjahr auch kompakt gehalten werden.

> **TIPP: BUSCHIGER WUCHS**
>
> Junge winterharte Fuchsien reagieren gut auf einen Rückschnitt: Sie verzweigen sich dann besser und blühen reichlicher. Man knipst den Leittrieb an der Spitze der Pflanze mit den Fingern ab, wenn er drei Blattbündel trägt. Dadurch entwickeln sich Seitentriebe. Auch sie werden gekappt, sobald sie drei Blattbündel haben. Bei Bedarf entfernt man aus der Reihe tanzende Triebe, damit eine buschige Form gewahrt bleibt.

Sorten der **Fuchsia magellanica** *sind winterhart und tragen rote, rosa oder weiße ungefüllte Blüten.*

Winterharte Fuchsien: eine Auswahl

Fuchsia magellanica *var.* molinae *ist eine hohe Form mit zarten, einfachen, blassrosa Blüten, die sich im Juli öffnen.*

Fuchsia 'Lena', *eine sehr robuste Züchtung, trägt gefüllte, weiß-magentarote Blüten an überhängenden Trieben.*

Fuchsia 'Mrs Popple' *ist fast völlig winterhart. Der aufrechte, buschige Strauch trägt scharlachrot-violette Blüten.*

Fuchsia 'Lady Thumb', *eine kleine Sorte mit rosa-weißen Blüten, eignet sich für Fensterkästen und Wandtöpfe.*

Ein farbenfrohes Medley aus Blüten und Laub *ist hier gelungen. Mit im Spiel sind eine Fuchsia 'Genii', dunkellaubige Heuchera, eine Grünlilie und Efeu. Eine monatliche Flüssigdüngergabe hält sie im Sommer in Form.*

Mini-Farngarten

Sie ärgern sich über einen feuchten, schattigen Winkel im Garten? Machen Sie das Beste aus ihm – mit einem Topf grüner Farne, die selbst in die düsterste Ecke ganzjährig Farbe und Textur bringen. Wählen Sie Exemplare mit unterschiedlichem Laub und mischen Sie sommergrüne mit immergrünen Formen.

SCHATTENPFLANZEN

Pflanzen
Asplenium scolopendrium Cristatum-Gruppe,
Athyrium niponicum var. *pictum*,
Polystichum makinoi

Höhe und Breite
Asplenium scolopendrium:
H 60 cm, B 80 cm;
Athyrium niponicum var. *pictum*: H und B 20 cm;
Polystichum makinoi: H und B 60 cm

Standort
Geschützt, Schatten

Härte
Winterhart

Topfgröße
30–45 cm

Topfmaterial
Ton, Stein, glasierter Ton, Metall

Substrat
Ein Mix aus 4 Teilen tonhaltiger Blumenerde und 1 Teil Grobsand

In den meisten Gärten gibt es eine ungünstige schattige Ecke, in der nichts zu wachsen scheint. Nichts? Probieren Sie es einmal mit einem Arrangement aus Farnen, die ein solches Schattenreich mit üppigem, vielfach schattiertem Grün beleben. Eine gute Wahl sind der Hirschzungenfarn (*Asplenium scolopendrium*) mit seinen ledrigen, gewelltrandigen Blättern, der fiedrige Glänzende Schildfarn (*Polystichum makinoi*) oder der Japanische Regenbogenfarn (*Athyrium niponicum* var. *pictum*) mit rosarot angehauchten Wedeln. Die drei bilden zwar ein Erfolgsteam in Gefäßen, doch gibt es noch etliche andere, die einen Versuch wert sind. Ideal ist die Kombination unterschiedlicher Blattformen, -tönungen und -texturen. Robuste, wüchsige und hohe Vertreter wie der Straußenfarn (*Matteuccia struthiopteris*) dagegen bekommen am besten ein Gefäß ganz für sich.

Für Farne eignet sich ein schlichter Topf mit klaren Linien. Die Pflanzen sind alles andere als Diven, weshalb ein ausgefallenes Gefäß nur von ihrem dezent guten Aussehen ablenken würde. Farne wurzeln nicht tief und kommen mit flachen Schalen zurecht.

MIKROKLIMA

Die meisten Farne bevorzugen feuchte, schattige Bedingungen, wie sie am Waldboden herrschen. Exponierte Standorte mögen sie gar nicht, denn Sonne und Wind versengen ihre Blätter. Halten Sie das Substrat ganzjährig dauerhaft feucht und verabreichen Sie im Frühjahr einen Langzeitdünger. Alle Sorten sollten dieselben Bedingungen bevorzugen – die hier vorgeschlagenen etwa mögen feuchten Schatten; lediglich *Dryopteris filix-mas* braucht trockenen Schatten.

Mitte **Gruppieren Sie Farne** *als Blickfang für einen schattigen Gartenwinkel in einem flachen Gefäß.*

TIPP: PFLEGE IM FRÜHJAHR

Die meisten Farne sind hart im Nehmen und kommen allein zurecht. Lediglich nach einem langen Winter wirken die äußeren Wedel mancher immergrüner Arten etwas mitgenommen; man entfernt sie am besten, bevor sich die neuen Blätter entrollen. Das getrocknete rotbraune Laub sommergrüner Vertreter indes lässt man stehen, denn es bringt Farbe und Abwechslung in den winterlichen Garten. Schneiden Sie es erst ab, wenn sich der Neuaustrieb zeigt. Auch Unkraut und pflanzlicher Abfall auf den Wedeln werden entfernt.

Winterharte Farne

Adiantum venustum, *der immergrüne Venushaarfarn aus dem Himalaja, glänzt im Frühjahr mit rötlich braunem Austrieb.*

Asplenium scolopendrium *bildet dichte Horste aus immergrünen, ledrigen, aufrechten Wedeln.*

Dryopteris affinis, *der Spreuschuppige Wurmfarn, ist ein wintergrüner Farn mit langen Wedeln und wird hüfthoch.*

Dryopteris erythrosora *ist eine sommergrüne Art mit feingliedrigen, kniehohen Wedeln, die rot austreiben.*

Matteuccia struthiopteris, *ein hoher, aufrechter, sommergrüner Farn, eignet sich besonders für große Töpfe.*

Polypodium vulgare *'Cornubiense', das bekannte Engelsüß, trägt glänzende immergrüne Wedel und bleibt kompakt.*

Polystichum setiferum *Divisilobum-Gruppe, ein dichter immergrüner Farn mit hohen, spitz zulaufenden Wedeln.*

Polystichum polyblepharum*, der immergrüne Japanische Glanzschildfarn, zeigt im Frühjahr gelbe Wedel.*

Blätterwald

Funkien (*Hosta*) und Purpurglöckchen (*Heuchera*) fühlen sich in Gefäßen ausgesprochen wohl. Ob ganz unter sich oder im Verbund mit farbenfrohen Blütenpflanzen – sie machen immer eine gute Figur. Von beiden Gattungen sind Hunderte Sorten in den verschiedensten Färbungen, Formen und Größen bekannt. Kombinieren Sie mehrere Funkien zu einem kühlen Blätterwald oder gestalten Sie mit Purpurglöckchen eine auffälligere Gruppe.

Funkien *Hosta*

Pflanzen
Hosta 'Francee',
Hosta 'Krossa Regal',
Hosta fortunei var.
albopicta fo. *aurea*,
Hosta 'August Moon'

Höhe und Breite
H und B 20–75 cm

Standort
Schatten

Härte
Winterhart

Topfgröße
20 cm

Topfmaterial
Beliebig

Substrat
Tonhaltige, nährstoffreiche Blumentopferde

Wer etwas Grünes für schattige Standorte sucht, kommt an Funkien kaum vorbei. Optimale Wirkung entfalten die eleganten Blattschmuckpflanzen, wenn man Sorten unterschiedlicher Formen und Farben kombiniert und gestaffelt anordnet, sodass große Exemplare hinten stehen und kompaktere Sorten den vorderen Bereich einnehmen. Die Auswahl reicht von rundlichen Zwergformen wie *Hosta fortunei* var. *albopicta* fo. *aurea* bis zu mehr als 60 cm hohen Riesen.

Funkien müssen im Frühjahr und Sommer regelmäßig gewässert werden. Im Frühjahr sollte man sie mit einem Langzeitdünger versorgen. Die Pflanzen bilden mit der Zeit große Horste. Man siedelt sie in größere Töpfe um oder teilt sie.

Nur Funkien wirken an diesem Allerlei aus Farben und Formen mit. Mit von der Partie sind H. *'Francee'*, H. *'Krossa Regal'*, H. fortunei *var.* albopicta fo. aurea *und* H. *'August Moon'*.

TIPP: SCHNECKEN FERNHALTEN

Funkien sind ein Leckerbissen für Schnecken, doch kann man die Pflanzen leicht schützen, indem man ein Kupferband um die Töpfe wickelt. Es hat eine geringe elektrische Ladung und hindert so die gefräßigen Schleimer daran, darüberhinweg zu kriechen.

Purpurglöckchen *Heuchera*

Pflanzen
Heuchera 'Can-can',
Juncus effusus fo.
*spiralis, Teucrium
scorodonia* 'Crispum'

Höhe und Breite
Heuchera:
H und B 50 cm;
Juncus:
H 45 cm, B 60 cm;
Teucrium: H 35 cm,
B 25 cm

Standort
Halbschatten

Härte
Winterhart

Topfgröße
30 cm

Topfmaterial
Ton, Kunststoff, Stein

Substrat
Tonhaltige Blumen-
erde

Heuchera bringen mit ihren immergrünen Blättern und den im Frühjahr und Sommer erscheinenden, winzigen glockenförmigen Blüten Pfiff in halbschattige Bereiche. Doch obwohl sie solo oder mit anderen *Heuchera* gruppiert blendend dastehen, eignen sie sich auch als Begleiter anderer Gewächse innerhalb einer Gruppe. So setzt die metallisch violette Sorte 'Can-can' einen spannungsreichen Kontrapunkt zu Gamander mit runzeligen Blättern, während die spiralförmigen Blätter der Flatter-Binse bestens mit hohen *Heuchera*-Stängeln harmonieren.

Damit sich *Heuchera* von ihrer besten Seite zeigen, wässert man sie regelmäßig und lässt den Topfballen im Sommer nicht austrocknen. Im zeitigen Frühjahr verabreicht man ihnen Langzeitdünger in Granulatform. Die Töpfe können ganzjährig draußen bleiben, doch stellt man sie im Winter an einen vor starkem Regen geschützten Platz. *Heuchera* kommen jahrelang in ihrem Gefäß zurecht, irgendwann einmal aber brauchen sie einen größeren Topf.

GEFÜRCHTETER DICKMAULRÜSSLER
Heuchera sind nicht anfällig für Schädlinge, der Dickmaulrüssler aber kann ihnen zusetzen. Die Käfer fressen Kerben in die Blattränder, während ihre Larven die Wurzeln schädigen. Man bekämpft sie mit einem Nematodenpräparat (*S. 245*).

Kombinieren Sie Heuchera *'Can-can' mit* Juncus effusus *fo. spiralis und* Teucrium scorodonia *'Crispum' zu einem lebendigen Busch aus vielfarbigem Laub und hohen Blütenständen.*

EMPFEHLENSWERT

H. 'Amber Waves' *bildet kompakte Horste aus gewelltrandigen Blättern in Goldgelb und Rosa. Im Frühjahr erscheinen Stängel mit zarten cremefarbenen Blüten.*

H. 'Plum Pudding' *trägt violettes Laub, das ganzjährig dekorativ bleibt und daher besonders im Winter wertvolle Dienste leistet. Es kontrastiert vorzüglich mit dem blassrosa Flor.*

H. 'Silver Scrolls' *trägt im Sommer Unmengen von rosa Blüten an roten Stängeln über einem Busch aus geäderten, weinroten, silbrig getönten, immergrünen Blättern.*

H. brizoides *ist vielleicht nicht so auffällig gefärbt wie andere Heuchera, bildet aber einen Horst aus sattgrünem Laub, der die weißen Blüten vollendet unterstreicht.*

Herrliche Begonien

Begonien sind nicht zu toppen, wenn es um exotisches Laub und ganzjährig Farbe geht. Die dekorativen Zimmerpflanzen tragen gestreifte, geäderte, marmorierte oder gefleckte Blätter in den erstaunlichsten Tönungen. Ihre zarten Blüten indes reichen nicht an die ihrer Verwandten im sommerlichen Blumenbeet heran.

SCHATTENPFLANZEN

Pflanzen
Begonia Rex-Cultorum-Gruppe, *Pilea depressa*

Höhe und Breite
Begonia Rex-Cultorum-Gruppe:
H 25 cm;
Pilea depressa:
B 20 cm

Standort
Hell, aber abseits direkter Sonne

Härte
Braucht eine Mindesttemperatur von 10 °C

Topfgröße
30 cm

Topfmaterial
Metall, Kunststoff

Substrat
Universalerde

Die moderne Züchtung hat uns eine ganze Palette neuer Begoniensorten beschert. Die dekorativen Pflanzen verdienen in jedem Heim einen besonderen Platz. Dabei hatten sie bis vor Kurzem ein echtes Imageproblem, galten sie doch als altbacken und ziemlich farblos. Bei den meisten so geschmähten Pflanzen handelte es sich aber um dunkellaubige Abkömmlinge von *Begonia rex*. Einige davon sind zwar noch in Umlauf, doch wirken die neuen Hybriden von heute alles andere als antiquiert. Vielmehr passen sie ausgezeichnet zu modernen verzinkten Gefäßen, deren zurückhaltender Stil die Blattschmuckgewächse optimal zur Geltung bringt. Wählen Sie Formen mit großen, silbern oder metallisch-violett gezeichneten Blättern, die im Licht schimmern, oder Sorten, deren Laubfarbe zur Einrichtung passt. Man kann Begonien gut mit Hängepflanzen kombinieren, etwa mit *Pilea depressa*, deren winzige Blätter die harten Ränder der Gefäße visuell aufweichen.

Begonien wurzeln nicht sonderlich tief. Werden sie in hohen Behältnissen präsentiert, pflanzt man sie am besten in Kunststofftöpfe und stellt diese in die teilweise mit Styropor oder Kieselsteinen gefüllten Dekorgefäße.

WÄSSERN

Begonien werden rasch welk oder verlieren ihren Glanz, wenn man das Gießen versäumt. Wässern Sie den Ballen behutsam und verwenden Sie eine Gießkanne mit langer Tülle. Die Blätter dürfen nicht nass werden, sie nehmen leicht Schaden. Wässern Sie erst wieder, wenn die Oberfläche der Topferde abgetrocknet ist.

*Mitte **Zusammen mit Hängepflanzen** beleben Begonien in hohen, modernen Gefäßen ein zeitgenössisches Interieur durch ihre Farbe und Textur.*

TIPP: GANZJÄHRIGE PFLEGE

Begonien sind hungrige Gewächse, die ohne eine angemessene Nährstoffration darben. Damit sie gedeihen und reichlich farbenfrohe Blätter austreiben, verabreicht man ihnen vom Frühjahr bis zum Herbst alle 14 Tage einen Flüssigvolldünger. Außerdem mögen es die Laubschönheiten das ganze Jahr über warm – am liebsten ist ihnen eine Temperatur von 18–21 °C. Direkte Sonne vertragen sie nicht, für viel Licht aber sind sie dankbar. Abgefallene Blüten oder verletztes Laub entfernt man, damit sie nicht zu schimmeln beginnen.

Empfehlungen

Begonia aconitifolia *treiben rutenar-
tige Triebe aus. Die tief gelappten Blätter
sind silbrig gezeichnet, die Blüten rosa.*

Begonia benichoma *heißt eine buschige
Art mit gesägten rosa Blättern, die mit der
Zeit einen silbrigen Glanz bekommen.*

Begonia masoniana *trägt auf den stark
gerunzelten Blättern eine auffallende
kreuzartige Zeichnung.*

Begonia serratipetala *wächst strau-
chig, trägt lange, gezähnte Blätter mit
rosa Flecken und rosa Blüten.*

Begonia 'Merry Christmas' *ist eng mit*
Begonia rex *verwandt. Die großen Blätter tragen eine kräftig rosa Zeichnung.*

Begonia 'Silver Queen' *nennt man
diese aufrechte Begonie mit rosa Blüten
im Herbst und silbrig marmoriertem Laub.*

Begonia 'Fire Flush' *stellt dunkelgrüne, rotbraun gezeichnete Blätter und
duftende rosa Blüten zur Schau.*

Begonia 'Plum Rose' *ist mit ihrer Kombination aus silberner, rosa und grüner
Zeichnung ein echtes Schmuckstück.*

Schattenwesen

In jeder Wohnung gibt es dunkle Ecken, in denen die meisten blühenden Zimmerpflanzen kümmern würden. Einige zähe, anspruchslose Blattschmuckgewächse aber kommen selbst mit wenig Licht zurecht. Die drei hier porträtierten Blattschönheiten haben einen völlig unterschiedlichen Wuchs und setzen sich auch in Gruppenpflanzungen effektvoll in Szene.

Bogenhanf *Sansevieria*

Pflanze
Sansevieria trifasciata 'Laurentii'

Höhe und Breite
H 60 cm, B 30 cm

Standort
Schatten, gedeiht aber auch in der Sonne

Härte
Mindesttemperatur 10 °C

Topfgröße
15–20 cm

Topfmaterial
Kunststofftopf in einem dekorativen Übertopf

Substrat
Durchlässige tonhaltige Blumenerde

Seinen Stellenwert als Zimmerpflanze verdankt der Bogenhanf den schwertförmigen Blättern mit dunklen Querbändern und gelbem Rand, doch gilt er auch als unverwüstlich: Er hat keine Probleme mit dunklen Standorten und trotzt Zug, trockener Luft und Wasserknappheit. Ein einzelnes Exemplar wirkt etwas verlassen, weshalb man Sansevierien am besten gruppenweise präsentiert. Obwohl sie recht hoch werden, kommen sie gut mit kleinen Gefäßen zurecht und brauchen auch nicht ständig umgetopft zu werden. Man gießt sie, wenn der Ballen trocken ist, und staubt sie gelegentlich ab.

TIPP: TEILEN

Bogenhanf breitet sich bereitwillig aus und entwickelt neues Laub aus unterirdischen Organen. Mit der Zeit entstehen dichte Horste, die irgendwann zu groß für das Gefäß werden. Man teilt sie, indem man den Wurzelballen auseinanderzieht und die Teile getrennt eintopft.

Die spitzen »Zungen« der panaschierten Blätter sehen auf einem Tisch, Sideboard oder Regal klasse aus.

Efeutute *Epipremnum aureum*

Pflanze
Epripremnum aureum

Höhe und Breite
B 1,5 m

Standort
Am besten im indirekten Licht

Härte
Mindesttemperatur 15 °C

Topfgröße
20 cm

Topfmaterial
Kunststoff, Keramik, Ton

Substrat
Durchlässige Universalerde

Die Efeutute kann als Kletterpflanze an einer großen Stütze gezogen werden oder im Topf auf einem hohen Holzgestell, einem kleinen Tisch oder im Regal stehen, wo sie über die Ränder wuchert und hängend wächst. Auch in einer Blumenampel oder einem Wandgefäß präsentiert sie sich so, dass man ihre glänzenden, herzförmigen, gelb gefleckten Blätter bewundern kann.

Für die dunkelsten Ecken ist sie nicht unbedingt geeignet, denn bei zu wenig Licht verschwindet ihre Blattzeichnung. Sie gedeiht am besten, wenn man ihre Blätter gelegentlich abwischt und mit Wasser besprüht. Wachsen die Triebe zu lang, stutzt man sie, um sie zu begrenzen und einen buschigen Wuchs zu erreichen. Gegossen wird während der Wachstumsphase immer dann, wenn der Ballen austrocknet, im Winter hingegen gibt man nur sehr wenig Wasser. Im Sommer düngt man monatlich mit Blattdünger.

Lassen Sie die Triebe der Efeutute über den Rand fallen und stellen Sie sie dort auf, wo sie etwas Licht bekommt.

Rippenfarn *Blechnum gibbum*

Pflanze
Blechnum gibbum

Höhe und Breite
H und B 60 cm

Standort
Halbschatten

Härte
Mindesttemperatur 15 °C

Topfgröße
15–20 cm

Topfmaterial
Kunststoff, Metall, glasierter Ton

Substrat
Tonhaltige Blumenerde

Farne gehören zu den dankbarsten Pflanzen für schattige Räume – und der Rippenfarn ist einer der schönsten dieser Lichtasketen. Er bildet eine dichte Krone aus langen, gefiederten Wedeln mit ledrigen Fiederblättchen. Mit der Zeit bildet er einen schwarzen Stamm, weshalb man ihn oft auch als Zwergbaumfarn bezeichnet.

WASSERBEDARF
Der aus den Tropen stammende Farn bevorzugt erwartungsgemäß warme, feuchte Bedingungen und eignet sich daher bestens für ein Badezimmer. In der Nähe eines zugigen Fensters indes fühlt er sich nicht wohl. Will man ihm hohe Luftfeuchtigkeit bieten, besprüht man ihn alle paar Tage, wodurch auch der Staub von den Wedeln gewaschen wird. Das Substrat muss stets feucht bleiben. Gießen Sie den Rippenfarn mit warmem Wasser und versorgen Sie ihn im Frühjahr mit einem Langzeitdünger.

Die großen fiedrigen Wedel kommen in einem schlichten Tontopf am besten zur Geltung.

SCHATTENPFLANZEN

Farbenfrohe Clematis

Viele sehen in Clematis ausbreitungsfreudige Kletterpflanzen, die man nur an Bäumen, Rankhilfen vor Hausmauern und Pergolen ziehen kann. Dabei gibt es viele kompakte Sorten, die in großen Gefäßen gedeihen. Man weist den vielfarbigen Gipfelstürmern dekorative Stützen zu und wertet mit ihnen Terrassen oder Rabatten auf.

Pflanze
Clematis Ooh La La

Höhe und Breite
H 90–120 cm, B 60 cm

Standort
Sonne oder Streuschatten

Härte
Verträgt Frost bis
-15 °C

Topfgröße
45 cm

Topfmaterial
Kunststoffgefäße in Übertöpfen aus Holz, Stein, Metall oder Ton

Substrat
Tonhaltige, nährstoffreiche Blumenerde

Wer keine Rabatte am Fuß einer Mauer oder eines Zauns hat, braucht trotzdem nicht auf Clematis zu verzichten, denn es gibt von Natur aus kleine oder speziell für Gefäße gezüchtete Sorten. Beide Typen brauchen einen großen Topf und einen Platz an der Sonne oder zumindest im Halbschatten. In beengten Verhältnissen mag ihre Wuchskraft etwas gebremst sein, doch blühen diese Liliputaner unter den Kletterpflanzen ebenso reichlich wie ihre großen Verwandten – neue Züchtungen sind den Sommer über von oben bis unten mit Blüten übersät. Zu diesen kleinen, aber feinen Sorten gehört die Clematis Ooh La La aus der Evipo-Serie. Ihre großen rosa Blüten mit einem dunkleren Streifen entlang der Blütenblätter sehen in einem klassischen Holzkübel fantastisch aus.

SCHNITT UND ERZIEHUNG

Man kann Clematis an Stangenzelten, Obelisken oder fächerförmigen Rankgittern hochziehen. Wenn Sie die Triebe immer wieder anbinden, überwuchert die Clematis ihre Stütze vollständig. Will man sie begrenzen und zu reicher Blüte anregen, schneidet man sie zurück. Im Frühjahr und Frühsommer blühende Formen und solche, die im Sommer zweimal blühen, werden im Winter oder zeitigen Frühjahr geschnitten: Man kürzt lange Triebe und nimmt schwache bzw. abgestorbene heraus. Die Triebe von im Spätsommer und Frühherbst blühender Clematis schneidet man im Spätwinter oder Vorfrühling auf eine gesunde Knospe knapp über dem Substrat zurück.

*Mitte **Moderne Hybriden** wie die rosa gestreifte C. Ooh La La wurden speziell für die Kultur in großen Töpfen gezüchtet.*

TIPP: KOMBINIEREN SIE

Clematis sehen schon als Solitäre großartig aus, doch kann man ihre Wirkung noch erhöhen, indem man zwei Sorten zusammenzieht. Rosa Blüten passen gut zu weißen, dunkelblauen oder violetten. Elegant sieht ein Mix aus weißem und violettem Flor aus, etwa Ice Blue mit blau überlaufenen weißen Blüten und Kingfisher (*Bild*).

Clematis für Gefäße

Clematis *'Vyvyan Pennell'* ist ein wahres Prachtstück. Sie trägt im Hochsommer große, gefüllte lila Blüten.

Clematis *Fleuri* heißt eine buschige kleine Waldrebe mit vielen violetten Blüten vom späten Frühjahr bis zum Herbst.

Clematis *'Fireworks'* öffnet blauviolette und magentarote Blüten, die die Pflanze in der ersten Sommerhälfte zieren.

Clematis florida *'Sieboldiana'* zeigt vom späten Frühjahr bis zum Herbst große weiße Blüten.

Clematis *'The President'* schmückt sich im Sommer mit großen blauvioletten Blüten.

Clematis *'Niobe'* trägt einfache, samtig rote Blüten mit gelben Staubblättern und blüht vom späten Frühjahr bis zum Herbst.

Clematis *Chantilly* zeigt stolz blassrosa Blüten mit dunklen Streifen. Sie blüht vom Sommer bis zum Frühherbst.

Clematis *'Arabella'* mit kleinen rosalila und violetten Blüten klettert nicht. Die Triebe müssen aufgebunden werden.

Hoch hinaus

Große Auftritte sind meist von kurzer Dauer – für einjährige Kletterpflanzen gilt das ebenso. Sie halten nur eine Saison durch, bieten in dieser Zeit aber zahllose Blüten an windenden Trieben auf. Man setzt sie zusammen mit anderen Sommerblumen und Blattschmuckpflanzen ein oder kombiniert sie mit ihresgleichen zu einem Farbenduo der ganz besonderen Art.

Rosenkelch *Rhodochiton*

Pflanzen
*Rhodochiton atrosanguineus,
Cerinthe major* var.
*purpurascens,
Plectranthus
zatarhendii*

Höhe und Breite
Rhodochiton: H 1 m;
Cerinthe:
H und B 30 cm;
Plectranthus:
B 60 cm

Standort
Sonne bis Halbschatten

Härte
Verträgt keine Temperaturen unter 0 °C

Topfgröße
45 cm

Topfmaterial
Keramik, Ton, Stein

Substrat
Tonhaltige, nährstoffreiche Blumenerde

An einem Stangenzelt aus Bambusstäben sehen die roten, hängenden Blüten blendend aus. Die kahlen Triebe am Ansatz kann man mit dem silbrig blauen, buschigen Laub der Wachsblume, den Topfrand mit hängendem Mottenkönig kaschieren. Die Pflanze setzt vom Sommer bis zum Herbst einen erlesenen Farbakzent, ob als Blickfang oder zur Auflockerung einer befestigten Fläche. Beim Eintopfen fügt man dem Substrat etwas Langzeitdünger hinzu. Den Sommer über wird gut gegossen. Lässt die Blühfreude in der heißen Jahreszeit nach, stärkt man die Kletterpflanze mit Tomatendünger.

ERZIEHUNG

Der Rosenkelch klettert nach dem Einwachsen mit seinen windenden Trieben von selbst die Stütze hoch, braucht aber anfangs etwas Hilfe und Führung. Nach dem Errichten des Stangenzelts in einem großen Topf pflanzt man am Fuß jedes Stabs ein Exemplar und bindet die Triebe mit einer weichen Schnur an. Die übrigen Einjährigen kommen zwischen die Bambusstäbe.

TIPP: SAMEN SAMMELN

Der Rosenkelch wird, obwohl eigentlich eine Staude, oft als Einjährige gezogen, da die Pflanze keinen Frost verträgt. Man sät sie am besten jährlich neu aus. Die Kapseln werden zunächst getrocknet und dann aufgebrochen, um die Samen herauszuholen. In einem beschrifteten Behälter lagert man sie bis zum Frühjahr.

Effektvoll und farbig zeigt sich die aufstrebende Gruppe aus Rosenkelch, Wachsblume und hängendem Mottenkönig.

Winden *Ipomoea* and *Convolvulus*

Pflanze
Convolvulus tricolor

Höhe und Breite
H 40 cm, B 30 cm

Standort
Volle Sonne

Härte
Mindesttemperatur
7 °C

Topfgröße
30–45 cm

Topfmaterial
Ton, Metall, Keramik,
Holz

Substrat
Tonhaltige, nährstoff-
reiche Blumenerde

Prunkwinden (*Ipomoea*) sind unkomplizierte einjährige Kletterpflanzen, die vom Sommer bis zu den ersten Frösten Unmengen zarter Blüten ansetzen. Sie werden gut 2 m hoch und eignen sich vorzüglich für Stützgerüste in großen Töpfen. Zu den Einjährigen gehört auch die Dreifarbige Winde (*Convolvulus tricolor*), die aber nur 40 cm hoch wird und sich daher mit einer niedrigen Stütze bescheidet oder schon zufrieden ist, wenn sie zwischen anderen Pflanzen hindurchkriechen kann. Beide Winden sollten mit anderen Gewächsen kombiniert werden, da sie ihre Blüten während der Mittagszeit schließen. Man gießt großzügig und gibt monatlich einen Flüssigdünger.

FARBOPTIONEN
Windenblüten wachsen trompeten- bis röhrenförmig und sind in Weiß, Rosa, Violett und Blau oder auch als zweifarbige Sorten erhältlich.

Convolvulus tricolor

KLETTERKÜNSTLER

Schwarzäugige Susanne *Thunbergia alata*

Pflanze
Thunbergia alata

Höhe und Breite
H 1,8 m

Standort
Sonne

Härte
Mindesttemperatur
10 °C

Topfgröße
30–45 cm

Topfmaterial
Ton, Metall, Keramik

Substrat
Tonhaltige, nährstoff-
reiche Blumenerde

Fröhliche gelbe Blüten mit schwarzen Augen zieren diese wüchsige Kletterpflanze vom Hochsommer bis zum Herbst. Von ihrer besten Seite zeigt sie sich, wenn sie in einem großen Topf gezogen wird und Stangenzelte, Klettergerüste oder dekorative Obelisken erstürmen darf. Die Schwarzäugige Susanne braucht einen sonnigen Standort und muss regelmäßig gegossen werden. Monatlich sollte sie eine Dosis Volldünger erhalten. Obwohl sie eine Staude ist, kultiviert man sie meist als Einjährige aus Samen, die rasch keimen. Man kann sie im zeitigen Frühjahr drinnen vorziehen, sodass sie bald nach dem Auspflanzen groß genug ist, um zu blühen.

PFLANZENPARTNER
Die Schwarzäugige Susanne sieht gut aus zwischen weißen Petunien, gelber Kapuzinerkresse und dem gelben Laub von *Ipomoea batatas* 'Margarita'. Gut sehen Mischpflanzungen mit gelbblütigen und orangefarbenen oder weißen Sorten sowie mit Buschbohnen aus (*siehe S. 176–177*).

Thunbergia alata **hat im Sommer ihren großen Auftritt.**

Duftende Kletterpflanzen

Eindringliche Wirkung entfalten duftende Kletterpflanzen, wenn ihre Blüten sich auf Nasenhöhe befinden. Allerdings sollte man sich von der Zartheit des Flors nicht täuschen lassen: Sein schwerer Wohlgeruch erfüllt einen Garten den ganzen Sommer. Sternjasmin besitzt mit glänzendem immergrünem, im Winter bronzefarbenem Laub noch einen weiteren Pluspunkt. Duftwicken kann man jedes Frühjahr problemlos neu aus Samen ziehen.

Sternjasmin *Trachelospermum*

Pflanze
Trachelospermum jasminoides

Höhe und Breite
H bis 2,5 m, falls geschnitten

Standort
Sonne bis Halbschatten

Härte
Verträgt bis -5 °C

Topfgröße
30 cm

Topfmaterial
Stein, Ton, Keramik, Metall, Holz

Substrat
Tonhaltige, nährstoffreiche Blumenerde

Als wüchsige immergrüne Kletterpflanze mit glänzendem dunkelgrünem Laub liefert der Sternjasmin (*Trachelospermum jasminoides*) gleich selbst die ideale Kulisse für seine himmlisch duftenden, weißen Blüten im Sommer. Die Pflanze kann freiwachsend mehrere Meter hoch werden, lässt sich jedoch durch regelmäßigen Schnitt wirkungsvoll im Zaum halten. Eine gute Alternative ist die kompakte Art *Trachelospermum asiaticum* mit ähnlichem Laub und nach Jasmin duftenden Blüten. Beide Arten vertragen leichte Minustemperaturen, müssen jedoch vor strengem Frost geschützt werden. Während der Wachstumszeit gießt man regelmäßig. Im Frühjahr versorgt man die Pflanzen mit einem Langzeitdünger.

STÜTZEN

Man kann Topfpflanzen an Mauern, Zäunen oder Pergolapfosten stellen und an Drähten ziehen, die an der Stütze befestigt werden. Ebenso gut sehen sie aber an freistehenden Kletterhilfen wie einem Rankgitter, einem Obelisken, einem Stangenzelt oder einem Metallbogen aus.

> #### TIPP: STERNJASMIN SCHNEIDEN
>
> Sternjasmin wächst ziemlich rasch und sieht bald ungepflegt aus, wenn man ihn nicht jährlich zurückschneidet. Gestutzt wird er im Frühjahr. Dazu nimmt man abgestorbene, kranke und zu dicht stehende Triebe heraus, um eine kompakte Form zu bewahren. Oft muss man ab Juli auch neue Triebe ausdünnen. Sternjasmin klammert sich zwar eigenständig fest, doch kann man Triebe mit einer weichen Schnur anbinden, um kahle Stellen in der Stütze zu schließen.

Trachelospermum jasminoides *begeistert im Sommer mit einer Säule aus duftenden Sternblüten.*

Duft-Wicke *Lathyrus odoratus*

Pflanze
Lathyrus odoratus

Höhe und Breite
H 1,5 m

Standort
Volle Sonne

Härte
Winterhart

Topfgröße
30 cm und mehr

Topfmaterial
Ton, Stein, Keramik

Substrat
Tonhaltige, nährstoff-
reiche Blumenerde

Die Art aus Süditalien ist in zahlreichen einjährigen Sorten erhältlich, die einen Garten vom Frühsommer bis zu den ersten Herbstfrösten mit Farbe und Duft füllen. Sie eignet sich trefflich für große Töpfe, in denen sich ihre Triebe an Stangen oder Ziergerüsten hochziehen. Ihr Farbspektrum reicht von Rosa über Rot bis Blau, Violett und Weiß – selbst zweifarbige Formen sind erhältlich.

Man bekommt zwar im Frühjahr überall problemlos Sämlinge, doch hat man bei Samen die größere Auswahl. Im Frühjahr sät man sie 1 cm tief in hohe Multitöpfe und stellt sie zum Keimen in ein Frühbeet, Gewächshaus oder kühles Zimmer. Halten Sie die Erde gleichbleibend feucht und zwicken Sie das oberste Blattpaar ab, sobald die Pflänzchen vier Blätter tragen. Dadurch regt man sie zur Bildung von Seitentrieben an. Ab der Frühjahrsmitte kann man die Wicken dann in draußen stehende Töpfe umsiedeln.

VERLÄNGERN DER BLÜTEZEIT
Duftwicken können zwar bis zum Herbst ununterbrochen blühen, müssen dafür aber gut ernährt werden. Man gießt sie regelmäßig und verabreicht 14-tägig einen Flüssigdünger. Außerdem zwickt man welke Blüten ab oder schneidet sich einen Strauß. Das verhindert, dass die Pflanzen ihre ganze Energie in die Samenbildung stecken.

Duftwicken passen gut zu einer rustikalen Stütze. Biegen Sie dazu Weidenruten um ein Zelt kräftiger Stangen.

EMPFEHLENSWERTE SORTEN

'Blue Ripple' ist eine bezaubernde Sorte mit langen schlanken Trieben und intensiv duftenden, weißen, am Rand gekräuselten Blüten und blauer Zeichnung.

Heirloom Mixed heißt eine Samenmischung mit stark duftenden, traditionellen Sorten, die große Blüten in vielerlei auffälligen Farben zur Schau stellen.

'Matucana' ist eine ausgezeichnete Kletterpflanze. Die Traditionssorte wird schon seit dem 18. Jahrhundert kultiviert und trägt stark duftende, rotbraune und violette Blüten.

'Jayne Amanda' hat große, ausgerandete Blüten, wie sie für die Spencer-Gruppe typisch sind. Die rosa, 3-4 cm breiten Blüten eignen sich vorzüglich für den Vasenschnitt.

Kletterpflanzen im Haus

Kranzschlingen veranstalten einen Großteil des Jahres ein Fest für die Sinne: So trumpfen die nach oben strebenden Pflanzen nicht nur mit einer Vielzahl kleiner sternenförmiger Blüten auf, sie verströmen auch einen schweren Duft. Man zieht sie in großen Töpfen und führt ihre langen, hängenden Triebe an eine Wand oder wickelt sie um eine Stütze, von der aus sie ihren Wohlgeruch durch die ganze Wohnung schicken können.

Kranzschlinge *Stephanotis*

Pflanze
Stephanotis floribunda

Höhe und Breite
H 60 cm, B 2 m (in einem großen Gefäß)

Standort
Sonne oder Halbschatten

Härte
Braucht mindestens 13 °C

Topfgröße
20 cm

Topfmaterial
Glasierter Ton, Keramik

Substrat
Tonhaltige Blumenerde

Als immergrüne Kletterpflanze wirkt die Kranzschlinge das ganze Jahr über dekorativ. Ihr dunkelgrünes, ledriges Laub unterstreicht die wächsernen weißen Blüten, die sich vom Frühjahr bis zum Herbst in großen Büscheln öffnen.

Kranzschlingen werden überall im Handel angeboten, oft in kleinen Töpfen und die langen Triebe um einen Drahtreif geschlungen. Diese Stütze reicht eine Weile, wird aber irgendwann einmal zu klein, weshalb man sich nach einem größeren Rankgerüst und einem voluminöseren Gefäß umsehen muss. Das Umtopfen, Lösen der Binden und Entwirren der Triebe muss vorsichtig geschehen. Pflanzen Sie das Exemplar in die Mitte des neuen Topfs und stecken Sie ein Rankgitter oder einen Obelisk in die Erde. Dann werden die Triebe um die Stützen gewunden und mit einer weichen Schnur festgebunden. Falls notwendig, stutzt man überlange Ranken etwas.

Das Substrat muss stets feucht bleiben, im Winter dagegen gießt man spärlicher. Gelegentlich sollte das Laub mit Wasser besprüht oder mit einem feuchten Tuch abgewischt werden.

STANDORT
Kranzschlingen mögen es hell, sollten im Sommer aber nicht in der prallen Sonne stehen. Ideal ist ein helles, luftiges Wohnzimmer, wo man die Blüten und ihren Wohlgeruch am besten genießen kann. In einem Schlafzimmer dagegen kann der Duft etwas zu aufdringlich werden. Während der Blütezeit stellt man die Pflanzen nicht um, denn bei einem plötzlichen Temperaturwechsel können sie Knospen und Blüten abwerfen.

Gut gedeiht Stephanotis an einem halbschattigen Standort. Während des Wachstums wird monatlich gedüngt.

Duft-Jasmin *Jasminum polyanthum*

Pflanze
Jasminum polyanthum

Höhe und Breite
H und B 1,5 m

Standort
Hell, aber abseits direkter Sonne

Härte
Mindesttemperatur 18 °C

Topfgröße
20–30 cm

Topfmaterial
Kunststoff, Stein, glasierter Ton, Keramik

Substrat
Tonhaltige Blumenerde

Die Blüten mögen klein sein, doch ihr unscheinbares Format machen sie durch ihren Duft wett. Im Winter und Frühjahr bildet dieser Jasmin zahllose rosa Knospen, aus denen sich weiße, sternförmige Blüten mit umwerfendem Duft öffnen. Sie werden zwar oft an einem Metallreif erzogen verkauft, doch ist das kaum eine angemessene Stütze für diese wüchsige immergrüne Kletterpflanze. Man setzt sie besser in einen großen Topf und zieht die Triebe an einem tragfähigeren, größeren Gerüst wie einen Obelisken oder ein Stangenzelt. Der Ballen darf nie austrocknen. Während der Wachstumszeit braucht die Pflanze monatlich eine Gabe Flüssigvolldünger. Sie wächst rasch und wird im Nu langbeinig oder zu dicht, wenn man sie sich selbst überlässt. Deshalb schneidet man sie jährlich nach der Blüte.

TEMPERATUREN

Duft-Jasmin braucht ein kühles Zimmer mit Temperaturen um 18 °C – ist es wärmer, treibt er viel Grün auf Kosten der Blüte aus. Im Frühherbst fördert man die Knospenbildung, indem man die Pflanze vier Wochen lang tagsüber nach draußen stellt und am späten Nachmittag wieder nach drinnen bringt, um Frostschäden zu vermeiden.

Die einfachen weißen Blüten mit starkem Duft erscheinen ab März und erhellen die dunklen Monate.

KLETTERKÜNSTLER

TIPP: ENTFERNEN WELKER BLÜTEN

Nach dem Verblühen bleiben die Blüten des Duft-Jasmins noch an der Pflanze, was nicht gut aussieht. Das Entfernen welker Blüten mit einer scharfen Schere ist zeitraubende Kleinarbeit, hält aber die Pflanze sauber und regt sie zu neuer Blütenbildung an. Blütenstiele schneidet man bis zum Haupttrieb zurück.

Farbenspiele für drinnen

Die hier gezeigten Exoten bereichern Ihre Wohnumgebung mit bunten Vorhängen aus exquisitem Flor und grünem Laub. An ihren windenden Trieben tragen die kälteempfindlichen Kletterpflanzen viele Monate lang Blüten in überbordender Fülle. Die Korallenerbse stellt ihre Vorzüge vom Spätwinter bis zum Frühsommer zur Schau, während die Ruhmeskrone und die Bougainvillee im Sommer blühen.

Ruhmeskrone *Gloriosa superba*

Pflanze
Gloriosa superba
'Rothschildiana'

Höhe und Breite
H 2 m, B variabel

Standort
Sonnig, aber vor
direkter Sonne
geschützt

Härte
Mindesttemperatur
8 °C

Topfgröße
30 cm

Topfmaterial
Kunststoffgefäß im
Übertopf

Substrat
Universalerde

Nur wenige Kletterpflanzen ziehen eine so spektakuläre Schau ab wie die Ruhmeskrone, wenn sie ihre schlanken Triebe im Sommer mit großen Blüten festlich schmückt. Die rund 8 cm breiten, roten Gebilde setzen sich aus sechs gewellträndigen, zurückgebogenen Kronblättern mit gelben Malen zusammen. Ruhmeskronen stammen aus den afrikanischen Tropen und erreichen mit der Zeit 2 m Höhe, wenn man sie an Obelisken oder anderen kräftigen Stützen in einem großen Kübel hochklettern lässt. Sie brauchen einen hellen, warmen Raum, z. B einen Wintergarten.

PFLEGE IM WINTER
Nach dem Verblühen hört man mit dem Düngen auf und reduziert die Wassergaben (*siehe Tipp unten*). Die Blätter werden daraufhin gelb und die Pflanze geht in Winterruhe über. Entfernen Sie abgefallenes Laub von der Ballenoberfläche und gießen Sie erst wieder, wenn im Frühjahr am Grund neue Triebe erscheinen.

TIPP: SO VERBESSERN SIE DIE BLÜTE

Um reich zu blühen, brauchen Ruhmeskronen einen warmen, hellen Platz, der im Sommer vor praller Sonne geschützt ist. Während des Wachstums gießt man sie gut und verabreicht ihnen alle 14 Tage einen Flüssigdünger. Durch gelegentliches Besprühen der Blätter erhöht man die Luftfeuchtigkeit – am besten morgens, damit die Pflanze bis zum Abend abtrocknet.

Einen Turm aus leuchtenden Blüten formt Gloriosa superba *'Rothschildiana'* hier an einem Kletterobelisken.

Bougainvillee *Bougainvillea*

Pflanze
Bougainvillea glabra

Höhe und Breite
B bis 3 m, doch ist
Schnitt möglich

Standort
Volle Sonne – im
Schatten fallen die
Blätter ab

Härte
Verträgt keine Tem-
peraturen unter 0 °C

Topfgröße
Mindestens 15 cm

Topfmaterial
Kunststoffgefäß im
dekorativen Übertopf

Substrat
Universalerde

Die Auswahl an Arten und Sorten dieser Sonnenanbeter ist riesig. Neben *B. glabra* in Rosa,
Violett und Weiß gibt es *B. × buttiana* mit
cremefarbenen Blüten oder die blassgelbe *B. ×
buttiana* 'Enid Lancaster'. Ganz besonders ins Auge
fällt die pinkfarbene *B. × buttiana* 'Raspberry Ice',
die auch mit panaschiertem Laub zu haben ist.

KULTUR

Schneiden Sie die Pflanzen bis auf den ihnen
zugedachten Raum zurück und ziehen Sie sie an
Gerüsten, Reifen oder Spalierdrähten. Während
der Wachstumsphase muss regelmäßig gewässert
und gedüngt werden. Bougainvilleen können im
Wintergarten bis zu 10 Monate lang blühen und
fühlen sich im Sommer im Freien wohl, müssen
aber frostfrei überwintern. Sorten von *B. × buttiana* durchlaufen eine Winterruhe und werfen ihr
Laub ab, treiben im Frühjahr jedoch wieder aus.

Bougainvillea glabra trägt hier weißen Flor.

Korallenerbse *Hardenbergia violacea*

Pflanze
*Hardenbergia
violacea*

Höhe und Breite
B bis 1,5 m

Standort
Hell, abseits direkter
Sonne

Härte
Verträgt keine Tem-
peraturen unter 0 °C

Topfgröße
30 cm

Topfmaterial
Kunststoffgefäß im
dekorativen Übertopf

Substrat
Tonhaltige Blumen-
topferde

Hardenbergia violacea trägt zarte violette Blüten.

Zwischen Spätwinter und Frühsommer ist dieser
immergrüne Kletterer aus Australien ein willkom-
mener Hausgast, liefert er doch eine erstaunliche
Blütenshow in Violett. Die kleinen Blüten stehen
in langen Büscheln an drahtigen Zweigen. Sie
klettern eigenständig, müssen aber eventuell mit
einer weichen Schnur an die Stütze angebunden
werden, um sie gleichmäßig zu überwuchern.

PFLEGE

Man zieht die Korallenerbse an einem hellen
Platz ohne direkte Sonne in der Wohnung. Ideal
ist ein Wintergarten oder großer Sitzbereich mit
viel natürlichem Licht.

Obwohl die Kletterpflanzen in ihrer natürlichen
Umgebung Trockenheit gut vertragen, muss man
sie im Topf regelmäßig gießen. Zwischen den
Wassergaben sollte der Ballen aber jedes Mal
fast austrocknen. Während der Wachstumszeit
verabreicht man monatlich einen Flüssigdünger.
Geschnitten wird bei Bedarf nach der Blüte, um
die Höhenausdehnung unter Kontrolle zu halten.

KLETTERKÜNSTLER

Frühe Zwiebeln

Mit nichts lässt sich die winterliche Ödnis im Garten besser vertreiben als mit Narzissen, Zwerg-Iris und Schneeglöckchen. Diese Pflanzen bringen uns im Frühjahr die ersten Blüten, dann wenn es im Garten noch ganz wenig Interessantes zu sehen gibt. Pflanzen Sie die Blumenzwiebeln im Herbst, dann sind zeitige Farbtupfer draußen garantiert. Nur Schneeglöckchen setzt man erst im Frühjahr, wenn sie schon Laub tragen. Sie blühen dann schöner.

FRÜHJAHRSSPEKTAKEL

Narzissen *Narcissus*

Pflanzen
Narcissus 'Salome',
Myosotis scorpioides

Höhe und Breite
Narcissus 'Salome':
H 45 cm;
Myosotis:
H und B 20 cm

Standort
Sonne oder Streuschatten

Härte
Winterhart

Topfgröße
20 cm

Topfmaterial
Ton, Stein, Kunststoff, Metall, Korbgeflecht, zweckentfremdete Behälter

Substrat
Faserreiche Erde

Rustikale Weidenkörbe und Tontöpfe sind der ideale Aufenthaltsort für Narzissen. Man kann eine hohe Sorte wie *Narcissus* 'Salome' als zentralen Blickfang wählen und mit weißen Vergissmeinnicht unterpflanzen, deren winzige Blüten und Blätter die der Narzisse gut ergänzen.

Stecken Sie die Zwiebeln im Herbst 10 cm tief in die Erde und stellen Sie den Topf an einen halbschattigen oder sonnigen, geschützten Standort. Um Eichhörnchen und Katzen fernzuhalten, legt man feinmaschiges Drahtnetz darüber, bis die ersten Blätter aus der Erde spitzen. Im Winter muss nicht gegossen werden, während des Wachstums und der Blüte aber schon. Wenn der Flor verwelkt ist und das Laub auf natürliche Weise einzieht, gibt man einen Flüssigdünger.

EMPFEHLENSWERTE SORTEN
Narzissen sind in vielen tausend Sorten erhältlich. Es gibt sie klein oder groß, einfach und gefüllt. Die besten niedrigen Formen sind 'Jack Snipe', 'Hawera', 'Pipit' und 'Tête-à-Tête'. Gute hohe Sorten: 'Acropolis', 'Ice Follies' und 'Carlton'.

TIPP: BLUMENARRANGEMENTS

Wunderschöne Arrangements entstehen durch Unterpflanzen von Narzissen mit anderen Frühlingsblühern. Weiße Traubenhyazinthen (*Muscari*) eignen sich als Partner ebenso wie violette Krokusse, Zwerg-Iris oder Veilchen. Blauer Lerchensporn und Traubenhyazinthen wiederum passen zu gelben *Narcissus*-Formen.

Narcissus **'Salome'** verbreitet mit weißen Blütenblättern und pfirsichgelben Nebenkronen Frühlingsflair.

Zwerg-Iris *Iris reticulata*

Pflanze
Iris reticulata

Höhe und Breite
H 10 cm

Standort
Volle Sonne

Härte
Winterhart

Topfgröße
10–15 cm

Topfmaterial
Ton, Stein, zweckentfremdete Behälter

Substrat
Durchlässige, tonhaltige und nährstoffreiche Blumenerde

Iris reticulata wertet den Garten mit zarten Blüten auf.

Iris bringt man in der Regel mit Rabatten in Verbindung, doch gibt es auch einige knöchelhohe Arten, die sich für Frühjahrspflanzungen in Töpfen eignen. Die aus Bergregionen in Europa und Asien stammende *Iris reticulata* wird nur 10 cm hoch und sieht super aus, wenn man sie zu mehreren in eine Tonschale setzt. Pflanzen Sie die Zwiebeln im Frühherbst mit 5 cm Abstand in rund 5 cm Tiefe und stellen Sie das Gefäß in die Sonne. Man düngt erst beim Verblühen und lässt das Laub einziehen, ohne es zu schneiden.

FARBWAHL
Zwerg-Iris sind in vielen Farbvarianten erhältlich. *I. reticulata* 'Cantab' trägt blassblaue, *I. reticulata* 'J. S. Dijt' tiefviolette Blüten. Ein helles Gelb bietet *I. winogradowii*. Sattgelb leuchtet die süß duftende *I. danfordiae*. 'Edward' hat duftende blauen Blüten mit orangefarbenem Mal.

Schneeglöckchen *Galanthus*

Pflanze
Galanthus nivalis

Höhe und Breite
H 8–30 cm, B 5–8 cm

Standort
Streuschatten

Härte
Die meisten Arten sind winterhart

Topfgröße
10–15 cm

Topfmaterial
Ton, Stein, zweckentfremdete Behälter

Substrat
Tonhaltige Blumenerde

Man erkennt sie schon von Weitem an ihren nickenden weißen Blüten: Schneeglöckchen sind im Spätwinter und zeitigen Frühjahr Vorboten der warmen Jahreszeit. Es gibt sie in Hunderten von Züchtungen, die zwischen 8 cm und 30 cm hoch werden, und auch das Spektrum der Blütenformen und -größen ist groß. Viele tragen grüne Male auf den inneren weißen Blütenblättern. Man kann die grazilen Pflanzen am besten betrachten, wenn sie auf Tischen oder Fenstersimsen stehen.

EINPFLANZEN
Schneeglöckchen wachsen rasch, wenn man sie im Frühjahr – also während ihrer Wachstumsphase – kauft und auspflanzt. Sie müssen ebenso tief gesetzt werden, wie sie zuvor gestanden haben; die Stelle, an der die grünen Blätter am Ansatz gelb werden, sollte sich also auf Höhe der Substratoberfläche befinden. Getrocknete Zwiebeln sind im Herbst erhältlich, doch treiben Schneeglöckchen aus ihnen nicht immer zuverlässig aus.

Pflanzen Sie Schneeglöckchen in kleine Töpfe.

Elegante Tulpen

Mit einer so riesigen Palette an Farben und Formen wie der von Tulpen lassen sich die schönsten Blütenarrangements komponieren. Die Frühlingsboten hellen Terrassen auf und bringen Pfiff in Rabatten. Gleichzeitig geben sie in hohen Töpfen mit verschiedenen Pflanzen einen Blickfang ab. Kleine Formen wirken auch als Gruppe in Schalen oder Körben.

FRÜHJAHRSSPEKTAKEL

Pflanzen
Tulipa 'Abu Hassan',
Erysimum cheiri,
Myosotis scorpioides
'Royal Blue'

Höhe und Breite
Tulipa 'Abu Hassan':
H 50 cm;
Erysimum:
H und B 20 cm;
Myosotis:
H 30 cm, B 20 cm

Standort
Volle Sonne

Härte
Winterhart

Topfgröße
30–45 cm

Topfmaterial
Stein, Ton, Kunststoff,
Holz, Korb

Substrat
Universalerde

Sie gehören zum Frühjahrsgarten wie die Butter aufs Brot: Tulpen sind unglaublich vielseitig und eine Bereicherung für jede Anlage. Die Auswahl ist groß und reicht von eleganten, gefüllten, pastellfarbenen Blüten über einfache, farbenfrohe Becher bis hin zu Papagei-Tulpen mit gefranstem Rand, die an das Gefieder exotischer Vögel erinnern. Ein wahres Farbspektakel entfaltet die auffällige *Tulipa* 'Abu Hassan' mit ihren mahagoniroten Bechern über einem Meer aus orangefarbenem, rotem und gelbem Goldlack sowie Wolken aus winzigen blauen Vergissmeinnicht in einer Gruppe alter Kaminaufsätze. Zurückhaltender wirkt dagegen ein Arrangement mit der blassrosa *Tulipa* 'Angélique', weißen Vergissmeinnicht, panaschiertem Thymian und violetten Hornveilchen.

Pflanzen Sie die Zwiebeln im Herbst 10 cm tief in Kunststofftöpfe. Im März kann man die Lücken am Rand mit anderen Zwiebelblumen füllen. Die wenig ansehnlichen Gefäße werden anschließend in einen Kaminaufsatz (*Bild rechts*) oder einen anderen Übertopf gestellt und zum Blühen in die Sonne gerückt.

PFLEGE

Spannen Sie Maschendraht über das Substrat mit den Zwiebeln, um hungrige Tiere fernzuhalten; im Frühjahr wird das Gitter abgenommen. Bei Trockenheit hält man die Erde feucht. Welke Blüten werden sogleich entfernt. Sind alle Tulpen verblüht, nimmt man einfach die Töpfe heraus und setzt dafür Sommerblumen ein.

Mitte **Töpfe in Kaminaufsätzen** *heben die Tulpen nach oben, sodass man ihre Blüten besser bewundern kann.*

TIPP: MIT ANDEREN ZWIEBELN KOMBINIEREN

Tulpen sind vorzügliche Partner für andere Zwiebelblumen wie Narzissen und Traubenhyazinthen. Zunächst eine Lage Erde in den Topf geben und die größten Zwiebeln setzen. Dann eine weitere 5-cm-Schicht Substrat darüber streuen und die nächstgrößeren Zwiebeln hineinstecken. In eine dritte Schicht kommen die kleinsten Zwiebeln.

Tulpen: eine Auswahl

Tulipa _'Artist'_ gehört zur Viridiflora-Gruppe und trägt wohlgeformte Blüten mit Zeichnung in Grün, Rosa und Orange.

Tulipa _'Estella Rijnveld'_ heißt eine Papageientulpe mit rundem Kopf aus fein gefransten Blütenblättern in Rot-Weiß.

Tulipa _'China Pink'_ öffnet lilienartige, bonbonrosa Blüten an hohen, eleganten Stängeln und blüht im Mai und Juni.

Tulipa _'Ballerina'_ ist eine duftende, lilienblütige Tulpe. Ihre dunkel-orange-farbenen Blütenblätter laufen spitz zu.

Tulipa _'Queen of Night'_ trägt schwarz-violette einfache Blüten, die einen schönen Kontrast zu Vergissmeinnicht bilden.

Tulipa _'Spring Green'_ aus der Viridiflora-Gruppe trägt leicht gefranste, elfenbeinweiße, grün gestreifte Blüten.

Tulipa clusiana heißt eine empfehlenswerte Art, die ihre kleinen weißen, dunkelrosa gestreiften Blüten im Juni öffnet.

Tulipa _'West Point'_, eine Lilienblütige, zeigt elegante, zurückgebogene, spitze Kronblätter in reinem Zitronengelb.

Blühende Frühlingsgehölze

Noble Zurückhaltung liegt einem im Frühjahr blühenden Strauch und Baum in der Regel nicht. Ihre Blüten verbreiten zum Teil einen süßlichen Duft und erscheinen in großer Zahl. Durch ihre Höhe bringen sie ein vertikales Element in die Bepflanzung einer Terrasse oder eines Innenhofs. Man sollte allerdings Zwergformen wählen, weil sie am besten mit Kübeln zurechtkommen. Düngen und wässern Sie Ihre Gehölze gut.

Flieder *Syringa*-Arten und -Sorten

Pflanzen
Syringa vulgaris 'Andenken an Ludwig Späth', *Viola cornuta*, *Hedera helix*

Höhe und Breite
Syringa: H 2 m, B 1 m; *Viola:* H 15 cm, B 40 cm; *Hedera:* B 45 cm

Standort
Volle Sonne

Härte
Winterhart

Topfgröße
45 cm

Topfmaterial
Stein, glasierter Ton

Substrat
Tonhaltige, nährstoffreiche Blumenerde

Der wegen seiner langen Rispen aus intensiv duftenden Blüten sehr geschätzte Flieder wird häufig in gemischten Rabatten eingesetzt. Aber selbst wenn er wie die rotviolette Sorte 'Andenken an Ludwig Späth' im Freiland bis zu 7 m groß werden kann, erreicht er im Kübel zwangsläufig nur einen Bruchteil dieser Höhe. Man unterstreicht ihn mit einer Unterpflanzung aus Efeu und ebenfalls ausdauernden Hornveilchen (*Viola cornuta*), die einen Teppich aus winzigen lila Blüten bilden. Während der Wachstumszeit wird Flieder gut gegossen. Einmal im Jahr versorgt man ihn mit Langzeitdünger.

ZWERGSORTEN FÜR GEFÄSSE
Zwar kann man auch großen Flieder in Gefäßen ziehen, aber kleine bzw. langsam wachsende Sorten kommen von Natur aus besser mit den beengten Verhältnissen dort zurecht. Zu den empfehlenswertesten Zwergen gehören *S. meyeri* 'Palibin' (rosa) und *S. pubescens* subsp. *patula* 'Miss Kim' (violett). *S. × laciniata* wird nur 2 m hoch und trägt violette Blüten.

Süßlich duftende, violette Rispen schmücken 'Andenken an Ludwig Späth' zum Frühjahrsende.

TIPP: FLIEDER SCHNEIDEN

Schneiden Sie die welken Blütenstände erst ab, wenn darunter zwei neue Triebe erscheinen, sonst blüht der Flieder an dieser Stelle im folgenden Jahr vielleicht nicht. Man bewahrt die offene, buschige Form, indem man im Winter ein, zwei alte Äste bis zum Ansatz herausnimmt. Das regt zum Neuaustrieb an.

Zieräpfel *Malus*-Arten und -Sorten

Pflanze
Malus 'Adirondack'

Höhe und Breite
H 1,5 m, B 1 m

Standort
Volle Sonne

Härte
Winterhart

Topfgröße
45 cm

Topfmaterial
Stein, glasierte
Keramik

Substrat
Tonhaltige, nährstoff-
reiche Blumenerde

Wenn Sie nur Platz für einen einzigen Baum auf Ihrer Terrasse haben, nehmen Sie einen Zierapfel – er ist kaum zu überbieten. Von Natur aus kompakt, bildet er eine runde bis längliche Krone, die sich mit minimalem Schnitt erhalten lässt. Damit die Pflanze in gutem Zustand bleibt, gießt man regelmäßig und tauscht einen Teil des Substrats im zeitigen Frühjahr durch frische, mit Langzeitdünger angereicherte Erde aus.

DOPPELT SCHÖN

Zieräpfel haben einen zweifachen Gartenwert: Im Frühjahr sind ihre Zweige mit Blüten übersät, auf die im Herbst runde oder ovale Früchte folgen. Es gibt die Bäume in vielerlei Größen und Farben. 'Red Sentinel' etwa trägt glänzende rote Äpfel, 'Butterball' goldgelbe Früchte. *M. transitoria* hat sogar einen dreifachen Vorteil: Er trumpft im Herbst mit schöner Laubfärbung auf.

Malus **'Adirondack' bietet sich für tiefe Kübel an** *und trägt sternförmige weiße Blüten sowie orangerote Äpfel.*

Zierkirschen *Prunus*-Arten und -Sorten

Pflanze
Prunus 'Kiku-shidare-
zakura' ('Cheals
Weeping')

Höhe und Breite
H und B bis 3 m

Standort
Volle Sonne

Härte
Winterhart

Topfgröße
45 cm

Topfmaterial
Stein, glasierter Ton,
Kunststoff

Substrat
Tonhaltige, nährstoff-
reiche Blumenerde

Zierkirschen sind im Frühling mit Blüten übersät. Der überbordende Flor hellt Terrassen und Gärten auf. *Prunus* 'Kiku-shidare-zakura' gehört zu den besten Vertreterinnen. Aus rosa Knospen öffnet sie gefüllte Blüten in dichten Büscheln zwischen bronzefarben überzogenem Laubaustrieb an hängenden Zweigen. Der kleine Baum braucht nicht viel Pflege und muss nur gelegentlich geschnitten oder von toten, kranken und aus der Reihe tanzenden Zweigen befreit werden. Weitere für die Topfkultur geeignete Zierkirschen sind 'Pink Perfection', 'Fukubana' und 'Beni-yutaka'.

GIESSEN

Zierkirschen in Töpfen müssen regelmäßig gewässert werden, denn ihr Ballen darf vor allem im Sommer und im Spätwinter, wenn die Knospen sich bilden, nicht völlig austrocknen. Wer wenig Zeit hat, installiert am besten ein automatisches Bewässerungssystem. Im Frühjahr entfernt man die oberste Bodenschicht und ersetzt sie durch frische Erde, unter die Langzeitdünger gemischt wurde.

Prunus 'Kiku-shidare-zakura'

Zeitige Frühjahrsboten

Peppen Sie Ihren Garten im Frühling mit einem Korb voller anmutiger Blüten und saftiger Gräser auf, indem Sie ihn auf einem Tisch oder Fenstersims präsentieren. Eine andere Möglichkeit ist, Zurückhaltung zu üben und farbenfrohe, niedrige alpine Pflanzen in Trögen bzw. kleinen Töpfen zu einer Mini-Blütenschau zu kombinieren. Alle hier genannten Schönheiten sind unkompliziert und brauchen kaum Pflege.

Ein Korb voll Blüten

Pflanzen
Erysimum 'Poem Lavender',
Viola 'Etain',
Aubrieta 'Silberrand',
Alopecurus pratensis 'Aureus'

Höhe und Breite
Erysimum:
H 30 cm, B 40 cm;
Viola: H und B 15 cm;
Aubrieta:
H 8 cm, B 30 cm;
Alopecurus:
H und B 30 cm

Standort
Sonne oder Halbschatten

Härte
Winterhart

Topfgröße
45 cm langer Balkonkasten oder Korbgeflecht

Topfmaterial
Ton, Stein, Keramik, Holz, Korb

Substrat
Tonhaltige, nährstoffreiche Blumenerde

Bei der Zusammenstellung eines Blütenarrangements beginnt man mit der höchsten Pflanze und setzt sie in die Mitte. Beispiel: der Goldlack *Erysimum* 'Poem Lavender'. Als Nächstes kommen kleine nickende Hornveilchen und Kaskaden aus winzigen lila Blaukissen dazu. Gräser wie der Fuchsschwanz vervollständigen das Ensemble.

Der Korb braucht Abzugslöcher. Füllen Sie ihn mit Blumenerde, die ein wenig Ton enthält. Er wird dicht bepflanzt, doch lässt man zwischen Substratoberfläche und Topfrand 5 cm Abstand, um das Gießen zu erleichtern.

TIPP: HORNVEILCHEN AUSPUTZEN

Nehmen Sie sich alle zwei Tage ein paar Minuten Zeit und entfernen Sie welke Blüten. Dann sieht der Korb nicht nur besser aus, sondern es regt die Pflanzen dazu an, ihre Energie in die Entwicklung neuer Blüten und nicht in die Samenbildung zu stecken.

Gießen Sie Ihren Frühlingskorb bei Trockenheit. Drängen sich die Pflanzen zu dicht, topft man sie in ein größeres Gefäß um.

Alpine Pflanzen

Pflanze
Saxifraga stribrnyi

Höhe und Breite
H 10 cm, B 20 cm

Standort
Volle Sonne

Härte
Winterhart

Topfgröße
Schale oder flacher Topf mit 20 cm Durchmesser

Topfmaterial
Ton, Stein

Substrat
Tonhaltige Blumenerde mit Zusatz von Grobsand

Sie sind klein, doch wirken sie enorm charmant: Alpine Pflanzen trumpfen mit attraktivem Laub und hübschen Blüten auf. Zu den beliebtesten Vertretern dieser Gruppe gehören Steinbreche wie *Saxifraga stribrnyi* mit kleinen silbrigen Blattrosetten. Viele Steinbreche blühen allerdings erst im Sommer und Herbst, weshalb man sich vor dem Kauf zuerst die Informationen auf dem Etikett ansehen sollte. Ebenfalls eine gute Wahl als Farbgeber für das Frühjahr sind *Saxifraga* der Southside-Seedling-Gruppe mit dichten Blattrosetten und weißen, rot gefleckten Blüten sowie *S. sancta* mit hellgrünen, spitz zulaufenden Blättern und gelben becherförmigen Blüten.

Obwohl Alpine Pflanzen aus gebirgigen Lebensräumen stammen und unglaublich zäh sind, brauchen die meisten einen sonnigen Platz und müssen vor übermäßigem Winterregen geschützt werden, sonst faulen sie. Man pflanzt sie in sandiges Substrat, um die Dränage zu verbessern. Kiesmulch hält das Laub trocken. Im Frühjahr verabreicht man einen Langzeitdünger.

GRUPPEN GESTALTEN

Kombinieren Sie mehrere Töpfe mit Alpinen oder setzen Sie ein paar Pflanzen gemeinsam in eine Schale oder einen Trog. Man kann sie auch mit Zwiebelblumen wie Wildtulpen oder spät blühenden Narzissen kombinieren.

Im Frühjahr blühende Steinbreche bilden eine niedrige Gruppe aus Blattrosetten mit aufragenden blühenden Stängeln.

EMPFEHLUNGEN

Aubrieta-*Arten* bilden einen Teppich aus weichem, graugrünem Laub und öffnen in der Regel rosa oder violette, einfache oder gefüllte Blüten. Es gibt sie auch in anderen Farben.

Gentiana acaulis *eignet sich für lichten Schatten. Die dunkelgrünen Blätter des Keulen-Enzians werden im Frühjahr von röhrenförmigen blauen Blüten fast völlig verdeckt.*

Leontopodium alpinum, *das bekannte Edelweiß, trägt im Frühjahr weiße Blütenstände über grauen Blättern. Die Pflanze braucht durchlässige Erde und viel Sonne.*

Androsace villosa *var.* jacquemontii *bildet ein niedriges Polster aus seidig behaarten Blattrosetten und violettrosa Blüten mit gelbem oder grünem Auge.*

Frühjahrsfinale
Rhododendron-Arten und -Sorten

Verabschieden Sie den Frühling stilvoll – mit Rhododendren und Azaleen. Die in einer Vielzahl von Farben und Größen verfügbaren Pflanzen brauchen meist etwas größere Töpfe und ein bisschen Raum, um ihre Triebe mit glänzenden Blättern und großen Blütenständen zur Schau stellen zu können. Es gibt aber auch kompaktere Formen für Balkon und Terrasse.

FRÜHJAHRSSPEKTAKEL

Pflanzen
Rhododendron 'Gunborg', *Tiarella* 'Snow Blanket', *Viola* 'Etain', *Lysimachia nummularia* 'Goldilocks'

Höhe und Breite
Rhododendron: H 1 m, B 60 cm; *Tiarella:* H 15 cm, B 30 cm; *Viola:* H und B 15 cm; *Lysimachia:* H 10 cm, B 90 cm

Standort
Sonne oder Halbschatten

Härte
Die meisten vertragen Frost bis -15 °C

Topfgröße
45 cm

Topfmaterial
Stein, glasierter Ton, Keramik

Substrat
Rhododendronerde (Moorbeeterde)

*Mitte **Ein Rhododendron-Hochstämmchen** blüht prachtvoll über einem Teppich aus aufrechten und hängenden Stauden.*

Die leuchtenden Blüten von Rhododendren und Azaleen gefallen vielen – aber nicht jeder kann ihnen die sauren Böden bieten, die sie brauchen. Die Lösung sind wieder einmal Töpfe: Hier kann man die attraktiven Sträucher in die benötigte Moorbeeterde setzen.

Zieht man sie als Hochstämmchen, hat man genug Platz für eine Unterpflanzung, die sie noch attraktiver macht. So entfalten die rosaroten Blüten von *Rhododendron* 'Gunborg' mehr Wirkung, wenn sie von Schaumblüten (*Tiarella*) mit gelapptem Laub und zarten Rispen umringt werden. Der hängende Felberich (*Lysimachia*) lockert die Ränder der Kübel auf, während zweifarbige Hornveilchen einen frühlingshaften Farbtupfer beisteuern. 'Gunborg' ist eine Sorte der Yakushimanum-Gruppe, deren Vertreter für ihr langsames Wachstum und ihre kompakte Form geschätzt werden. Wird eine Sorte auf einen Stamm veredelt, bekommt man ein hohes Exemplar, ist der Platz aber begrenzt, zieht man sie besser unveredelt. Weitere Yakushimanum-Sorten sind 'Dreamland', 'Dopey' und 'Lemon Dream'.

SCHNITT UND ERZIEHUNG
Damit die Sträucher ihre Form bewahren, zwickt man welke Blüten aus, um den Samenansatz zu verhindern. Dabei dürfen aber die neuen Knospen darunter nicht verletzt werden. In der Regel reicht es, nach der Blüte aus der Reihe tanzende Triebe zu kürzen und Knospen am nackten Stamm wegzurubbeln.

TIPP: PFLANZEN MIT ÄHNLICHEN ANSPRÜCHEN

Rhododendren sind nicht die einzigen Pflanzen, die saure Erde brauchen und in Töpfen wachsen können. *Pieris*- und *Skimmia*-Arten sowie Kamelien (*rechts*) haben ähnliche Ansprüche. Man arbeitet im Frühjahr einen auf sie zugeschnittenen Spezialdünger in die oberste Substratschicht ein.

Sträucher für saure Erde

Rhododendron 'Palestrina' *ist eine immergrüne kleine Azalee mit weißen Blüten. Sie braucht guten Winterschutz.*

Rhododendron 'Temple Belle' *trägt rundliche immergrüne Blätter und glockenförmige rosa Blüten im Frühjahr.*

Rhododendron augustinii, *ein buschiger immergrüner Strauch, öffnet im April große blauviolette Blüten.*

Rhododendron 'Fragrantissimum' *hat intensiv duftende, große weiße Blüten, ist aber nicht winterhart.*

Rhododendron 'Louise Dowdle', *eine kompakte, breitwüchsige, immergrüne Azalee, fällt durch rosa Flor ins Auge.*

Rhododendron luteum *öffnet zum Frühjahrsende hellgelbe, sehr stark duftende Blüten. Die Blätter fallen im Herbst ab.*

Rhododendron 'Yellow Hammer' *begeistert mit röhrenförmigen Blüten und blüht oft im Herbst ein zweites Mal.*

Rhododendron yakushimanum *wächst zu einem runden Busch heran. Die rosa Blüten welken blassrosa bis weiß.*

FRÜHJAHRSSPEKTAKEL

Frühlingsbouquet

Wenn im Frühjahr die Blüte der Blumenzwiebeln im Garten einsetzt, kann man dieselben Farben in der Wohnung mit blühenden Zimmerpflanzen wie Azaleen, Alpenveilchen (*Cyclamen*) und Zinerarien (*Pericallis*) aufgreifen. Ein modernes Aussehen verleiht man ihnen, wenn man sie entweder in unkonventionelle oder aber in elegante Gefäße setzt, die mit dem jeweiligen Stil der Einrichtung harmonieren.

Indische Azalee *Rhododendron simsii*

Pflanze
Weiße Hybride von
Rhododendron simsii

Höhe und Breite
H und B 35 cm

Standort
Hell, aber abseits
direkter Sonne

Härte
MIndesttemperatur
12–15 °C

Topfgröße
15 cm

Topfmaterial
Kunststoffgefäß im
dekorativen Übertopf

Substrat
Rhododendronerde
(Moorbeeterde)

Die kompakten, immergrünen Zimmerpflanzen präsentieren Unmengen von Blüten in den verschiedensten Farben von Weiß und Rosa über Violett bis Rot – selbst zweifarbige Sorten gibt es. Die kälteempfindlichen Pflanzen gedeihen erst ab 12 °C aufwärts, leiden aber auch bei großer Hitze, weshalb man die Temperaturen möglichst unter 24 °C hält. Kaufen Sie im Winter Pflanzen mit möglichst vielen festen Knospen, nicht aber solche mit jeder Menge offener Blüten, denn ihre Pracht ist nur von kurzer Dauer.

KULTUR
Stellen Sie Indica-Azaleen an einen kühlen, hellen Platz abseits von direktem Sonnenlicht. Während die Pflanzen knospen und blühen, muss der Topfballen dauerhaft feucht bleiben. Trocknet das Substrat aus, werfen Azaleen Knospen und Blüten ab. Man gießt am besten mit Regenwasser, denn hartes Leitungswasser vertragen sie gar nicht. Alle 14 Tage gibt man einen Spezialdünger für kalkfliehende Gewächse. Welke Blüten werden entfernt, um den Flor zu verlängern.

> **TIPP: SOMMERPFLEGE**
>
> Nach dem Verblühen düngt man nicht mehr und wässert spärlicher, sodass der Topfballen jedes Mal fast austrocknen kann.
>
> Im Sommer werden die Azaleen in Rhododendronerde umgetopft und ab Mitte Mai in einen geschützten, schattigen Winkel draußen umgesiedelt. Sobald sie wieder zu wachsen beginnen, gießt man stärker und düngt wieder. Im Frühherbst bringt man sie rechtzeitig nach drinnen, bevor Frostnächte drohen.

Indica-Azaleen werden in Kunststofftöpfe gepflanzt und in einem kühlen Raum in dekorativen Übertöpfen präsentiert.

Alpenveilchen *Cyclamen persicum*

Pflanze
Cyclamen persicum

Höhe und Breite
H 20 cm, B 15 cm

Standort
Hell, aber abseits
direkter Sonne

Härte
Mindesttemperatur
im Winter 13–16 °C

Topfgröße
15 cm

Topfmaterial
Kunststoffgefäß im
dekorativen Übertopf

Substrat
Tonhaltige Blumen-
erde

Die gedrehten Blütenblätter über einem Nest aus marmoriertem Laub mögen altmodisch aussehen, wenn das
Alpenveilchen in einem hausbackenen Gefäß steht.
Verpasst man ihm aber einen eleganten glasierten
Topf, dann wirkt diese traditionelle Zimmerpflanze mit einem Mal selbst in einem modernen Ambiente alles andere als fehl am Platz.
Während der Blüte hält man das Substrat feucht
und gibt alle 14 Tage einen kalibetonten Dünger.
Nach dem Abblühen hört man mit dem Gießen auf
und stellt den Topf bis zum Hochsommer beiseite. Dann
topft man in ein größeres Gefäß um, sodass die Knolle
knapp aus dem Substrat herausragt.

STANDORT

Am falschen Platz kümmern Alpenveilchen. Sie vertragen
weder warme, trockene Luft noch zu viel Licht, gedeihen aber
an einem kühlen Nordfenster abseits von Heizkörpern. Gelegentlich besprüht man sie, um die Luftfeuchtigkeit zu erhöhen.

Cyclamen persicum

Zinerarie *Pericallis × hybrida*

Pflanze
Pericallis × hybrida
Senetti-Serie

Höhe und Breite
H 45 cm, B 25 cm

Standort
Hell, aber abseits
direkter Sonne

Härte
Mindesttemperatur
7 °C

Topfgröße
15 cm

Topfmaterial
Kunststoffgefäß im
dekorativen Übertopf

Substrat
Universalerde

Die beliebten Zimmerpflanzen für den Winter
und das Frühjahr erhellen jeden Wohnbereich.
Ihre großen Körbchenblüten erheben sich über
Büscheln aus dreieckigen Blättern und sind in
den verschiedensten Farben von Rosa und Weiß
über Blau und Violett bis Kupferorange und Rot
erhältlich, wobei die Mitte oft weiß ist. Obwohl
sie zu den Stauden gehören, wirft man sie nach
dem Verblühen auf den Kompost, da sie schwer
zu kultivieren sind und im zweiten Jahr selten gut
blühen. Der Topfballen darf nie austrocknen. Alle
14 Tage gibt man einen Flüssigdünger.

AUFZUCHT AUS SAMEN

Ausgewachsene Pflanzen sind leicht zu bekommen, doch bereitet auch die Aufzucht aus Samen
keine Probleme. Man kann Zinerarien vom
Frühjahr bis zum Hochsommer in einen kleinen
Topf mit Vermehrungserde säen. Anschließend
stülpt man einen Kunststoffbeutel über und stellt
die Töpfe an einen hellen Platz. Sobald Sämlinge
erscheinen, wird der Beutel abgenommen.

Blüte einer *Pericallis × hybrida* der Senetti-Serie

Rosen für Töpfe

Die Klassiker für Bauerngärten brauchen meist reichlich Platz, um ihre romantischen und oft auch duftenden Blüten in Szene zu setzen. Gleichwohl haben Züchter viele nicht minder schöne Formen entwickelt, die sich hervorragend für Gefäße eignen. Die meisten Baumschulen bieten eine gute Auswahl pflegeleichter Sorten an.

Pflanzen
Rosa Regensberg,
Bacopa 'Snowflake'
(Syn. *Sutera cordata*
'Snowflake')

Höhe und Breite
Rosa: H und B 75 cm;
Bacopa:
H 10 cm, B 30 cm

Standort
Volle Sonne

Härte
Rosa verträgt bis
-23 °C; *Bacopa*
erfriert unter 0 °C

Topfgröße
45 cm

Topfmaterial
Stein, Ton, glasierte
Keramik, Kunststoff

Substrat
Tonhaltige, nährstoffreiche Blumenerde

Ideal für kleinere Gefäße sind Patio- und Miniaturrosen. Auch viele kompakte Bodendeckerrosen, Hochstammrosen und Patio-Kletterrosen eignen sich für die Topfkultur, doch brauchen sie größere Behältnisse. Die blühfreudige Patio-Rose Regensberg ('Macyoumis') trägt große, süß duftende Blüten, die aussehen, als seien sie von Hand bemalt. Rosen wollen viel Luft und Licht; sie vertragen sich nicht mit großen Nachbarn, die ihnen die Nährstoffe im Substrat streitig machen. Ein niedriger Teppich aus *Bacopa* indes stört sie nicht: Die Balkonpflanzen mildern mit zartem Laub und den kleinen weißen Blüten die harten Linien des Topfrands.

Beim Pflanzen achtet man darauf, dass die Veredelungsstelle zwischen Wurzeln und Stamm knapp unterhalb der Substratoberfläche steht. Wer eine Rose zwischen Spätherbst und Spätwinter pflanzt, schneidet die Triebe bis auf 10 cm Länge zurück, um im Frühjahr den Neuaustrieb zu fördern. Die Töpfe kommen an einen sonnigen Platz und werden im Frühjahr und Sommer reichlich gegossen.

SCHNITT

Das Entfernen welker Blüten fördert die Blühfreude und -dauer. Rosen bekommen jährlich im zeitigen Frühjahr einen Schnitt, damit sie ihre Form bewahren und um tote, verletzte und überlange Triebe zu entfernen. Bei einem Verjüngungsschnitt im Spätwinter oder zeitigen Frühjahr werden alle Triebe um die Hälfte bis auf gesunde Knospen oder in 8 cm Höhe des Vorjahrestriebs zurückgeschnitten.

Mitte **Setzen Sie Ihre Patio-Rosen in Töpfe,** *die mit den Farben ihrer Blüten kontrastieren, wie hier die rosa Regensberg in blauen Gefäßen.*

> ### TIPP: DÜNGEN
>
> Rosen sind durstige und hungrige Gewächse. Man muss sie gut gießen und ihnen alle paar Wochen einen kalibetonten Dünger zur Förderung der Blüte geben. Rosendünger sind im Handel erhältlich. Im Frühjahr verhilft man den Pflanzen mit einem in die oberste Substratschicht eingearbeiteten Langzeitdünger zu einem optimalen Start.

Empfehlenswerte Sorten

Sweet Dream ist eine buschige Patio-Rose mit süß duftenden, gefüllten, apricotfarbenen Blüten.

Stacey Sue, eine ununterbrochen blühende Miniaturrose, trägt stark gefüllte, rosa Blüten.

Queen Mother, eine blühfreudige Patio-Rose, trägt rosa Blüten in Büscheln und glänzendes mittelgrünes Laub.

Drummer Boy ist eine zwergige Buschrose mit gefüllten, hochroten Blüten, die im Sommer in Büscheln erscheinen.

Anna Ford öffnet schwach duftende, halbgefüllte Blüten, die zunächst orangefarben sind, mit der Zeit aber rot werden.

Baby Masquerade ist eine Miniaturrose für kleine Töpfe, deren gelbliche Blütenblätter einen rosa Rand haben.

Chatsworth blüht in Schüben vom Sommer bis zum Frühwinter. Die tiefrosa Blüten verblassen mit der Zeit.

Baby Love, eine Patio-Rose, öffnet im Sommer sattgelbe Blüten, auf die orangefarbene Hagebutten folgen.

Strauchige Stars

Sträucher dienen als Hintergrund für strahlendere Staudenblüten, denn sie bringen Farbe und Struktur. Doch gibt es auch in ihren Reihen Stars mit ganz besonderem Flor und anderen dekorativen Eigenschaften. Strauchveroniken überzeugen mit hübschem immergrünem Laub, während Hortensien schöne Blüten und Samenstände aufbieten. Der Hibiskus besticht mit großen Blüten und eleganter Silhouette.

Hortensien *Hydrangea*

Pflanze
Hydrangea macrophylla
Endless Summer
Twist-n-Shout

Höhe und Breite
H und B 1 m

Standort
Streuschatten

Härte
Verträgt Frost bis
-15 °C

Topfgröße
45 cm

Topfmaterial
Stein, Ton, glasierte
Keramik, Kunststoff

Substrat
Tonhaltige, nährstoffreiche Blumenerde, manche brauchen Rhododendronerde (Moorbeeterde)

Große sommerliche Blütenstände sind nicht der einzige Vorzug der Hortensien: Im Herbst und Winter zeigen sie obendrein dekorative Samenstände. Die Garten-Hortensien genannten Formen von *H. macrophylla* entwickeln kugelige Infloreszensen, während *H. paniculata* kegelige Blütenstände nach oben reckt. Noch wertvoller sind neuere Züchtungen der Garten-Hortensie wegen ihrer langen Blüte. Dazu zählt die Endless-Summer-Gruppe mit rot getöntem Herbstlaub und einem Flor wie verstreutes Konfetti.

Hortensien mögen feuchte Böden. Im Frühjahr sollte man sie zum Schutz vor Spätfrösten mit Vlies abdecken. Die meisten profitieren von einem jährlichen Schnitt, aber wie man sie stutzt, hängt von der Art ab (*siehe Tipp unten*).

FARBVARIANTEN

Hortensien blühen rosa, rot, violett, blau, weiß und fast grün. Welche Färbung die Blüten annehmen, hängt auch vom Substrat ab. Rosa Formen brauchen alkalische, blaue und violette Formen saure Böden.

> ### TIPP: SCHNITT
>
> Lassen Sie welke Blüten von *H. macrophylla* im Winter an der Pflanze – sie schützen die Knospen darunter. Im April schneidet man Triebe auf das erste kräftige Knospenpaar zurück. Formen von *H. paniculata* blühen an diesjährigen Trieben. Ihre Zweige werden im zeitigen Frühjahr allesamt auf ein Paar gesunder Knospen rund 25 cm über dem Boden zurückgestutzt. Werden Hortensien zu dicht, entfernt man im Frühjahr außerdem ein Viertel der älteren Zweige.

Hydrangea *der Endless-Summer-Gruppe* blühen den ganzen Sommer an alten und neuen Trieben.

Strauchveronika *Hebe*

Pflanze
Hebe 'Johnny Day'

Höhe und Breite
H und B 60 cm

Standort
Sonnig, geschützt

Härte
Verträgt Frost bis
-5 °C

Topfgröße
20 cm

Topfmaterial
Ton, Stein, glasierte
Keramik

Substrat
Tonhaltige, nährstoff-
reiche Blumenerde

Mit ihren malerischen immergrünen Blättern und den blauen, violetten, weißen oder rosa Blütenkerzen empfehlen sich *Hebe* als vorzügliche Topfpflanzen. Manche werden ziemlich groß, schauen Sie sich daher die Etiketten genau an, bevor Sie ein Exemplar für die Topfkultur kaufen. Wählen Sie kompakte Arten und Sorten wie 'Johnny Day', 'Silver Queen', 'Watson's Pink', 'Rosie' und *Hebe topiaria*. Alle ziehen Schmetterlinge und Bienen an und brauchen wenig Pflege – mit regelmäßigen Wassergaben und etwas Langzeitdünger im Frühjahr sind sie schon zufrieden.

ÜBERWINTERN
Die meisten Strauchveroniken nehmen kalten Luftzug ziemlich übel, manche sind ziemlich frostempfindlich. Im Winter bringt man die Pflanzen an einen frostfreien, doch kühlen, hellen Platz im Haus.

Tiefviolett: das frische Laub der *Hebe* 'Johnny Day'.

Hibiskus *Hibiscus syriacus*

Pflanze
Hibiscus syriacus
Blue Bird ('Oiseau
Bleu')

Höhe und Breite
H 2 m, B 1,2 m

Standort
Volle Sonne

Härte
Verträgt Frost bis
-15 °C

Topfgröße
30–45 cm

Topfmaterial
Stein, Ton, Metall,
glasierte Keramik

Substrat
Tonhaltige Blumen-
erde

Wer mediterranes Flair mit möglichst viel Flower Power verbreiten will, fährt mit einem Hibiskus am besten. Die Blüten sind in vielen Farben und Größen erhältlich, zu den empfehlenswertesten Sorten aber gehört Blue Bird, deren große blauviolette Blüten mit cremefarbener Mitte sich vor dem Hintergrund aus dunkelgrünem, gelapptem Laub in bestem Licht zeigen. Der sommergrüne Strauch will einen sonnigen, geschützten Platz und liefert vom Hochsommer bis zum Herbst eine Blütenshow der Superlative. Man pflanzt ihn in einen großen Kübel und gießt im Sommer regelmäßig. Im Frühjahr versorgt man ihn mit etwas Langzeitdünger.

SCHNITT
Am besten blüht ein Hibiskus, wenn man ihn im Frühjahr schneidet. Zunächst schneidet man die letztjährigen Triebe, um das Gehölz in Form zu bringen. Dann nimmt man tote und kranke sowie sich kreuzende Zweige heraus. Zum Schluss werden einige ältere Äste entfernt, um zu dichten Wuchs zu verhindern.

Hibiscus **Blue Bird**
*ist im Spätsommer
mit blauvioletten
Blüten übersät.*

Vielseitige Dahlien

Dahlien sind die großen Stars der Gartenwelt. Ihre auffälligen Glamourblüten an schlanken Stielen über dekorativem Laub sorgen vom Hochsommer bis zu den ersten Frösten im Herbst für Furore. Man weist ihnen einen einfachen Topf zu, der von ihrer Strahlkraft möglichst nicht ablenkt.

Pflanzen
Dahlia 'Gallery Art Deco', *Thymus* 'Silver Posie'

Höhe und Breite
Dahlia:
H und B 45 cm;
Thymus:
H 30 cm, B 45 cm

Standort
Volle Sonne

Härte
Verträgt keinen Frost

Topfgröße
30 cm

Topfmaterial
Glasierte Keramik, Stein, Ton

Substrat
Tonhaltige, nährstoffreiche Blumenerde

Dahlien sind eine große Gruppe knollenbildender Stauden. Die kleinsten erreichen gerade einmal 30 cm, die höchsten sind bis zu 3,5 m hohe Giganten. Das Blütenspektrum der gebürtigen Mexikanerinnen ist ausgesprochen vielgestaltig und umfasst einfarbige, gestreifte und gesprenkelte Formen. Manche Blüten ähneln kleinen Pompons, andere Seerosen und wieder andere – die der Cactus-Dahlien mit schmalen, spitzen Kronblättern – stacheligen Bällen. Das Repertoire an Laubtönungen reicht von hellem Grün bis düsterem Braunschwarz. Viele Vertreter sind zu groß, um sie in Pflanzgefäße zu stopfen, doch gibt es auch etliche Sorten, die speziell für Töpfe gezüchtet wurden und kompakt wachsen, etwa die der Gallery-Serie. Dahlien eignen sich an der Seite von Petunien und Blattschmuckpflanzen wie panaschiertem Thymian vorzüglich als Leitpflanzen für große Sommer-Arrangements.

KULTUR

Ab Frühjahrsmitte kann man ruhende Knollen im Haus pflanzen. Dazu füllt man einen 10-cm-Topf zur Hälfte mit Universalerde, legt die Knolle darauf, deckt sie mit Erde zu und stellt sie auf eine helle Fensterbank oder in ein Gewächshaus, ohne zu wässern. Erscheinen die ersten Triebe, beginnt man leicht zu gießen und erhöht die Dosis nach und nach. Sobald keine Frostgefahr mehr besteht, sind sie bereit für den Umzug in größere Gefäße im Freiland. Während des Wachstums muss man regelmäßig gießen und düngen.

Mitte **Wie ein Feuerwerk in strahlendem Orange und Rot** scheint die Dahlia 'Gallery Art Deco' über dem kühlen Thymianlaub zu explodieren.

TIPP: KNOLLEN ÜBERWINTERN

Wenn die ersten Fröste das Laub schwärzen, nimmt man die Knollen aus dem Topf und streift so viel Erde ab wie möglich. Schneiden Sie die Triebe auf 15 cm zurück und lassen Sie die Knollen einige Wochen lang trocknen. Dann werden sie in Steigen mit trockenem Substrat gelegt und bis zum Frühjahr frostfrei gelagert.

Dahlien: eine Auswahl

'Tally Ho' *bildet knallrote Blüten, die sich vor dem dunklen schwarzgrünen Laub deutlich abzeichnen.*

'Pink Giraffe' *heißt eine kniehohe Sorte. Sie trägt rosa und weiß gemusterte Blüten mit zurückgebogenen Kronblättern.*

Zur Gallery-Serie *gehören kompakte Dahliensorten, die nach Malern und Kunststilen benannt sind.*

'Small World' *reckt an langen Stängeln reinweiße Pompons über dekorativen Horsten aus grünem Laub.*

'Yellow Hammer' *heißt eine Zwergdahlie mit reingelben Blüten und schwärzlichem Laub.*

'Purple Gem', *eine Cactus-Dahlie, passt vorzüglich in große Gefäße und öffnet handgroße tief-rotviolette Blüten.*

'Roxy', *eine beliebte Form, fällt durch die Kombination aus dunkelviolettem Laub und magentarosa Blüten ins Auge.*

'David Howard' *trägt orangefarbene Blüten, die sich auffallend von dem Hintergrund aus dunklem Laub abheben.*

Strahlende Highlights

Dunkle Ecken auf einer Terrasse, kahle Wände und leere Fensterbänke lassen sich mit wenigen Sommerschönheiten rasch in überschäumende Blütenreiche verwandeln. Zu den besten Blütenpflanzen mit intensiven Farben gehören Gerbera, Pelargonien und die Kokardenblume, die alle langanhaltend blühen. Sie kommen mit Wassermangel zurecht und machen in Gefäßen eine hervorragende Figur.

Gerbera

BLÜTEN IM SOMMER

Pflanze
Gerbera (Landscape-Serie) 'Mount Rushmore'

Höhe und Breite
H und B 35 cm

Standort
Sonne oder Halbschatten

Härte
Mindesttemperatur 5 °C

Topfgröße
20 cm

Topfmaterial
Ton, Kunststoff, Stein, glasierte Keramik

Substrat
Universalerde

Mit ihren Körbchenblüten, die wie Teller an kräftigen Schäften stehen und den ganzen Sommer lang blühen, gehören diese Stauden zu den Hauptdarstellern auf der Gartenbühne. Zur Landscape-Serie gehören Sorten, die kompakt gezüchtet wurden und für lange Zeit ihre großen Blumen zur Schau stellen. Zu den prächtigsten Sorten dieser Serie zählen die rosarote 'Mount Rushmore', die zweifarbig rosa 'Everglades' und 'Klondike' mit orangefarbenen Blumen. Sie bereichern Gärten mit ihren Farben und geben auch noch vorzügliche Schnittblumen für den Innenraum ab.

PFLEGE

In Gartencentern und Gärtnereien bekommt man sofort einsetzbare, größere Pflanzen, die man ab Mitte Mai in Töpfe mit Blumenerde setzt. Halten Sie den Ballen stets feucht und düngen Sie alle vier Wochen mit einem ausgeglichenen Flüssigvolldünger. Durch Entfernen welker Blumen kann man den Flor verlängern. Drohen im Herbst die ersten Fröste, bringt man Gerbera schnell nach drinnen.

TIPP: WINTERHARTE GERBERA PFLANZEN

Die meisten Gerbera vertragen keinen Frost und können daher nicht ganzjährig draußen bleiben. Inzwischen gibt es aber neue Züchtungen wie die Everlast- oder Garvinea-Serie. Sie sind vollwertige Topfpflanzen für den Sommer, können in einer milden Gegend aber auch in einer Rabatte oder nah am Haus überwintern.

Gerbera *'Mount Rushmore' sehen auch ohne Begleitung durch andere Gewächse auf Terrassen oder in Höfen gut aus.*

Pelargonie *Pelargonium*

Pflanzen
Pelargonium 'Trend Scarlet Red'

Höhe und Breite
H 25 cm, B 15 cm

Standort
Volle Sonne

Härte
Verträgt keinen Frost

Topfgröße
Mindestens 15 cm

Topfmaterial
Ton, glasierte Keramik, Stein

Substrat
Tonhaltige, nährstoffreiche Blumenerde

Hochrote Pelargonien vertragen sich mit Lobelien.

Sie beschwören die Atmosphäre französischer Schlossgärten herauf: Pelargonien – unsere beliebten »Geranien« – verbreiten mediterranes Flair und blühen langanhaltend. Es gibt sie in zahllosen Sorten, die ein Farbspektrum von Rot, Weiß und Rosa bis Violett und Orange abdecken. Die Blüten stehen an kräftigen Stängeln über rundlichem Laub, das oft duftet und panaschiert, gefleckt oder auffällig geädert ist.

PFLEGE

Während der Blüte bekommen Pelargonien monatlich einen kalibetonten Dünger und werden regelmäßig gegossen. Das Entfernen welker Blüten fördert die Bildung neuer Knospen. Pelargonien halten jahrelang aus, wenn man die Triebe vor dem Frost im Herbst um zwei Drittel kürzt. Im Winter stellt man sie frostfrei auf und hält die Erde leicht feucht.

Kokardenblume *Gaillardia*

Pflanze
Gaillardia × *grandiflora*

Höhe und Breite
H 90 cm, B 45 cm

Standort
Volle Sonne

Härte
Winterhart

Topfgröße
30 cm

Topfmaterial
Ton, glasierte Keramik, Stein

Substrat
Tonhaltige, nährstoffreiche Blumenerde

Mit ihren bis zu 12 cm breiten Blütenköpfchen sind Kokardenblumen unübersehbar. Die buschigen Stauden tragen ihre Blumen vom Frühsommer bis in den Herbst großzügig zur Schau. Besonders gut für die Topfkultur eignen sich die Sorten von *Gaillardia* × *grandiflora*. Bei der Züchtung 'Kobold' haben die roten Blütenblätter eine gelbe Spitze, 'Goldkobold' bringt goldgelben Flor, 'Dazzler' trägt orangefarbene, gelb gerandete Körbchen.

Man stellt Kokardenblumen an einen sonnigen Platz, gießt sie gut, gibt ihnen ab dem Erscheinen der Blütenknospen einmal pro Monat eine Dosis Flüssigvolldünger und entfernt welken Flor regelmäßig.

AUSSAAT

Obwohl viele Sorten der Kokardenblume als Sämlinge mit Ballen oder Jungpflanzen erhältlich sind, gibt es auch welche, die schon im Jahr der Aussaat blühen. Dazu sät man sie im Spätwinter in kleine Töpfe und streut darüber eine dünne Schicht Vermiculit. Man hält sie bei einer Temperatur von 13–18 °C. Sobald die Pflänzchen groß genug sind, topft man sie getrennt ein.

Gaillardia × *grandiflora* blüht besonders lang.

Alpine Gewächse

Die besten Geschenke stecken in kleinen Verpackungen, heißt es. Bei alpinen Pflanzen trifft das auf jeden Fall zu: Die winzigen, aber zähen Gewächse bleiben mit ihrem dekorativen, markanten, immergrünen Laub ganzjährig attraktiv, setzen aber mit ihrer berückenden Vielfalt farbenfroher Blüten vom Frühjahr bis zum Herbst noch eins obendrauf. Kombinieren Sie einige wenige Exemplare mit unterschiedlichen Vorzügen zu einem dynamischen Topfarrangement.

Pflanzen
Alpine Pflanzen, gemischt

Höhe und Breite
H bis 15 cm,
B bis 30 cm

Standort
Volle Sonne

Härte
Winterhart

Topfgröße
15–20 cm

Topfmaterial
Ton, Stein

Substrat
Tonhaltige, nährstoffreiche Blumenerde mit Zusatz von Sand und Splitt

Alpine sind eine sehr vielgestaltige Gruppe von Miniatur-Schönheiten. Darunter finden sich Zwiebelblumen, Stauden oder Koniferen ebenso wie zwergige Laubbäume und Sträucher. Manche bilden nur 1 cm hohe Matten, während die größten immerhin 60 cm groß werden können. Viele dieser Liliputaner unter den Pflanzen sind immergrün und tragen zwölf Monate im Jahr ihr Laub, am meisten aber machen ihre Blüten her. Sie treten in den verschiedensten Farben, Formen und Größen auf. Durch sorgfältige Auswahl kann man vom Frühjahr bis zum Frühherbst eine ununterbrochene Blütenpracht genießen. Die Gebirgsbewohner lassen sich kaum besser präsentieren als in Steintrögen oder alten Keramikbehältern, wo man sie zu Minialpenlandschaften gruppiert. Auch kleinere Teams sehen zusammen mit Sukkulenten in Gefäßen gut aus, doch muss man nicht winterharte Vertreter wie *Pachyphytum* und *Oscularia* in der kalten Jahreszeit nach drinnen bringen.

PFLANZUNG UND PFLEGE

Alpine Pflanzen verabscheuen nasse Wurzeln und brauchen durchlässiges Substrat. Mixen Sie unter die Blumenerde etwas gewaschenen Grobsand, Feinkies oder Splitt. Die Pflanzen dürfen nicht zu tief in der Erde stehen, da sonst ihr Laub faulen kann. Ihre Substratoberfläche wird mit einer dekorativen Kiesschicht bedeckt, damit die untersten Blätter trocken bleiben. Stellen Sie die Gefäße auf Füße oder Steine, damit Wasser abläuft. Alpine Pflanzen bleiben gesund und wüchsig, wenn man sie an einen sonnigen Platz stellt und während des Wachstums ein- bis zweimal wöchentlich gießt. Zupfen Sie welkes und unansehnliches Laub ab.

Sempervivum arachnoideum wird wegen der feinen weißen Haare auf dem Laub auch Spinnweb-Hauswurz genannt.

Alpine Pflanzen: eine Auswahl

Helianthemum *'Rhodanthe Carneum'* ist ein niedriger, breitwüchsiger Strauch mit zahllosen rosa Blüten im Sommer.

Sedum rupestre *wächst immergrün, trägt sukkulente Blätter und im Sommer kurze Stängel mit sattgelben Blüten.*

Phlox subulata *'Lilacina', der Polster-Phlox mit behaarten Blättern, öffnet im Frühjahr lila Blüten.*

Sempervivum tectorum *bildet einen dichten Teppich aus robusten Blattrosetten. Diese Form ist weinrot.*

Kombinieren Sie alpine Pflanzen und Sukkulenten *mit unterschiedlichen Wuchs- und Blattformen zu einer auffälligen Sommerbepflanzung. Hier sind* Delosperma, Sedum sedoides, Sedum rupestre, Oscularia deltoides *und* Pachyphytum *beteiligt.*

Wasserpflanzen

Sie möchten einen Teich, haben aber einen Ihrer Meinung nach viel zu kleinen Garten dafür? Dann versuchen Sie es doch mit einem »Teich im Topf«. Viele Wasserpflanzen mit dekorativem Laub oder schönen Blüten gedeihen in seichtem Wasser. Deshalb können selbst Hobbygärtner mit einem sehr beschränkten Grundstück noch Seerosen und andere farbenprächtige Gewächse des Lebensraums Wasser genießen.

Seerosen *Nymphaea*

BLÜTEN IM SOMMER

Pflanze
Nymphaea odorata var. *minor*

Höhe und Breite
B 45 cm, Pflanztiefe 25–30 cm

Standort
Halbschatten mit ein paar Sonnenstunden täglich

Härte
Verträgt bis -5 °C

Topfgröße
Mindestens 45 cm Breite und 30 cm Tiefe

Topfmaterial
Teichkörbe in wasserdichten, glasierten Ton- oder Kunststoffgefäßen und Halbfässern

Substrat
Wasserpflanzenerde oder Lehm und Sand

Seerosen sind die unbestrittenen Stars der Gartenteiche. Man kultiviert die eleganten Gewächse wegen ihrer schalen- oder sternförmigen Blüten, die ab Juni erscheinen. Die meisten brauchen zwar einen großen Teich, doch gibt es auch viele Zwergsorten, die mit einem 30–45 cm tiefen Gefäß zufrieden sind.

Seerosen werden in Teichkörbe mit Wasserpflanzenerde gesetzt und kommen in ein dichtes Gefäß, etwa einen glasierten Keramiktopf oder ein Halbfass im Halbschatten. Füllen Sie bei warmem Wetter Wasser auf und entfernen Sie abgestorbene Blätter und Blüten. Im Winter stellt man das Gefäß an einen geschützten Standort.

TIPP: KLEINE SORTEN

Die Auswahl an Zwergseerosen ist groß, am besten aber sind *N. tetragona* mit kleinen reinweißen Blüten, *N.* 'Pygmaea Rubra' mit rosarotem Flor, *N.* 'René Gérard' mit zarten rosa Blüten (*rechts*) und die Sorte *N.* 'Pygmaea Helvola' mit winzigen sternförmigen, gelben Blüten.

Nymphaea odorata **var. minor** *präsentiert kleine, duftende, sternförmige Blüten, die in dem glasierten blauen Gefäß wunderbar zur Geltung kommen.*

Eimerweise

Pflanzen
Equisetum hyemale,
Zantedeschia-
Hybride, *Lobelia*
siphilitica

Höhe und Breite
Equisetum hyemale:
H 75 cm, B 30 cm;
Zantedeschia-Hyb-
ride: H und B 30 cm;
Lobelia siphilitica:
H 60 cm, B 30 cm

Standort
Halbschatten

Härte
Alle winterhart,
ausgenommen *Zan-*
tedeschia, die keine
Temperaturen unter
0 °C verträgt

Topfgröße
Mindestens 30 cm

Topfmaterial
Gitterkörbe im was-
serdichten Gefäß

Substrat
Wasserpflanzenerde

Ein farbiger Kunststoff- oder Metalleimer kann problemlos eine Gruppe kleiner Wasserpflanzen aufnehmen. In ihm finden nicht nur mehrere dieser faszinierenden Gewächse Platz, er ist auch klein genug für winzige Terrassen und schmale Balkone. Setzen Sie Blaue Kardinals-Lobelie (*Lobelia siphilitica*) hinein, dazu den Schachtelhalm *Equisetum hyemale* mit gestreif-ten Trieben und die Kalla (*Zantedeschia*), die in vielerlei Farben erhältlich ist und sich vorzüglich für die Topfkultur eignet, da man sie im Winter problemlos nach drinnen bringen kann.

Pflanzen Sie die Gewächse in ein oder zwei Gitterkörbe mit geeignetem Substrat. Obenauf streut man eine Schicht Kies, damit die Erde nicht davonschwimmt. Den Gitterkorb setzt man in den Eimer. Füllen Sie ihn bis 5 cm unter dem Rand nach Möglichkeit mit Regenwasser und platzieren Sie ihn an einem halbschattigen Platz. Um die richtige Wassertiefe einzuhalten, kann man die Gitterkörbe auf große Kieselsteine stellen.

PFLEGE

Entfernen Sie regelmäßig welke Blätter und Blüten. Wird der Wuchs in den Körben zu dicht, nimmt man die Pflanzen heraus, teilt sie und pflanzt sie neu ein. Nicht winterharte Gewächse müssen in der kalten Jahreszeit an einen hellen, frostfreien Platz in Sicherheit gebracht werden.

Schachtelhalm und Kalla *werden so gepflanzt, dass der Wurzelballen 10 cm tief im Wasser steht. Der Ballen von der Kardinals-Lobelie sollte sich direkt unter der Oberfläche befinden.*

BLÜTEN IM SOMMER

WASSERPFLANZEN FÜR TÖPFE

Lobelia cardinalis *bringt hohe rote Blütenstände, die ihr viel Aufmerk-samkeit sichern. Der Wurzelballen muss nah an der Wasseroberfläche stehen. Winterschutz ist ratsam.*

Juncus ensifolius *ist eine Ufer-pflanze, deren Wurzelballen am bes-ten direkt unter der Oberfläche steht. Über dem Horst des Sauergrases stehen Blüten in braunen Pompons.*

Iris laevigata*, die Asiatische Sumpf-Schwertlilie, mag es, wenn ihr Wurzelballen 10 cm tief steht. Ihre blauen Blüten trägt sie an hohen Stängeln. Sie braucht große Töpfe.*

Caltha palustris *blüht früh im Jahr. Die schönen Blüten der Sumpfdot-terblume an 60 cm hohen Stängeln stehen in Kontrast zum runden Laub. Der Ballen steht oberflächennah.*

Superstars

Es fehlt nicht an frostempfindlichen Pflanzen, die im Sommer durch prächtige Blüten beeindrucken, aber nur wenige erzielen eine solche Wirkung wie das hier beschriebene Trio. Chinesischer Roseneibisch, Wandelröschen und Schönmalve ziehen über einen langen Zeitraum hinweg ihre Show ab. Bevor aber im Herbst die ersten Fröste drohen, rettet man sie nach drinnen, damit sie den Winter in der Wärme des Hauses überstehen.

Roseneibisch *Hibiscus rosa-sinensis*

Pflanze
Hibiscus rosa-sinensis 'Athene'

Höhe und Breite
H 1,2 m, B 60 cm

Standort
Hell, aber im Sommer abseits der Mittagssonne

Härte
Mindesttemperatur 10 °C

Topfgröße
30 cm

Topfmaterial
Stein, glasierte Keramik, Ton, Kunststoff

Substrat
Tonhaltige, nährstoffreiche Blumenerde

Die großen Blüten des Chinesischen Roseneibisch sehen recht exotisch aus. Die zahlreichen Sorten spannen einen farblichen Bogen von Weiß über Gelb bis Rosa und Dunkelrot. Die auffallenden, bis 10 cm breiten Blüten tragen ein Bündel eleganter Staubblätter in der Mitte. Ihr Laub ist meist glänzend, dunkel und immergrün, 'Cooperi' aber besitzt rosa, weiß und grün panaschierte Blätter. Man bekommt Chinesischen Roseneibisch als Hochstämme und als buschige Sträucher. Sie vertragen keinerlei Frost, fühlen sich aber im Sommer an einem sonnigen Plätzchen draußen ausgesprochen wohl.

WÄSSERN UND DÜNGEN
Man setzt die Pflanzen in große Töpfe und gießt im Sommer regelmäßig. Eine monatliche Gabe Flüssigdünger regt sie zu üppiger Blüte an; zu Frühjahrsbeginn gibt man einen Langzeitdünger. Droht der erste Frost, stellt man sie an einen hellen Platz in der Wohnung und gießt spärlicher; der Ballen darf dabei fast austrocknen.

BLÜTEN IM SOMMER

TIPP: SCHNEIDEN UND BLÜTEN ABZWICKEN

Wer auf eine lange Blütezeit Wert legt, muss Abgeblühtes immer gleich entfernen, damit die Pflanzen keine Energie in die Entwicklung von Samen stecken. Schneiden muss man nicht viel; man bringt die Sträucher im Spätwinter in Form, damit sie ansehnlich bleiben. Das Stutzen fördert einen buschigen Wuchs.

Hibiscus rosa-sinensis **'Athene'** *öffnet wunderschöne goldgelbe Blüten mit rotem Auge.*

Wandelröschen *Lantana camara*

Pflanze
Lantana camara
'Sunkiss'

Höhe und Breite
H und B 1,2 m

Standort
Volle Sonne

Härte
Mindesttemperatur
10 °C

Topfgröße
30 cm

Topfmaterial
Ton, Stein, glasierte
Keramik, Kunststoff

Substrat
Tonhaltige, nährstoff-
reiche Blumenerde

Schmetterlinge lieben die nektarreichen Blüten dieses immergrünen Strauchs aus Südafrika, Süd- und Mittelamerika. Bei den Blütenständen öffnen sich zuerst die äußeren und dann nach und nach die inneren Blüten. Wandelröschen werden oft als Hochstamm mit buschiger, runder Krone verkauft.

Man zieht sie an einem hellen Platz drinnen und stellt die Töpfe im Sommer an einen sonnigen Standort ins Freie. Gewässert wird regelmäßig, gedüngt ab dem Erscheinen der ersten Knospen einmal im Monat mit einem Flüssigpräparat. Im Frühjahr verabreicht man einen Langzeitdünger.

FARBSPEKTRUM

Die Blütenstände mit weißen, gelben, orangefarbenen, rosa oder roten Blüten wirken wegen der andersfarbigen Knospen oft zweifarbig. 'Sunkiss' trägt orangefarbene und rote, 'Feston Rose' rosa und gelbe, 'Mine d'Or' goldgelbe Blüten.

Lantana mit *Abelia* × *grandiflora* 'Kaleidoscope'

Schönmalve *Abutilon × hybridum*

Pflanze
Abutilon × hybridum

Höhe und Breite
H 1,2 m, B 60 cm

Standort
Hell

Härte
Verträgt keine Minus-
temperaturen

Topfgröße
30 cm

Topfmaterial
Ton, Stein, glasierte
Keramik, Kunststoff

Substrat
Tonhaltige, nährstoff-
reiche Blumenerde

Die Sorten der Schönmalve bieten ein großes Farbspektrum: Sie blühen in Weiß, Gelb, Orange, Rosa und Rot. Man gibt den Pflanzen einen großen Topf, denn sie können bis zu 1,2 m hoch werden. Besondere Wirkung erzielt man, wenn man eine hellrot blühende Pflanze in einem einfachen weißen Topf mit antikisierender Krakelee-Glasur kultiviert.

PFLEGE

Schönmalven sind frostempfindliche Gewächse, die man am besten in einem Wintergarten oder hellen Zimmer aufstellt. Sobald die Spätfrostgefahr vorbei ist, kann man ihnen auch einen sonnigen Standort im Garten zuweisen. Der Topfballen darf im Sommer nicht austrocknen. Monatlich gibt man einen ausgeglichenen Flüssigvolldünger, das verlängert die Blütezeit. Wenn die Pflanze im Winter im Haus steht, gießt man weniger. Im zeitigen Frühjahr versorgt man die Pflanzen mit einem Langzeitdünger in Granulatform. Im Herbst bringt man sie durch einen Schnitt in Form.

Blühende Schönmalve

Kleine Stars

Sie mögen klein sein, doch diese Zimmerpflanzen machen dieses Manko durch die extralange Zurschaustellung zarter Blüten mehr als wett. Das Farbspektrum von Drehfrüchten deckt fast den ganzen Regenbogen ab. Ihr Flor erscheint das ganze Jahr über. Usambaraveilchen wiederum verschönern vom späten Frühjahr bis zum Sommerende den Wohnbereich. Beide Pflanzen sind pflegeleicht und gedeihen an Ost- und Westfenstern gleichermaßen gut.

Drehfrucht *Streptocarpus*

Pflanzen
Streptocarpus 'Gwen',
Streptocarpus 'Katie'

Höhe und Breite
H und B 30 cm

Standort
Hell, aber abseits
direkter Sonne

Härte
Mindesttemperatur
im Winter 13 °C

Topfgröße
20 cm

Topfmaterial
Beliebig

Substrat
Universalerde

Drehfrüchte bilden eine kompakte, buschige Rosette aus runzeligen, langgezogenen Blättern unter einem Strauß aus zarten Blüten an schlanken Stängeln. Sie sind in vielen Tönungen erhältlich und können ein- und zweifarbig, gestreift oder geädert sein. Am reichsten blühen sie in den Sommermonaten, die Exponenten der Crystal-Serie aber zeigen ihren Flor das ganze Jahr über in immer neuen Schüben.

Die Drehfrucht steht gut an einem hellen Platz, doch darf man sie nicht in die pralle Sonne stellen. Dort versengen die Blätter und die Blüten verblassen. Ideal ist ein Ost- oder Westfenster. Im Sommer kann man sie nach draußen an ein Plätzchen im lichten Schatten, etwa unter einen Baum, stellen.

Streptocarpus 'Gwen' und 'Katie'
geben mit ihren weißen und violet-
ten Blütenfarben ein schönes Paar
ab. Der Mulch aus Glasperlen fügt
ein wenig Glamour hinzu.

GIESSEN UND DÜNGEN

Wässern Sie regelmäßig, aber lassen Sie die Erde immer wieder ganz abtrocknen. Blühende Pflanzen erhalten monatlich einen kalibetonten Flüssigdünger in halber Konzentration. Die meisten Drehfrüchte brauchen im Winter eine Ruhepause, einige aber muss man ganzjährig düngen und gießen, etwa die Formen der Crystal-Serie und winterblühende Sorten.

TIPP: PFLEGE IM WINTER

Die meisten Drehfrüchte werden im Winter weniger gegossen und überhaupt nicht mehr gedüngt. Man kann sie an einem Ost- oder Westfenster stehen lassen, doch brauchen sie Schutz vor Kälte. Daher stellt man sie nachts weiter in den Raum hinein, falls das Fenster schlecht isoliert ist. Entfernen Sie welke Blüten und abgestorbene Blätter und halten Sie Ausschau nach Schmier- und Wollläusen (*siehe S. 243*). Ab Frühjahr wird wieder stärker gegossen.

Usambaraveilchen *Saintpaulia*

Pflanze
Saintpaulia Spectra-Color-Serie

Höhe und Breite
H und B 25 cm

Standort
Hell, aber abseits direkter Sonne

Härte
Mindesttemperatur 18–25 °C

Topfgröße
15 cm

Topfmaterial
Kunststoffgefäß im dekorativen Übertopf

Substrat
Universalerde

Die beliebten Usambaraveilchen galten einmal als hoffnungslos altmodisch, doch heutige Formen sind meilenweit von den einfarbigen, spärlich blühenden Sorten von früher entfernt. Dank der modernen Züchtung bekommt man inzwischen reich blühende Serien, die einen guten Teil des Jahres eine großartige Blütenschau abziehen, wenn man sie richtig behandelt. Die einfachen, halbgefüllten oder gefüllten Formen leuchten in den verschiedensten Farbtönen; oft sind der Rand der Blütenblätter oder die Mitte der Blüte anders gefärbt. Winzige Miniaturformen mit gerade einmal 8 cm breiten und hohen Rosetten gibt es ebenso wie 40 cm hohe Typen.

Gegossen wird von unten, indem man den Topf in eine Wasserschale stellt, bis der Ballen durchfeuchtet ist. Dazwischen lässt man die Erde ganz austrocknen. Ein kalibetonter Flüssigdünger alle sechs Wochen in halber Dosierung reicht. Usambaraveilchen wollen es hell, aber nicht sonnig.

Wie alle Usambara- *veilchen* verlangen auch die Spectra-Color-Hybriden (hier mit Bubiköpfchen) im Winter einen Standort an einem Südfenster.

USAMBARAVEILCHEN: EMPFEHLENSWERTE SORTEN

S. 'Fancy Pants', eine bezaubernde Sorte, bildet eine Unmenge einfacher, weißer Blüten mit gekräuseltem, rosarotem Rand über einer Rosette aus dunklen Blättern.

S. 'Delft' ist mit seinen gewelltrandigen Blüten über dunklem Laub ein echter Hingucker. Die großen halbgefüllten Blüten mit gelber Mitte strahlen kornblumenblau.

S. 'Kristi Marie' wird mit 40 cm Höhe relativ groß. Die dunkelgrünen Blätter bilden eine perfekte Kulisse für die weiß gerandeten, leuchtend roten Blüten.

S. 'Rococo Anna' wird wegen der großen gefüllten, intensiv rosa Blüten kultiviert, die in großer Zahl über einer Rosette aus grünen Blättern mit heller Unterseite erscheinen.

Formschnitt

Formschnittgehölze setzen mit ihren klaren Konturen unübersehbare Akzente. Sie geben dem winterlichen Garten Struktur und bereichern ihn farblich. Nehmen Sie die Schere und kreieren Sie nach Belieben Kegel, Spiralen, Kuppeln oder Tierfiguren. Wer den eigenen Fähigkeiten nicht traut, kann auch fertig geformte Exemplare kaufen.

Pflanze
Buxus sempervirens,
spiralig erzogen

Höhe und Breite
H 1,2 m, B 45 cm

Standort
Sonne oder Halb-
schatten

Härte
Winterhart

Topfgröße
45 cm

Topfmaterial
Ton, Stein, Holz,
Metall

Substrat
Tonhaltige, nährstoff-
reiche Blumenerde

An Formschnittgehölzen bleiben die Blicke unweigerlich hängen – ganz gleich, ob man sie in einem Paar moderner verzinkter Stahlgefäße neben der Eingangstür oder in Tontöpfen auf der Terrasse präsentiert. Die Kugeln, Kegel, Würfel, Hoch-stämmchen, Spiralen und organischen Formen verbreiten bei jeder Witterung geometrisch-elegantes Flair, am wertvollsten aber sind sie im Winter, wenn der Garten sonst wenig zu bieten hat.

Gut auf einen Formschnitt reagieren Stechpalme, Liguster, die Glänzende Heckenkirsche (*Lonicera nitida*), Schneeball, Lorbeer, Steinlinde, Eibe und viele weitere immergrüne Gewächse, am beliebtesten aber ist der Buchsbaum. Wagemutige formen ihr grünes Kunstwerk von Anfang an selbst, wesentlich einfacher jedoch ist es, sich eine fertig geschnittene Pflanze zu kaufen und nur noch deren Form zu bewahren. Im Frühjahr gibt man ihr Lang-zeitdünger, nach dem Schnitt außerdem eine Flüssigdüngung.

WANN WIRD GESCHNITTEN?

Die meisten Formschnittgehölze sollten im Frühsommer und ein zweites Mal im Spätsommer geschnitten werden, damit sie auch im Winter noch gut aussehen. Bei Eiben reicht ein Schnitt im Hoch-sommer, während schnellwachsende Sträucher wie Buchs bis zu viermal im Jahr die Schere brauchen. Einfache Formen wie Kugeln und Kegel kann man nach Gefühl formen, für gerade Kanten aller-dings braucht man einen Stab als Führung.

*Mitte **Buchsspiralen** bringen ein vertikales Element in Winterra-batten. Ihnen gesellt man konträre Formen und die rotbraunen Samenstände der Fetthenne dazu.*

TIPP: SPIRALEN SCHNEIDEN

Spiralen seien schwer in Form zu halten, meint man, dabei kann man sie problemlos bewahren. Dazu arbeitet man sich von oben nach unten vor und schneidet die Ober-seite der Spirale bis zum Stamm zurück. Gleichzeitig achtet man darauf, dass sie an der Außenkante rund bleibt. Hin und wieder tritt man zurück, um die Form zu überprüfen.

Pflanzen für den Formschnitt

Ilex crenata 'Mariesii' *ist eine langsam wachsende Stechpalme mit winzigen Blättern und ideal für einen Formschnitt.*

Lonicera nitida 'Baggesen's Gold' *trägt goldgelbes Laub, das sehr dicht wächst, wenn es geschnitten wird.*

Hedera helix, *der Gewöhnliche Efeu, wächst rasch und lässt sich an einem Rahmen leicht in eine Form erziehen.*

Viburnum tinus 'Variegatum' *hat golden gerandete, grüne Blätter. Ein nicht winterharter Strauch für einfache Formen.*

Taxus baccata, *die Eibe, verträgt einen harten Schnitt gut und eignet sich für geometrische und ausgefeiltere Formen.*

Laurus nobilis, *der Lorbeer, kommt in der Küche zum Einsatz. Im Kräutergarten steht er oft als Hochstämmchen.*

Herbststimmung

Lassen Ihre Topfarrangements nach, sobald sich der Herbst nähert? Dann bringen Sie die Pflanzungen mit grazilen Blüten, strahlendem Laub und fröhlich leuchtenden Beeren auf Vordermann. Astern sind in allerlei Farben zu haben und eignen sich vorzüglich für späte Blütenkompositionen. Viele Sträucher mit feurigem Herbstlaub oder perlenartigen Früchten kommen problemlos mit der Topfkultur zurecht und verschönern öde Pflasterflächen und Rabatten.

Sommerastern *Callistephus*

Pflanzen
Callistephus, Bacopa
(Syn. *Sutera cordata*)

Höhe und Breite
Callistephus:
H und B 25 cm;
Bacopa B 30 cm

Standort
Volle Sonne

Härte
Verträgt keine Temperaturen unter 0 °C

Topfgröße
30 cm

Topfmaterial
Korbgeflecht, Ton, Stein

Substrat
Universalerde

Verwenden Sie einen Weidenkorb als Gefäß für eine Kombination aus Sommerastern und spät blühenden Hängepflanzen. Wasser muss gut ablaufen können.

Nicht verzweifeln, wenn Ihr Garten nach dem Sommerfest der Farben etwas müde wirkt: Mit ein paar Sommerastern haben Sie bis weit in den Herbst hinein die Gewähr für schöne Blüten. Die kompakten Pflanzen der Gattung *Callistephus* dürfen aber nicht mit den eigentlichen Astern (*Aster*) verwechselt werden. Sie passen gut in ein rustikales Gefäß. Kleiden Sie dafür einen Flechtkorb mit Kunststofffolie aus, in die Sie Löcher stoßen. Dann kommt Blumenerde hinein, in die man einen Mix aus groß- und kleinblütigen Sommerastern sowie hängendes Fettblatt (*Bacopa*) setzt. In die Sonne stellen und gut gießen!

TIPP: SOMMERASTERN FÜR TÖPFE

Einjährige Sommerastern blühen einmal überschwänglich, doch wer Jahr für Jahr Blüten erleben will, muss sich mehrjährige Arten holen. Die Glattblatt-Aster (*Aster novi-belgii*) hat die leuchtendsten Farben, während die Berg-Aster (*Aster amellus, rechts*) reich blüht und kompakt bleibt.

Herbstlaub

Pflanze
Hydrangea querci-folia

Höhe und Breite
H und B 1,2 m

Standort
Sonne oder Halb-schatten

Härte
Winterhart

Topfgröße
45 cm

Topfmaterial
Ton, Keramik, Stein

Substrat
Tonhaltige, nährstoff-reiche Blumenerde

Hydrangea quercifolia schmückt mit feurig rotem Laub.

Viele Sträucher verdienen sich ihren Platz in Töpfen mit atemberaubender Herbstfärbung. Zu den besten Gehölzen dieser Kategorie gehört die Eichenblättrige Hortensie (*Hydrangea quercifolia*): Der dekorative Strauch mit tief gelappten, grünen Blättern glüht vor dem Laubfall in Feuerrot und Rotviolett. Weitere Herbstjuwelen sind der Fächer-Ahorn (*siehe S. 68–69*), *Cotinus coggygria* 'Young Lady' als niedrige Form des Europäischen Perückenstrauchs, der Flügel-Spindelstrauch *Euonymus alatus* 'Compactus', der Kanadische Judasbaum *Cercis canadensis* 'Forest Pansy' und *Liquidambar styraciflua* 'Gumball', eine Sorte des Amerikanischen Amberbaums mit bräunlich orangefarbenem Laub.

All diese relativ hohen Sträucher brauchen große Kübel oder Halbfässer als Gefäß und mineralische Erde. Man gießt sie gut und versorgt sie jährlich im zeitigen Frühjahr mit Langzeitdünger.

Beerenstark

Pflanze
Zwergige *Hypericum*-Hybride

Höhe und Breite
H 1 m, B 1,5 m

Standort
Volle Sonne oder Halbschatten

Härte
Winterhart

Topfgröße
30 cm

Topfmaterial
Ton, glasierte Keramik, Stein

Substrat
Tonhaltige, nährstoff-reiche Blumenerde

Beerentragende Gewächse bringen Farbe und Form in eine herbstliche Gruppe. Gut fährt man mit gedrungenen Auslesen des Johanniskrauts (*Hypericum*), etwa 'Magical Red', die nach gelben Blüten im Sommer kräftig rote oder rosa Früchte entwickelt, oder die niedrige, langsam wachsende Zwergmispel *Cotoneaster salicifolius* 'Gnom', die im Topf schön aussieht, wenn sie gut geschnitten wird. Obwohl sie mit immergrünen Blättern ganzjährig ansehnlich wirkt, kommt ihre beste Zeit im Herbst, wenn die Zweige mit leuchtend roten Beeren übersät sind.

FARBWAHL
Kombinieren Sie *Hypericum* oder *Cotoneaster* mit anderen Gewächsen, die auffällige Früchte tragen. Bei der Schönfrucht *Callicarpa bodinieri* var. *giraldii* 'Profusion' hängen metallisch violette Beeren im Herbst und Winter an kahlen Zweigen, *Viburnum opulus* 'Xanthocarpum' trägt gelbe Früchte. Sie alle brauchen große Kübel, Erde mit Ton- oder Lehmanteil und Langzeitdünger im Frühjahr.

Viele Hypericum*-Arten tragen auffällige Beeren.*

Immergrüne Gräser

Wer während der kalten Monate im Garten etwas Spannendes vorzeigen möchte, pflanzt immergrüne Gräser in Töpfen. Die zähen, pflegeleichten und zugleich eleganten Gewächse bringen mit ihren unterschiedlichen Blattfarben Licht selbst in die düstersten Wintertage. Oft werden sie von lange haltenden Samenständen an hohen Halmen überragt. Diese fangen die Sonnenstrahlen ein und rascheln im Wind.

Pflanzen
Nasella tenuissima, Carex comans 'Bronze Perfection', *Eragrostis elliottii*

Höhe und Breite
Nasella: H und B 60 cm; *Carex:* H 30 cm, B 40 cm; *Eragrostis* H 80 cm, B 60 cm

Standort
Sonne oder Halbschatten

Härte
Carex winterhart, *Nasella* verträgt Temperaturen bis -15 °C, *Eragrostis* bis -5 °C

Topfgröße
20–30 cm

Topfmaterial
Stein, Ton, glasierte Keramik, Metall

Substrat
Tonhaltige, nährstoffreiche Blumenerde

Immergrüne Gräser verdienen sich alle Zuwendung gleich mehrfach: Sie sehen das ganze Jahr über gut aus, stellen vor allem im Winter ihren Wert mit dekorativen Farben, Formen und Strukturen unter Beweis und setzen mit sanft raschelndem Laub sowie tanzenden Samenständen sogar noch einige Vorzüge drauf. Die Auswahl an Süß- und Sauergräsern oder grasartigen Gewächsen ist groß. Sie reicht von *Carex* und *Festuca* über *Nasella* und *Luzula* bis Schlangenbart (*Ophiopogon*). Manche wachsen aufrecht, andere bilden ein Büschel übergeneigter Blätter. Sie begleiten andere Topfpflanzen dezent, lassen sich aber auch zu einer Gräsergruppe mit unterschiedlichen Farben und Formen zusammensetzen.

Man stellt die Töpfe in die Sonne oder den Halbschatten und gießt vor allem im Sommer regelmäßig. Zu viel Nässe aber schadet ihnen, weshalb man die Gefäße auf Füße oder Steine stellt, damit Wasser ablaufen kann. Monatliches Düngen ist ratsam.

PFLEGE
Immergrüne Gräser können mit der Zeit unter Herbstlaub und anderen Pflanzenresten förmlich ersticken. Kämmen Sie den Unrat mit Handschuhen aus weichlaubigen Formen. Tote und verletzte Blätter an breitlaubigen Arten entfernt man mit der Gartenschere.

TIPP: TEILEN

Geht es immergrünen Gräsern gut, wachsen sie kräftig und füllen ihr Gefäß irgendwann aus. Sie müssen dann im Frühjahr entweder in größere Töpfe umgepflanzt oder geteilt werden. Dazu nimmt man sie heraus und lockert den Wurzelballen behutsam. Falls er stark verdichtet ist, teilt man ihn in der Mitte mit einem scharfen Messer. Vor dem Wiedereintopfen in frisches Substrat schneidet man allen toten oder verletzten Wuchs mit einer Gartenschere ab.

Festuca glauca *bildet ein kompaktes, stahlblaues Laubbüschel und ist ideal für Balkonkästen und Töpfe.*

Gräser für den Winter

Carex *'Ice Dance'* *ist eine horstbildende Segge mit gestreiften, linealischen Blättern und bräunlichen Blüten.*

Acorus gramineus *'Ōgon'* *bildet einen übergeneigten Horst aus gelb, grün und cremegelb gestreiftem Laub.*

Carex flagellifera, *ein »Springbrunnen« aus bronzebraunen Blättern, verträgt Sonne und Halbschatten.*

Ophiopogon planiscapus *'Nigrescens'* *ist ein Liliengewächs, kein Gras, aber wertvoll durch dunkle, grasartige Blätter.*

Kombinieren Sie Gras- und Topffarben *zu einer spannenden Gruppe.* Nasella tenuissima *und* Carex comans *wachsen immergrün, während das Liebesgras (Eragrostis) das Laub bis in den Spätherbst behält.*

Winter in der Wohnung

Wenn kalte, trübe Tage Ihre Stimmung umschlagen lässt, bringen Sie mit einer Reihe farbenfroher Zimmerpflanzen ein wenig Freude in Ihre Wohnung. Der Ritterstern treibt beeindruckend große Blüten, während Clivien mit ledrigen, riemenförmigen Blättern und leuchtend orangefarbenen Blüten augenfällige Akzente setzen. Vervollständigt wird das Bild von den glänzenden Früchten des Korallenstrauchs.

Ritterstern *Hippeastrum*

Pflanzen
Hippeastrum in Sorten, *Syngonium podophyllum,* Farne

Höhe und Breite
Hippeastrum:
H 75 cm, B 30 cm;
Syngonium:
H und B 40 cm

Standort
Hell, mit etwas direkter Sonne

Härte
Mindesttemperatur 18–24 °C, während der Blüte etwas kühler

Topfgröße
15 cm und mehr

Topfmaterial
Metall, glasierter Ton, Kunststoff

Substrat
Tonhaltige Blumenerde

Mit seinen auffälligen Blüten an der Spitze kräftiger hoher Schäfte bekommt der Ritterstern, oft »Amaryllis« genannt, viel Aufmerksamkeit – schließlich hat er sehr wenig Konkurrenz, wenn er im tiefsten Winter seine Pracht entfaltet. Zur Auswahl stehen tiefrote, rosa, hellgrüne, weiße und gestreifte Sorten. Wenn man gleich mehrere Zwiebeln in ein breites, flaches Gefäß steckt und mit Blattschmuckgewächsen unterpflanzt, um Blätter und Stängel zu kaschieren, schafft man ein Zimmerensemble mit Blüten als Stars.

ÜBERLEBENSSTRATEGIE
Die Pflanzen brauchen viel Licht – auch etwas direkte Sonne schadet nicht. Während der Wachstumszeit hält man den Ballen feucht und düngt alle 14 Tage. Nach der Blüte stellt man das Gießen ein, lässt die Zwiebeln trocknen und die Blätter einziehen. Im Herbst beginnt man wieder mit dem Wässern. Im zweiten Jahr wird die Amaryllis nach der Ruhephase im Sommer in frische Erde umgetopft und anschließend regelmäßig gedüngt und gewässert.

FÜR DIE KALTE JAHRESZEIT

TIPP: TROCKENE ZWIEBELN PFLANZEN

Im Frühherbst Zwiebeln kaufen und einige Stunden in lauwarmem Wasser einweichen. Topf wählen, der nur etwas größer als die Zwiebel ist, und teils mit Erde füllen. Zwiebel darauflegen, dann mehr Substrat einfüllen, sodass das obere Drittel der Zwiebel herausragt. Gießen und an einen warmen Platz stellen.

Exotisches Flair verbreitet man im Winter mit Ritterstern im Verbund mit Blattschmuckpflanzen wie Syngonium und Farnen.

Clivie *Clivia*

Pflanze
Clivia miniata

Höhe und Breite
H 70 cm, B 60cm

Standort
Hell, aber abseits der
prallen Mittagssonne

Härte
Idealtemperatur
18 °C, Minimum 7 °C

Topfgröße
15–20 cm

Topfmaterial
Glasierter Ton, Metall,
Kunststoff

Substrat
Universalerde

Die Kombination aus langen, riemenförmigen, glänzenden Blättern und dichten Köpfen aus großen, auffälligen Blüten macht die Clivien zu überaus geschätzten Zimmerpflanzen. An kräftigen Schäften erscheinen im Spätwinter und zeitigen Frühjahr die Blüten, deren Farbbogen sich von Rot und Orange über Gelb bis Apricot spannt. Das Amaryllisgewächs braucht kleine Töpfe, denn es steht gern beengt. Es macht daher nichts, wenn die Wurzeln oben aus dem Topf quellen.

GIESSEN UND DÜNGEN

Den verdichteten Ballen von oben zu gießen ist schwierig. Stellen Sie den Topf deshalb in einen Eimer Wasser, bis die Erde sich vollgesogen hat, und lassen Sie ihn danach eine Weile abtropfen. Während des Wachstums hält man das Substrat gleichbleibend feucht und gibt der Pflanze regelmäßig einen Flüssigdünger.

Clivia miniata mit leuchtenden Blütentrichtern

Korallenstrauch *Solanum*

Pflanze
Solanum pseudocapsicum

Höhe und Breite
H und B 30 cm

Standort
Viel Licht, aber
abseits der prallen
Mittagssonne

Härte
Idealtemperatur
18–24 °C, Minimum
10 °C

Topfgröße
15–20 cm

Topfmaterial
Glasierter Ton, Metall,
Kunststoff

Substrat
Universalerde

Korallensträucher bringen die Erinnerung an sommerlichen Sonnenschein in das Wintergrau. Die Gewächse werden in der Regel als Einjährige gezogen. Ihre Beeren sind zunächst grün, färben sich aber später gelb, orange und schließlich rot. Weil sie nicht alle gleichzeitig reifen, hängen sie in mehreren Farben an den Trieben. Zwergsorten sind für kleine, dekorative Töpfe bestens geeignet. Vorsicht: Die Früchte sehen verlockend aus, sind aber giftig, weshalb die Pflanzen außerhalb der Reichweite von Kindern stehen müssen.

PFLEGE

Man pflanzt Korallensträucher in Blumenerde, gießt sie gut und gibt ihnen regelmäßig einen Flüssigdünger. Wenn die Beeren zum Winterende vertrocknen, reduziert man einige Wochen lang die Wassergaben und hört mit dem Düngen auf.

Solanum pseudocapsicum

Zwiebelblumen

Narcissus und *Hyacinthus*

Wenn es zu kalt ist, um einen Schritt in den Garten zu wagen, muss man den Garten eben nach drinnen bringen. Töpfe mit Zwiebelblumen in heiteren Farben lassen an einem trüben Wintertag aufatmen, denn sie füllen ein Heim mit schönen Blüten und berauschendem Duft.

FÜR DIE KALTE JAHRESZEIT

Pflanzen
Narcissus und
Hyacinthus

Höhe und Breite
Narcissus: H 20 cm;
Hyacinthus: H 20 cm

Standort
Hell und sonnig, aber
nicht zu nah an der
Heizung

Härte
Im Freiland winter-
hart, drinnen sind
20 °C ideal

Topfgröße
15–20 cm

Topfmaterial
Ton, Keramik, gla-
sierter Ton, Glas

Substrat
Tonhaltige Blumen-
erde

Narzissen und Hyazinthen blühen normalerweise im Frühjahr, doch kann man sie über das »Antreiben« durch Wärme im Haus dazu bringen, schon im Winter zu blühen. Kaufen Sie dazu im Frühherbst Zwiebeln, die als »präpariert«, »vorgekühlt« oder »für die Treiberei« etikettiert sind – sie wurden speziell für die Kultur als Zimmerpflanzen behandelt.

Man setzt die Zwiebeln einzeln oder in Dreier- bzw. Fünfergruppen in grobe Erde. Hyazinthen sollten zur Hälfte aus dem Substrat herausragen, während die Spitzen von Narzissen knapp unter der Oberfläche bleiben. Wässern Sie die Töpfe nun ein wenig und stellen Sie sie in einen unbeheizten Schuppen oder eine Garage. Wenn sie nach etwa zehn Wochen auszutreiben beginnen, platziert man sie auf einem kühlen Fensterbrett in der Wohnung. Sobald die ersten Blütenknospen erscheinen, werden sie in ein wärmeres Zimmer gebracht und gleichbleibend feucht gehalten.

DER RICHTIGE PLATZ IM HAUS

Damit die Zwiebeln lange blühen, stellt man sie an einen kühlen, sonnigen Platz, etwa auf einen Tisch vor einem Südfenster. Direkt neben Heizkörpern welken sie im Nu. Übertreiben Sie es nicht mit Hyazinthen – ein einziger Topf bringt genug Blüten hervor, um einen Raum mit Duft zu füllen. Nach dem Flor entsorgt man sie oder wartet, bis das Laub einzieht, und pflanzt sie in den Garten.

TIPP: GESUNDE ZWIEBELN AUSWÄHLEN

Gesunde Zwiebeln sind dick, fest und intakt. Sehen Sie sich die Zwiebeln vor dem Kauf an und lassen Sie die Finger von schimmeligen, verletzten, schrumpeligen und keimenden Exemplaren oder solchen, die ihre äußeren Schalen verloren haben. Man testet sie, indem man sie leicht drückt: Fühlen sie sich weich an, sind sie vermutlich faulig.

Narzissen und Hyazinthen kann man ganz leicht im Winter zum Blühen bringen. Sie werden aus vorbehandelten Zwiebeln gezogen.

Auswahl an Zwiebelblumen

Hyacinthus orientalis *'Blue Jacket'* schiebt dichte Stände aus süß duften- den, blauen Blüten und dunkles Laub.

Hyacinthus orientalis *'City of Haar- lem'* ist eine lange schon beliebte Sorte mit stark duftenden, gelben Blüten.

Hyacinthus orientalis *'Ostara'* bringt intensiv duftende, blauviolette Blüten mit weißem Rand hervor.

Hyacinthus *'Pink Pearl'* treibt dicke Stände mit vielen leuchtend rosa Blüten aus, die herrlich duften.

Narcissus *'Avalanche'* trägt an kurzen Schäften über ein Dutzend duftender weißer Blüten mit gelber Nebenkrone.

Narcissus *'Cheerfulness'* bietet creme- weiße, gefüllte Blüten mit gelber Mitte und umwerfendem Duft auf.

Narcissus *'Ice Follies'* reckt aus weißen Blüten an kniehohen Schäften stolz ihre großen hellgelben Nebenkronen.

Narcissus *'Salome'* trägt cremeweiße Blüten mit gelber Nebenkrone, die mit der Zeit pfirsichfarben werden.

OBST UND GEMÜSE

Allerlei Essbares gedeiht in Pflanzgefäßen auf Terrassen oder Balkonen. So kommt der Nutzgarten näher an den Wohnbereich. In diesem Kapitel wird Obst und Gemüse vorgestellt, das mit beengten Verhältnissen gut zurechtkommt. Außerdem können Sie herausfinden, welche Pflanzen sich am besten für Ihren Garten eignen. Probieren Sie immer wieder Neuheiten aus, die man nicht im Laden kaufen kann, und erweitern Sie so Ihren kulinarischen Horizont.

Reiche Ernte *ist garantiert, wenn Sie Erdbeeren in Hängekörben ziehen. Zwiebeln gedeihen in Holzkisten. Große Töpfe nehmen Brombeersorten ohne Stacheln auf. Mangold lässt sich aus Samen ziehen.*

Der Nutzgarten im Topf

Die Auswahl an Obst und Gemüse ist immens. So lohnt es sich, ein paar kulinarische Genüsse heranzuziehen. Manche Obstsorten wurden speziell für die Kultur im Gefäß gezüchtet. Ungewöhnlichere Gemüse-Varianten sind oft nur in Samenform erhältlich, doch auch sie kann man sich in den Topfgarten holen. Mit der Aussaat- und Pflanzliste auf der nächsten Seite planen Sie Ihr Gartenjahr optimal durch.

Nutzpflanzen für Töpfe

Bei der Planung Ihres Obst- und Gemüsegartens in Töpfen sollten Sie sich für Sorten entscheiden, die entweder leicht zu ziehen sind und möglichst reich tragen oder die man nicht im Handel bekommt. Alle hier vorgeschlagenen Gewächse lassen sich problemlos in Gefäßen oder Erdsäcken kultivieren und liefern gute Erträge. Wenn Sie Näheres über spezielle Züchtungen und ihre Eignung für beengte Verhältnisse erfahren möchten, wenden Sie sich an die Samenanbieter und spezialisierte Betriebe.

Wählen Sie außerdem Töpfe und Substrate, die sich für die jeweilige Nutzpflanze eignen. Einzelheiten dazu finden Sie in den Randspalten neben den Pflanzenbeschreibungen dieses Kapitels.

Kleine Töpfe auf einer sonnigen Garten- und Dachterrasse oder einem Balkon besetzt man am besten mit kompakten Pflanzen wie Kräutern, Chilis und Tomaten.

Standort

Die meisten Obst- und Gemüsepflanzen brauchen viel Sonne. An schattigen Standorten beschränkt sich die Auswahl auf Blättriges wie Pfefferminze, Petersilie, Schnittlauch und Rhabarber.

Auch sollte man sich ein windgeschütztes Fleckchen suchen, denn kräftige Böen werfen Töpfe um und halten bestäubende Insekten fern. An exponierten Plätzen schützt man seine Gewächse mit einem halbdurchlässigen Windschutz.

Tomaten brauchen einen warmen, sonnigen Platz, damit sie vor dem ersten Frost ausreifen. Durch eine Anzucht im Haus ab März oder April verlängert man ihre Wachstumszeit.

Rhabarber fühlt sich auch im Halbschatten wohl, in tiefem Schatten allerdings leidet sogar er. Gießen Sie ihn gut.

AUSSAAT- UND PFLANZPLAN FÜR GEMÜSE UND KRÄUTER

SPÄTWINTER BIS FRÜHLING
Aussaat im Haus vom Spätwinter zum zeitigen Frühjahr. Auspflanzen, nachdem die Spätfrostgefahr vorüber ist.

AB FRÜHLINGSMITTE
Aussaat direkt in Töpfe im Freiland. Umsiedeln drinnen besäter Gefäße nach draußen, sobald die Spätfrostgefahr vorüber ist.

FRÜH- UND HOCHSOMMER
Aussaat direkt in Gefäße draußen. Schnell wachsende Nutzpflanzen satzweise säen, um lange ernten zu können.

SPÄTSOMMER UND HERBST
Aussaat von Sorten, die im Herbst oder im folgenden Jahr reifen, direkt in Töpfe im Freiland. Eventuell abdecken.

- Asia-Blattsalate *S. 158–159*
- Auberginen *S. 166*
- Basilikum *S. 199*
- Blattsalate *S. 156–157*
- Buschbohnen *S. 176–177*
- Chicorée *S. 160*
- Erbsen *S. 180–181*
- Frühlingszwiebeln *S. 163*
- Gartenmelde *S. 161*
- Ingwer *S. 203*
- Kamille *S. 195*
- Karotten *S. 186–187*
- Kartoffeln *S. 182–183*
- Kohlrabi *S. 173*
- Lauch *S. 190*
- Lorbeer *S. 196*
- Mangold *S. 172*
- Meerrettich *S. 184*
- Oregano *S. 201*
- Pak Choi *S. 173*
- Paprika *S. 168–169*
- Petersilie *S. 200*
- Rettiche und Radieschen *S. 162*
- Salbei *S. 197*
- Schnittlauch *S. 163*
- Spinat *S. 175*
- Tomaten *S. 164–165*
- Zucchini *S. 167*
- Zitronengras *S. 202*
- Zwiebeln und Schalotten *S. 170*

- Ampfer *S. 161*
- Asia-Blattsalate *S. 158–159*
- Basilikum *S. 198*
- Blattsalate *S. 156–157*
- Buschbohnen *S. 176–177*
- Chicorée *S. 160*
- Endivien *S. 191*
- Erbsen *S. 180–181*
- Fenchel *S. 194*
- Frühlingszwiebeln *S. 163*
- Gartenmelde *S. 161*
- Grünkohl *S. 174*
- Karotten *S. 186–187*
- Kartoffeln *S. 182–183*
- Kohlrabi *S. 173*
- Kopfkohl *S. 191*
- Koriander *S. 203*
- Kürbisse *S. 188–189*
- Mangold *S. 172*
- Meerrettich *S. 184*
- Melisse *S. 195*
- Pak Choi *S. 173*
- Pfefferminze *S. 192–193*
- Radicchio *S. 160*
- Rettiche und Radieschen *S. 162*
- Rosmarin *S. 201*
- Rote Bete *S. 185*
- Schnittlauch *S. 163*
- Spinat *S. 175*
- Stangenbohnen *S. 178–179*
- Thymian *S. 198*

- Asia-Blattsalate *S. 158–159*
- Blattsalate *S. 156–157*
- Endivien *S. 191*
- Erbsen *S. 180–181*
- Fenchel *S. 194*
- Grünkohl *S. 174*
- Karotten *S. 186–187*
- Kohlrabi *S. 173*
- Koriander *S. 203*
- Kürbisse *S. 188–189*
- Lauch *S. 190*
- Pak Choi *S. 173*
- Paprika *S. 168–169*
- Petersilie *S. 200*
- Radicchio *S. 160*
- Rote Bete *S. 185*
- Spinat *S. 175*
- Thymian *S. 198*
- Winterkohl *S. 191*
- Zucchini *S. 167*
- Zuckerhut *S. 160*

- Asia-Blattsalate *S. 158–159*
- Blattsalate *S. 156–157*
- Erbsen *S. 180–181*
- Knoblauch *S. 171*
- Pfefferminze *S. 192–193*
- Radicchio und Zuckerhut *S. 160*
- Rettiche und Radieschen *S. 162*
- Schnittlauch *S. 163*

KLIMA

Diese Aussaat- und Pflanztabelle trifft für die meisten Gegenden zu, dennoch gibt es auch regionale Abweichungen. Am Oberrhein und an der Küste beispielsweise kann man empfindliche Pflanzen ein bisschen früher nach draußen bringen, während man in kühleren Lagen, etwa in Mittelgebirgsregionen, mitunter bis Juni mit Spätfrösten rechnen muss.

Im Herbst gesätes Gemüse schützt man durch Wachstumshauben oder ein paar Lagen Gartenvlies vor strengem Frost. Auch an Hauswänden und im ungeheizten Gewächshaus ist es ein paar Grad wärmer als im offenen Freiland.

Blattsalate

Kaum ein Gemüse lässt sich leichter ziehen als Blattsalate. Sie eignen sich bestens für die Kultur in Töpfen, wo man sie auch besser vor marodierenden Schnecken schützen kann. Die größte Auswahl hat man beim Samenkauf. Pflücksalate sind schon Wochen nach der Aussaat erntereif. Mischen Sie verschiedene Blattformen und Geschmacksrichtungen.

SALATE

Pflanzen
Blattsalate

Höhe und Breite
H bis 20 cm,
B bis 30 cm

Standort
Sonne oder Halbschatten

Härte
Winterhart

Erntezeit
Frühjahr bis Winter

Topfgröße
15 cm und größer

Topfmaterial
Metall, Ton, Kunststoff, Flechtkörbe

Substrat
Universalerde

Blattsalate schmecken nicht nur fein, wenn man sie frisch aus dem Garten erntet, sie geben auch dekorative Topfpflanzen ab. Füllen Sie ein Gefäß mit etwas Blumenerde und säen Sie den Salat dünn auf der Oberfläche aus. In kleinen Töpfen beschränkt man sich auf vier, fünf Körnchen Kopfsalat, Romana-Salat oder Eissalat, die einen Kopf bilden. Pflücksalatsorten kann man getrost dichter säen, da sie nicht ausgedünnt werden müssen. Wer wöchentlich ein paar Töpfe besät, kann den ganzen Sommer über kontinuierlich ernten. Allerdings keimen die Samen nicht bei Temperaturen über 25 °C. Wenn Salate mit geschlossenen Köpfen ein paar Zentimeter hoch sind, dünnt man sie entsprechend der Angaben auf der Verpackung aus oder lässt sie etwas dichter als empfohlen wachsen.

PFLEGE
Gießen Sie Blattsalate regelmäßig; vor allem bei großer Hitze brauchen sie täglich ihre Ration. Im Hochsommer stellt man die Töpfe am besten in einen leicht schattigen Winkel. Wassermangel und zu viel Wärme lässt die Pflanzen »schossen«, d. h., sie entwickeln lange Blütenstände und werden bitter. Zu viel Wasser wiederum lässt sie faulen. Die meisten handelsüblichen Universalerden enthalten genug Nährstoffe, um Blattsalate ein paar Wochen lang zu versorgen, danach aber brauchen sie einen stickstoffreichen Spezialdünger. Schützen Sie Ihre Salate gut vor Schnecken, die die Blätter lieben. Es lohnt sich, die Töpfe alle paar Tage nach den schleimigen Übeltätern abzusuchen und die Tiere zu entfernen.

Eine alte Zinkwanne beherbergt hier stilvoll eine Gruppe aus grünem und rotlaubigem Pflücksalat mit gewellten Blättern.

TIPP: ERNTE

Kopf-, Romana- und Eissalate lässt man wachsen, bis sie einen festen Kopf bilden. Dann schneidet man den Strunk direkt an der Basis mit einem scharfen Messer ab. Pflücksalate lassen sich knapp über dem Ansatz komplett kappen. Anschließend treiben sie wieder neu aus. Genauso gut allerdings kann man immer nur so viele Blätter abzupfen, wie man gerade braucht – auch sie wachsen nach. Am besten zieht man von jedem der beiden Typen ein paar Exemplare – und genießt so das Beste beider Welten!

Blattsalate: Sorten

'**Nymans'** ist ein zweifarbiger Kopfsalat mit dunkelroten Blättern und grünem Ansatz. Schosst kaum. Mehltauresistent.

'**Winter Density'** heißt eine kompakte Sorte mit dunkelgrünem Kopf, die im Herbst gesät und im Winter geerntet wird.

'**Bubbles'** mit runzeligen Blättern schmeckt sehr süß und ist wegen seiner geringen Größe ideal für die Topfkultur.

'**Lollo Rossa'** trägt gekräuselte Blätter, die Farbe in Salate bringen. Sie haben aber auch einen hohen Zierwert.

'**Pandero'** heißt ein köstlicher roter Romana-Salat mit knackigen Blättern. Eine mehltauresistente Zwergsorte.

'**Tintin'** ist etwas größer als 'Little Gem' und schmeckt besonders gut. Gewölbte Blätter bilden einen festen Kopf.

'**Salad Bowl'** besitzt gewelltrandige Blätter. Die Pflanzen können Köpfe bilden oder man behandelt sie als Pflücksalat.

'**Little Gem'** bildet aufrechte, dunkelgrüne Köpfe aus knackigen Blättern und hat einen ausgezeichneten süßen Geschmack.

Asia-Salate

Sie sind klein an Statur, aber groß im Geschmack. Wenn man sie mit Blumen kombiniert, schwingen sie sich auch noch zu dekorativen Ziergewächsen auf. Asia-Salate lassen sich problemlos ziehen und sind einige Wochen nach der Aussaat erntereif – Minisalate haben es sogar noch eiliger. Sie alle brauchen wenig Pflege: Gelegentliches Gießen und das Abzupfen von Blättern genügt völlig, damit sie lange Schmackhaftes für die Küche liefern.

Serapta-Senf und Mizuna

Pflanzen
Brassica juncea 'Red Giant', Mizuna, *Calendula*

Standort
Sonne oder Halbschatten

Härte
Verträgt keinen Frost

Erntezeit
Frühjahr bis Herbst

Topfgröße
Mindestens 20 cm

Topfmaterial
Beliebig

Substrat
Universalerde

Flechtkörbe sind dekorative Gefäße für einen lebendigen Mix aus Asia-Salaten und orangefarbenen Ringelblumen. Die gesägten Blätter des Mizuna bilden einen reizvollen Kontrast zu dem runden violetten Laub des Serapta-Senfs *Brassica juncea* 'Red Giant'. So unterschiedlich sie aber sind, in Salaten haben sie etwas gemeinsam: Sie geben ihnen mit ihrem pfeffrigen Geschmack Pfiff. Ringelblumen steuern nicht nur Farbe zur Korbbepflanzung bei: Ihre Blüten sind essbar, man kann sie Salaten zufügen.

Samen von Serapta-Senf und Mizuna mischt man und sät sie gemeinsam. Ringelblumen dagegen werden separat herangezogen. Erst wenn sie 15 cm hoch sind, pflanzt man sie dazu. Eine andere Möglichkeit ist, Jungpflanzen zu kaufen.

PFLEGE
Gießen Sie regelmäßig, damit die Erde immer feucht bleibt – in trockenem Substrat entwickeln die Pflanzen bittere Blätter und schossen. Man zupft vom äußeren Rand immer nur so viele Blätter, wie man für den Salat braucht.

TIPP: AUSSAAT

Säen Sie Serapta-Senf, Mizuna, Rucola oder Salatmischungen in Töpfe mit Universalerde. Die Körnchen dünn auf die Oberfläche der Erde streuen und 5 mm hoch mit Substrat bedecken. Gut festdrücken, dann wässern. Zu dicht stehende Sämlinge ausdünnen, sobald sie groß genug sind – die ausgezupften kann man essen.

Von Serapta-Senf und Mizuna sollte man immer nur wenige Blätter nehmen, diese aber umso häufiger ernten.

Rucola

Pflanze
Rucola

Standort
Sonne bis Halb-
schatten

Härte
Frostempfindlich

Erntezeit
Spätes Frühjahr bis
Herbst

Topfgröße
20 cm

Topfmaterial
Beliebig

Substrat
Universalerde

Rucola bringt mit seinem pfeffrigen Geschmack eine gewisse Schärfe in Salate. Mit Olivenöl gemischt ergibt er außerdem eine scharfe Pestosauce. Die Samen keimen bereitwillig vom zeitigen Frühjahr bis zum Spätsommer. Ein einziges Gefäß liefert wochen-lang Blätter für die Küche, sofern man sie regelmäßig erntet und dadurch den Salat am Blühen und Ansetzen von Samen hindert. Ein großer Topf liefert büschelweise Ruco-lalaub, doch eignet sich das Gemüse vor allem für kleine Gefäße wie Balkonkästen. Regelmäßiges Gießen verhindert ein Austrock-nen des Substrats.

SCHUTZ VOR SCHÄDLINGEN
Decken Sie die Töpfe mit einem feinmaschigen Netz ab, damit der Kohlweißling seine Eier nicht an den Pflanzen ablegen kann, denn die ausschlüpfenden Raupen fressen die Blätter gnadenlos weg.

Scharfe, pfefferige Rucola-Blätter

SALATE

Minisalate

Pflanzen
Minisalate

Standort
Volle Sonne

Härte
Unter Schutz ziehen

Erntezeit
Frühjahr bis Spät-
herbst

Topfgröße
Aussaatschale oder
ein anderes flaches
Gefäß

Topfmaterial
Kunststoff

Substrat
Vermiculit

Minisalate sind binnen weniger Tage erntereif.

Spitzenköche preisen sie als Delikatesse: Minisa-late sind Gemüsesämlinge, die bereits 6–21 Tage nach dem Keimen geerntet werden. So klein sie sind, so intensiv ist ihr Geschmack. Man kann sie in Aussaatschalen, Kunststoffkörbchen oder fla-chen Gefäßen mit gutem Wasserabzug kultivieren. Dazu gibt man eine 2 cm dicke Schicht Vermiculit in das Behältnis und streut darauf die Samen, ohne sie abzudecken. Nun stellt man das Gefäß in Wasser, bis sich das Substrat vollgesogen hat, lässt es anschließend eine Weile abtropfen und bringt es an eine sonnige Fensterbank in einem warmen Zimmer. Das Vermiculit-Substrat darf nicht aus-trocknen. Ernten Sie die Pflänzchen mit der Schere, sobald sich die ersten Blätter zeigen.

AUSWAHL
Für die Kultur von Minisalat eignen sich Zucker-erbsen, Sonnenblumen, Brokkoli, Rucola, Rettich, Rote Bete, Sellerie, Stielmangold und Serapta-Senf, aber auch Kräuter wie Basilikum, Gewürz-fenchel, Koriander und Kerbel.

Würziger Salatmix

Sie haben genug von den immer gleichen grünen Salaten? Diese drei vorzüglichen Blattlieferanten bringen mit ihrem unverkennbaren Geschmack und den farbenfrohen Blättern etwas Abwechslung auf den Teller. Chicorée ist für seine Bitterkeit berühmt, die Gartenmelde schmeckt ein bisschen wie salziger Spinat und Sauerampfer verwöhnt den Gaumen mit mildem Zitrusgeschmack. Die beiden Letzten werden sie kaum in Supermärkten finden, zum Glück aber sind sie einfach zu ziehen.

Zuckerhut, Radicchio, Chicorée

Pflanze
Radicchio 'Treviso Precoce Mesola'

Standort
Volle Sonne

Härte
Winterhart

Erntezeit
Sommer bis Winter

Topfgröße
45 cm

Topfmaterial
Ton, Kunststoff, glasierte Keramik

Substrat
Universalerde

Drei Abkömmlinge der Wegwarte werden als Salat genutzt: Zuckerhut und Radicchio zieht man als grün- oder rotlaubigen Blattsalat, während Chicorée-Wurzeln im Dunkeln zum Austrieb angeregt werden, damit sie zarte weiße Herzen bilden.

Sie alle werden gleich kultiviert. Man sät sie dünn in einen mit Anzuchterde gefüllten Topf, deckt sie 5 mm hoch mit gesiebtem Substrat ab, wässert das Ganze und stellt das Gefäß an einen sonnigen Platz. Sobald die Sämlinge einige Blätter haben, pflanzt man sie zu dritt in einen 45 cm großen Topf. Frühjahrsaussaaten liefern im Sommer Blätter, während im Sommer ausgesäte Sätze im Herbst und Winter genussreif sind.

TIPP: BLEICHEN

Sobald Chicorée im Spätherbst einen Kopf entwickelt hat, schneidet man ihn ab, sodass nur ein 5 cm langer Stumpf bleibt. Man wässert ihn gut, deckt ihn mit einem umgedrehten Eimer ab, damit er kein Licht mehr bekommt, und stellt ihn an einen frostfreien Ort. Nach einem Monat sind die Pfeifen erntereif.

'Treviso Precoce Mesola' ist ein farbenfroher Radicchio mit rot überlaufenen, weiß gerippten Blättern.

Ampfer

Pflanze
Blut-Ampfer

Standort
Sonne oder Halb-
schatten

Härte
Winterhart

Erntezeit
Frühjahr bis Herbst

Topfgröße
30 cm

Topfmaterial
Kunststoff, Ton,
glasierte Keramik

Substrat
Tonhaltige Blumen-
erde

In Handel ist das mehrjährige Kraut kaum zu finden, doch Feinschmecker schätzen seinen scharfen, leicht zitrusartigen Geschmack, der grüne Salate und Suppen aufpeppt. Die meisten Ampfer-Arten sind nicht sonderlich schön anzusehen, doch der Blut-Ampfer (*Rumex sanguineus*) besitzt hellgrüne, rot geäderte Blätter. Einen Anbau lohnt auch der Schild-Ampfer (*Rumex scutatus*): Ihn zieren grüne, elliptische Blätter, die leicht nach grünem Apfel schmecken.

KULTUR

Ausgesät wird im Frühjahr 1 cm tief. Sämlinge dünnt man auf 30 cm Abstand aus. Man kann auch Jungpflanzen kaufen. Ampfer wird in ein mit Pflanzerde gefülltes Gefäß gesetzt und gut gewässert. Die Blätter zupft man je nach Bedarf einzeln ab, Blüten entfernt man, sobald sie sich zeigen, damit die Pflanze keinen Samen ansetzt.

Blut-Ampfer wird wegen seines Zitrusaromas geschätzt.

Gartenmelde

Pflanze
Rote Melde

Höhe
H 1 m

Standort
Halbschatten

Härte
Winterhart

Erntezeit
Zeitiges Frühjahr bis
Sommer

Topfgröße
30 cm

Topfmaterial
Kunststoff, Ton,
glasierte Keramik

Substrat
Tonhaltige Blumen-
erde

Die rasch wachsende und bis zu hohe 1 m Gartenmelde ist ein sehr ansehnliches einjähriges Kraut, dessen spinatartigen Blätter in der Küche zum Einsatz kommen.

Man sät sie im Spätwinter oder zeitigen Frühjahr in kleine Töpfe mit feuchtem Substrat aus, das mit einer Lage Vermiculit abgedeckt und weiter feucht gehalten wird. Stellen Sie die Gefäße zum Keimen auf eine warme Fensterbank, meiden Sie aber direkte Sonne. Wenn die Sämlinge groß genug sind, vereinzelt man sie. In der Frühjahrsmitte kommen sie in große Töpfe mit tonhaltiger Erde. Hier werden sie regelmäßig gegossen. Wachsen die Pflanzen zu hochbeinig, zwickt man die Triebspitzen ab. In voller Sonne können die Blätter verbrennen.

KULTURFORMEN

Von der Gartenmelde kennt man unterschiedliche Auslesen, z. B. mit gelbem Laub. Die Varietät *Atriplex hortensis* var. *rubra* hat rotviolette, 'Scarlet Emperor' dagegen stumpf violette und rosa Blätter.

Die Rote Melde hat einen hohen Zierwert.

Pfiffige Salatturbos

Wenn Ihr Salat etwas fade schmeckt, peppen Sie ihn mit ein paar rasch wachsenden Zutaten auf. Rettiche, Radieschen, Schnittlauch und Frühlingszwiebeln sind unglaublich leicht zu ziehen und können solo in Töpfen stehen oder als Lückenfüller zwischen größeren Gewächsen eingesetzt werden. Sie wachsen im Nu aus Samen, die man am besten sukzessive vom Frühjahr bis zum Spätsommer sät.

Rettiche und Radieschen

SALATE

Pflanze
Radieschen 'French Breakfast'

Standort
Sonne oder Halbschatten

Härte
Verträgt keine Temperaturen unter 0 °C

Erntezeit
Frühjahr bis Herbst

Topfgröße
20 cm

Topfmaterial
Ton, Metall, Kunststoff, Flechtkörbe

Substrat
Universalerde

Wenn Salate Biss brauchen, dann kommen Rettiche und Radieschen wie gerufen. Sie lassen sich problemlos heranziehen und liefern oft schon vier Wochen nach der Aussaat die ersten Früchte. Es gibt sie in vielen Farben, Formen und Größen. Die meisten Radieschen wachsen frohgemut in flachen Gefäßen wie Balkonkästen, während man für Rettiche tiefe Töpfe braucht.

AUSSAAT
Gesät werden kann vom Spätwinter bis zum Frühherbst, doch müssen frühe und späte Aussaaten vor Frost und starkem Regen geschützt werden. Man stellt die Töpfe entweder in ein Gewächshaus bzw. einen kühlen, hellen Raum oder schützt sie mit einer Abdeckung. Streuen Sie die Samen dünn auf die Oberfläche des Substrats und decken Sie sie mit einer 1,5 cm dicken Erdschicht ab. Bei Bedarf wird ausgedünnt. Gut wässern.

Für Kinder sind Radieschen die idealen Einsteigerpflanzen, da man sie schon nach wenigen Wochen ernten kann.

EINE SORTENAUSWAHL

'Scarlet Globe' ist eine rasch wachsende Sorte mit runden hochroten Knollen und knackigem weißem Fleisch. Ideal für Balkonkästen oder Schalen und als Lückenfüller.

'French Breakfast' heißt diese Radieschen-Sorte mit schlanken, langen rosaroten Wurzeln, die einen süßen, milden Geschmack haben. Sie braucht recht tiefe Gefäße.

'China Rose' entwickelt lange, pfeffrig schmeckende Knollen, die einen sehr tiefen Topf benötigen. Beliebt ist die Sorte, weil sie sich gut für den Winter lagern lässt.

'Cherry-Belle'-Radieschen haben eine leuchtend rote Schale und weißes Fleisch mit süßem, mildem Geschmack. Die Sorte reift sehr schnell und ist ideal für kleine Töpfe.

Schnittlauch

Pflanze
Schnittlauch

Höhe und Breite
H 30 cm, B unterschiedlich

Standort
Sonne oder Halbschatten

Härte
Winterhart

Erntezeit
Frühjahr bis Herbst

Topfgröße
20 cm

Topfmaterial
Ton, Metall, Kunststoff

Substrat
Tonhaltige, nährstoffreiche Blumenerde

Der leicht beißende Zwiebelgeschmack von Schnittlauch wertet Salate und andere Gerichte auf. Man kauft das Küchenkraut entweder als junges Pflänzchen oder zieht Pflanzen im Frühjahr aus Samen, die rund 5 mm tief in Vermehrungserde gesät und zum Keimen in einen beheizten Anzuchtkasten gestellt werden. Wenn es im späten Frühjahr warm genug ist, kann man die Sämlinge in großen Gefäßen mit Topferde nach draußen bringen. Geerntet wird Schnittlauch durch Abschneiden der Blätter direkt über dem Ansatz.

HORSTE VERJÜNGEN

Schnittlauch breitet sich rasch aus und füllt das Gefäß irgendwann einmal aus. Dann pflanzt man ihn entweder in einen größeren Topf oder teilt ihn mit einem scharfen Messer. Die beiden Teile können in frische Erde gesetzt werden.

Schnittlauch entwickelt sich gut in kleinen Töpfen.

Frühlingszwiebeln

Pflanze
Rote Frühlingszwiebeln

Standort
Sonne oder Halbschatten

Härte
Winterhart

Erntezeit
Sommer bis Herbstmitte

Topfgröße
45 cm

Topfmaterial
Ton, Metall, Kunststoff, tiefe Flechtkörbe

Substrat
Universalerde

Rote Frühlingszwiebeln bringen Farbe in Salate.

Frühlingszwiebeln werden wegen ihrer scharfen Zwiebeln und Triebe geschätzt. Sie können ganz leicht aus Samen herangezogen werden und sind binnen zwölf Wochen erntereif. Ausgesät wird im Frühjahr und Sommer in Töpfe mit Universalerde. Dazu zieht man Rillen in die Oberfläche und streut die Körnchen hinein oder verteilt sie dünn auf dem Substrat und bedeckt sie mit einer 1 cm dicken Schicht Erde. Gegebenenfalls wird ausgedünnt. Die Pflanzen sind anfällig für den Falschen Mehltau: Sobald weißer Pilzbelag erscheint, entfernt man erkrankte Exemplare sofort.

SORTEN

Zur Auswahl steht eine Reihe von Sorten. 'White Lisbon' wird wegen der milden weißen Zwiebeln und nach oben hin grünen Triebe geschätzt, während 'Vigour King' einen schärferen Zwiebelgeschmack besitzt. 'North Holland Blood Red' mit dunkelroten Zwiebeln und niedrigen, oben grünen Trieben bringt Farbe und Geschmack in gemischte Salate und pfannengerührte Gerichte.

Süße Paradiesfrüchte

Selbst gezogene Tomaten schmecken um Längen besser als gekaufte. Ganz gleich, ob Sie junge Pflanzen im Gartenmarkt kaufen oder das Gemüse aus Samen ziehen, Sie können vom Hochsommer bis zum Herbstbeginn frische Früchte ernten. Die meisten Tomaten brauchen große Töpfe oder tiefe Flechtkörbe, um zu gedeihen.

MEDITERRANE AROMEN

Pflanze
Tomate 'Tumbling Tom Red'

Standort
Volle Sonne

Härte
Verträgt keine Temperaturen unter 0 °C

Erntezeit
Sommer bis Frühherbst

Topfgröße
30 cm oder mehr

Topfmaterial
Ton, Flechtkorb, Kunststoff

Substrat
Universalerde

Der Geschmack einer Tomate, die in der Sonne langsam und auf natürliche Weise herangereift ist, lässt sich mit nichts vergleichen. Die selbstgezogenen Früchte schmecken soviel besser als gekaufte, dass sich der Eigenanbau lohnt. Hängende Sorten kommen in tiefen Hängekörben oder langen Kästen zum Einsatz, während Stabtomaten eher für große Gefäße und Erdsäcke geeignet sind (*siehe S. 241*).

In Gartencentern bekommt man eine kleine Auswahl an Sorten, wesentlich größer aber ist das Angebot, wenn man sich für die Aussaat im Haus entscheidet. Füllen Sie dazu im Spätwinter einen 8-cm-Topf mit Vermehrungserde, streuen Sie die Samen dünn auf die Oberfläche und decken Sie sie mit Vermiculit ab. Anschließend wässern Sie und stellen das Gefäß in einen beheizten Anzuchtkasten. Sobald die Sämlinge fast 3 cm hoch sind, nimmt man sie behutsam heraus, trennt die Wurzelballen und vereinzelt sie in einen Topf mit 8 cm Durchmesser. Tomaten brauchen einen hellen Standort über 17 °C. Wenn im Abzugsloch Wurzeln zu sehen sind, siedelt man sie in 12-cm-Gefäße mit Universalerde um. Zum Frühjahrsende können die meisten Tomaten nach draußen.

DÜNGEN
Tomaten sind nährstoffbedürftig und müssen ab der Blüte wöchentlich mit einem kalireichen Spezialdünger versorgt werden. Ab dem Fruchtansatz erhöht man auf zwei Gaben wöchentlich.

Mitte **'Tumbling Tom Red'** *setzt in großen Hängekörben reichlich Früchte an. Die Sorte braucht viel Sonne, Wasser und Dünger.*

TIPP: WÄSSERN

Der Topfballen von Tomaten darf nie austrocknen, sonst war die ganze Arbeit umsonst. Werden sie nämlich unregelmäßig gewässert, platzen die Früchte oder bekommen am Grund schwarze Flecken. Diese Störung heißt Blütenendfäule und ist auf einen Mangel an Kalzium zurückzuführen, das im Wasser enthalten ist.

Empfehlenswerte Sorten

'Tumbling Tom Yellow' gedeiht in großen Hängekörben, in die viel Erde und Wasser passt. Die aus dem Topf quellenden Rispen süßer, kirschgroßer Früchte sehen dekorativ aus. Man kann den ganzen Sommer über ernten.

'Totem' heißt eine kleine Sorte für große Hängekörbe und tiefe Balkonkästen. Die kräftigen Triebe tragen reichlich leuchtend rote Tomaten. Um einen guten Ertrag zu erzielen, muss man aber die Seitentriebe entfernen.

'Sungold' bringt Unmengen kleiner, süßer, saftiger, leuchtend orangegelber Früchte mit sehr dünner Schale. Man zieht die Sorte am besten in großen Töpfen oder Erdsäcken und stützt sie mit Stäben.

'Moneymaker', eine seit Langem beliebte Form, ist besonders pflegeleicht und entwickelt zuverlässig mittelgroße rote Früchte in großen Bündeln. Man kultiviert sie in einem Erdsack oder voluminösen Topf an Stäben.

'Sweet Olive' trägt Bündel aus olivenförmigen Früchten, die von den Trieben hängen. Die Stabtomate ist pflegeleicht und liefert in einem Topf oder Erdsack hohe Erträge, selbst wenn man die Seitentriebe nicht entfernt.

'Tigerella' trägt dekorative orangefarbene Früchte, die grün gestreift sind und im Garten ebenso gut aussehen wie auf dem Teller. Die Stabtomate trägt reichlich, wenn sie in einem großen Topf im Gewächshaus steht.

MEDITERRANE AROMEN

Mittelmeergemüse

Mit ihren dicken, saftigen Köstlichkeiten und prachtvollen Blüten sind Auberginen und Zucchini bestens für Zierpflanzungen auf Terrassen geeignet – zwischen Töpfen mit Sommerblumen und anderen früchtetragenden Nutzpflanzen behaupten sie sich problemlos. Man pflanzt die mediterranen Genüsse in große Kübel und stellt sie an einen warmen, geschützten Platz, gießt sie gut und wartet darauf, dass sie in der Sommerhitze groß und schmackhaft werden.

Auberginen

Pflanze
Aubergine 'Pinstripe'

Höhe und Breite
H 60 cm, B 30 cm

Standort
Volle Sonne

Härte
Verträgt keine Temperaturen unter
0 °C

Erntezeit
Sommer bis Frühherbst

Topfgröße
20 cm

Topfmaterial
Kunststoff, Ton

Substrat
Universalerde

Schon bevor die bauchigen Früchte erscheinen, verdienen sich Auberginen mit ihren hübschen rosa Blüten und dem gewelltrandigen Laub einen Platz auf Terrassen und Höfen. Man kann sie zwar als Jungpflanzen kaufen, doch ist die Auswahl an Sorten – auch seltenen – viel größer, wenn man sich für die eigene Aussaat entscheidet. Ausgesät wird, indem man einen kleinen Topf mit Vermehrungserde füllt und ein paar Körnchen auf der Oberfläche verteilt. Dann deckt man sie mit einer Lage Vermiculit ab und stellt das Gefäß in einen beheizten Anzuchtkasten. Sobald die Sämlinge austreiben, stellt man sie in ein helles Fenster. Sind sie 5 cm hoch, werden sie vereinzelt.

WÄRMEBEDARF

Auberginen fruchten in nassen Sommern nicht gut, denn sie brauchen eine lange Wachstumszeit und viel Wärme. Helfen Sie nach, indem Sie Auberginen schon im Spätwinter aussäen, damit sie Zeit zum Wachsen haben. Noch mehr verlängern kann man ihre Reifezeit, indem man sie im Warmhaus oder Wintergarten heranzieht.

TIPP: SO ERHÖHEN SIE DEN ERTRAG

Im Freiland kultivierte Exemplare setzen etwa fünf Früchte an. Um einen guten Ertrag zu bekommen, düngt man Auberginen alle paar Wochen mit einem Tomatendünger, sobald die Früchte schwellen. Nachdem sich fünf gebildet haben, kappt man die Seitentriebe und entfernt alle Blüten. Reif sind die Früchte, wenn sie glänzen.

'Pinstripe' ist eine hübsche Sorte mit weiß gestreiften, rosalila Früchten und kleinem, topfgerechtem Wuchs.

Zucchini

Pflanze
Zucchini 'Golden Delight'

Höhe und Breite
H und B 60 cm

Standort
Volle Sonne

Härte
Verträgt keine Temperaturen unter 0 °C

Erntezeit
Sommer bis Frühherbst

Topfgröße
30–45 cm

Topfmaterial
Kunststoff, Erdsack, Gemüsetaschen

Substrat
Universalerde

Zucchini sind leicht aus Samen zu ziehen und gehören zu den ertragreichsten Gemüsesorten für die Kultur auf der Terrasse: Ein einziges Exemplar versorgt Sie den ganzen Sommer. Topfen Sie aber keinesfalls zu viele Pflanzen ein, sonst haben Sie die vielen Früchte bald satt.

Man sät schon im zeitigen Frühjahr. Füllen Sie einen 8-cm-Topf mit Vermehrungserde, stecken Sie zwei Samen 2–3 cm tief hinein und geben Sie eine weitere Schicht Substrat darüber. Nach dem Angießen kommt der Topf in einen Anzuchtkasten auf eine sonnige Fensterbank. Man hält die Erde feucht und vereinzelt die Pflänzchen in 12-cm-Töpfe, sobald sich ihre Wurzeln in den Abzugslöchern zeigen. Ab Mitte Mai setzt man ein Exemplar in ein großes Gefäß oder einen Erdsack. Sobald die Früchte 10 cm lang sind, schneidet man sie ab.

'Golden Delight' macht sich, in eine Gemüsetasche gepflanzt, auf einer befestigten Fläche ausgezeichnet. Ernten Sie drei Früchte in der Woche.

MEDITERRANE AROMEN

ZUCCHINI: SORTEN

'Parador' bringt große Bündel auffälliger goldgelber Früchte, die jeden Garten und jede Terrasse zieren. Sie schmecken vorzüglich und reifen früh.

'De Nice A Fruit Rond' ist die ideale Wahl, wenn man die etwas andere Zucchini sucht. Die runden grünen Früchte werden am besten geerntet, wenn sie golfballgroß sind.

'Defender' ist resistent gegen das Gurkenmosaikvirus und wird daher gern kultiviert. Die bewährte Sorte liefert viele große, schmackhafte Früchte über einen langen Zeitraum.

'Venus', eine kompakte Form, bietet sich für die Topfkultur an. Ihre einheitlichen, dunkelgrünen zylindrischen Früchte reifen vom Hochsommer bis zum Frühherbst.

Feurige Paprika

Wer scharfe Speisen mag, bringt mit Chilis Feuer in seinen Garten. Sie sind eine unverzichtbare Zutat vieler scharfer Gerichte und in einer ganzen Reihe von Formen, Farben und Größen erhältlich. Nicht alle Angehörigen der Gattung Paprika allerdings bringen die Geschmacksknospen zum Brennen: Gemüsepaprika schmecken süß und mild.

MEDITERRANE AROMEN

Pflanzen
Chili 'Cheyenne',
Petunia Million Bells,
Hornveilchen, *Lotus berthelotii*, Griechisches Basilikum

Höhe und Breite
Paprika:
H 45 cm, B 30 cm;
Petunia:
H und B 30 cm;
Hornveilchen:
H und B 20 cm;
Lotus:
H 50 cm, B 1 m;
Basilikum:
H und B 15 cm

Standort
Volle Sonne

Härte
Verträgt keinen Frost

Erntezeit
Spätsommer bis Frühherbst

Topfgröße
30 cm

Topfmaterial
Ton, Metall, Flechtkörbe

Substrat
Universalerde

*Mitte **Kombinieren Sie orangefarbene Chilis** mit Hornveilchen und violetten Petunien. Ein hängender Lotus berthelotii und würziges Griechisches Basilikum vervollständigen den Reigen.*

Sie sind die kostbare Zierde des Gartens: Paprika machen mit glänzenden Früchten auf sich aufmerksam, die in Rot, Grün, Gelb, Orange, Braun und Violett strahlen. Man kann sie zwar in einem Topf als Solisten ziehen, doch vor dem Reifen der Schoten sind sie ziemlich unscheinbar, weshalb sie interessanter in einem Flechtkorb oder Gefäß zusammen mit Blumen und Kräutern aussehen. Als Begleiter empfehlen sich hängende violette Petunien, Hornveilchen, *Lotus berthelotii* mit graugrünem Laub und Basilikum.

Man kauft junge Paprikapflanzen im Frühling oder sät sie im Spätwinter drinnen aus. Sie keimen ohne Probleme und müssen mehrmals in größere Töpfe umgesiedelt werden, bis sie zum Frühjahrsende nach draußen dürfen. Mit rund 20 cm Höhe beginnen die Gewächse umzufallen und müssen gestützt werden. Sobald die Triebe rund 30 cm lang sind, zwickt man ihre Spitze ab, damit sich viele weitere Fruchttriebe bilden. Geerntet werden kann ab dem Hochsommer. Das regelmäßige Abschneiden der Früchte mit einem scharfen Messer oder einer Gartenschere erhöht den Ertrag.

WÄSSERN UND DÜNGEN

Wer reichlich ernten will, muss die Pflanzen regelmäßig gießen, besonders bei großer Hitze. Zudem verabreicht man ihnen ab dem Blütenansatz alle 14 Tage einen Tomatendünger – das kann zum Teil noch unter Glas sein, wenn immer noch mit Nachtfrösten zu rechnen ist. Paprika brauchen kontinuierlich Nährstoffe, bis alle Früchte geerntet sind.

TIPP: AUSSAAT

8-cm-Topf mit Anzuchterde füllen und einige Samenkörnchen daraufstreuen. Mit etwas Vermiculit abdecken und den Topf in einen beheizten Anzuchtkasten stellen. Nach dem Keimen auf einer Fensterbank platzieren. Sobald die Pflänzchen 2–3 cm hoch sind, setzt man sie in einen 10-cm-Topf.

Gewürz- und Gemüsepaprika

'California Wonder' *ist eine sehr süße, milde Paprikasorte mit ziegelroten Früchten an kompakten Pflanzen.*

'Gourmet' *trägt auffallende orangefarbene Früchte an kleinen Pflanzen, die sich als ideal für kleine Töpfe erweisen.*

'Pepper Gypsy' *entwickelt schmackhafte, spitz zulaufende, anfangs grüne, später orangefarbene und rote Früchte.*

'Alma Paprika' *heißt eine Chilisorte mit Schoten, die erst gelb und dann rot sind. Süßer, mild scharfer Geschmack.*

'Cherry Bomb' *bildet runde rote, ziemlich scharfe Chilischoten. Die Sorte sieht hübsch auf der Terrasse aus.*

'Prairie Fire' *bildet Hunderte winziger Früchte, die ihre geringe Größe mit beißender Schärfe wettmachen.*

'Numex Twilight', *eine kompakte Chilisorte, bringt in Mengen kleine violette, gelbe, orangefarbene und rote Schoten.*

'Aji Amarillo' *wächst kompakt und trägt lange scharfe, anfangs grüne, später gelbe und orangefarbene Chilischoten.*

Zwiebeln und Knoblauch

Zwiebeln, Schalotten und Knoblauch sind in der Küche unverzichtbar. Wer sie selbst in Gefäßen heranzieht, erweitert nicht nur sein Spektrum an Formen, Größen und Farben, er kann außerdem den denkbar frischesten Geschmack genießen. Alle Mitglieder der Zwiebelfamilie brauchen wenig Platz und kommen mit einem Minimum an Pflege aus.

Pflanzen
Knoblauch, Zwiebeln, Schalotten

Standort
Volle Sonne

Härte
Verträgt Frost bis -10 °C

Erntezeit
Sommer

Topfgröße
Schalotten und Zwiebeln: 60 cm; Knoblauch: mindestens 30 cm

Topfmaterial
Beliebig

Substrat
Tonhaltige, nährstoffreiche Blumenerde

ZWIEBELN UND SCHALOTTEN ZIEHEN

Zwiebeln und Schalotten werden am besten aus Steckzwiebeln gezogen. Man besorgt für sie ein großes Gefäß (z. B. eine hölzerne Schublade), das mindestens 25 cm tief und 60 cm breit ist. Es wird mit tonhaltigem Substrat gefüllt. Stecken Sie die Zwiebeln mit 10 cm und Schalotten mit 15 cm Abstand mit dem spitzen Ende nach oben in das Substrat. Dann wird mit Erde aufgefüllt, festgedrückt und angegossen. Die Zwiebelspitze sollte gerade noch zu sehen sein. Streuen Sie eine Handvoll Hornmehl auf die Erde und gießen Sie weiter regelmäßig. Wenn im Sommer die Blätter braun werden, kann man ernten. Trocknen Sie die Zwiebeln vor dem Einlagern drei Wochen lang auf einem Gestell.

KNOBLAUCH ZIEHEN

Knoblauch wird am besten im Herbst oder Frühwinter gepflanzt. Man unterscheidet zwei Gruppen: Der Schlangenknoblauch oder die Rocambole bildet zahlreiche flache Blätter und lässt sich gut lagern. Im Gegensatz dazu wird der Echte Knoblauch am besten frisch genossen. Brechen Sie einzelne Zehen aus einer Knolle und wählen Sie daraus die größten und gesündesten. Füllen Sie einen 30-cm-Topf mit Einheitserde und stecken Sie die Zehen in 10 cm Abstand entlang des Randes so in das Substrat, dass das stumpfe Ende nach unten zeigt. Man bedeckt die Zehen mit Erde und düngt mit Hornmehl, gießt gründlich und stellt das Gefäß an einen sonnigen Platz. Wenn im Sommer die Blätter gelb werden, ist Erntezeit!

Flechten Sie Knoblauch an den Blättern zusammen und hängen Sie den Zopf an einen kühlen, dunklen Platz.

TIPP: KNOBLAUCH TROCKNEN UND ZUM ZOPF FLECHTEN

Getrockneter Knoblauch hält sich bei guter Lagerung sehr lange. Man breitet ihn auf einer hölzernen Steige aus, die man an einen kühlen, trockenen, dunklen Platz stellt, etwa in einen Schuppen. Wer etwas Geduld mitbringt, kann das Laub zu dekorativen Zöpfen zusammenflechten, wie man es manchmal bei traditionellen französischen oder fränkischen Knoblauchhändlern sieht. Bei Bedarf dreht man einfach eine Knolle heraus.

Empfehlungen

Der milde Elefantenknoblauch bildet bis zu 10 cm große Knollen. Man genießt ihn am besten als Ganzes geröstet.

Die Schalotte 'Mikor' eignet sich vorzüglich zum Lagern. Sie hat eine rötliche Schale und weißes Fleisch mit rosa Ton.

Die Schalotte 'Red Sun' ist eine glatte, rundliche Zwiebel mit roter Schale und weißem Fleisch. Ideal für Salate.

Onion 'Red Baron' heißt eine rote Sorte, die sich lange lagern lässt und einen kräftigen Geschmack hat.

Zwiebeln in einer Holzkiste bereichern Terrassen und Balkone um eine rustikale Note. Werden sie gut gegossen, liefern sie den ganzen Sommer über frische Köstlichkeiten.

Mit Blatt und Stiel

Mangold, Pak Choi und Kohlrabi bilden verdickte Stiele oder dekorative Knollen. Sie lassen sich ohne Probleme im Topf ziehen und können schon wenige Wochen nach der Aussaat geerntet werden. Die ausgesprochen nahrhaften Genüsse beweisen nicht nur in der Küche ihren Nutzen, sie verschönern mit ihrem farbenfrohen, guten Aussehen auch öde Pflasterflächen und Balkone aufs Angenehmste.

Mangold

Pflanze
Mangold

Standort
Sonne oder Halb-schatten

Härte
Braucht im Winter Schutz

Erntezeit
Frühjahr bis Herbst

Topfgröße
Mindestens 30 cm

Topfmaterial
Beliebig

Substrat
Universalerde

Gemüse macht in Töpfen oft wenig her, Mangold aber hält mit Zierpflanzen locker mit. Rotstielige Sorten sind mit ihren auffälligen Stielen und Adern an grünen Blättern echte Schönlinge unter den Nutzpflanzen, während 'Lucullus' grüne Blätter mit weißen Stielen besitzt. Doch nichts wird übertroffen von der Sorte 'Bright Lights' mit roten, weißen, orangefarbenen, gelben, rosa und violetten Stielen.

Im Frühjahr kann man Jungpflanzen kaufen, doch lässt sich Mangold auch aus Samen ziehen. Sie werden im Frühjahr 2 cm tief in kleine Gefäße gesät. Sobald die Sämlinge einige Blätter tragen, gesteht man ihnen einen eigenen Topf zu – und einen weiteren, sobald die Wurzeln aus dem Abzugsloch wachsen. Gießen Sie regelmäßig und schützen Sie die Pflanzen im Winter mit einer Abdeckung.

STIELE UND BLÄTTER ERNTEN
Frühjahrsaussaaten sind nach zwölf Wochen erntereif. Man entfernt die Blätter von außen nach innen. Häufiges Abschneiden regt Mangold zu neuem Austrieb an und verlängert die Erntezeit.

SCHMACKHAFTES GRÜN

TIPP: FARBKOMBINATIONEN

Statt eine einsame Pflanze in einen kleinen Topf zu setzen, kann man in großen Gefäßen durch Kombination verschiedenfarbiger Mangoldsorten wesentlich mehr Wirkung erzielen. Allerdings muss ein ausreichender Wasserabzug gewährleistet sein. Zwischen den einzelnen Exemplaren lässt man 10 cm Abstand.

Versorgen Sie Mangold in Gefäßen monatlich mit stickstoffreichem Dünger. So bleiben Blätter und Triebe gesund.

Kohlrabi

Pflanze
Kohlrabi

Standort
Volle Sonne

Härte
Winterhart

Erntezeit
Je nach Aussaat Sommer bis Spätherbst

Topfgröße
20 cm

Topfmaterial
Ton oder Kunststoff im dekorativen Übertopf

Substrat
Universalerde

Über seinen milden Rübengeschmack kann man geteilter Meinung sein – aber eine faszinierende Topfpflanze ist der Kohlrabi ohne jeden Zweifel. Die jungen Blätter kommen in Salaten zum Einsatz oder werden wie Spinat gedämpft, die knackige Knolle raspelt man wie Sellerie in Salate oder man dämpft bzw. kocht sie. 'Olivia' heißt eine hübsche Sorte mit hellgrüner Schale, 'Violetta' hat dagegen ein blauviolettes Äußeres und weißes Fleisch.

AUSSAAT
Säen Sie im Frühjahr drinnen drei Samen 1,5 cm tief in je einen kleinen Topf. Nach dem Keimen entfernt man die beiden schwächsten Sämlinge. Sobald die Pflänzchen Blätter haben, kommen sie in einen größeren Topf. Im Sommer verfrachtet man sie nach draußen. Nach sechs Wochen kann, sofern man gut gegossen hat, geerntet werden. Lassen Sie die Knollen nur tennisballgroß werden.

'Purple Vienna' sieht in Gefäßen gut aus.

Pak Choi

Pflanze
Pak Choi

Standort
Volle Sonne

Härte
Winterhart

Erntezeit
Sommer bis Herbst

Topfgröße
20 cm

Topfmaterial
Kunststoff

Substrat
Universalerde

Das fernöstliche Kohlgewächs wird in Europa als Gemüse immer beliebter. Die Blätter kann man für Salate verwenden, doch eignen sich sowohl Laub als auch Stiele für pfannengerührte Gerichte oder man dünstet sie leicht. Aussaat ist möglich, allerdings besteht dann die Gefahr, dass Pak Choi schosst, weshalb man besser Pflänzchen kauft. Nach rund einem Monat erntet man die jungen Blätter nach und nach von außen nach innen oder lässt das Gewächs als Ganzes ausreifen und schneidet es auf einmal am Ansatz ab.

WASSERGABEN
Pak Choi hat kurze, oberflächennahe Wurzeln. Lässt man die Erde austrocknen, entstehen Schosser. Streuen Sie Rindenmulch, Schotter oder Kies auf die Oberfläche, damit Feuchtigkeit im Boden bleibt, und gießen Sie bei Hitze täglich.

Pak Choi braucht viel Wasser.

Dunkles Grün

Wer nahrhaftes Gemüse sucht, das zäh ist, gut aussieht und auch im Winter geerntet werden kann, ist mit Grünkohl bestens bedient. Dieses Gemüse verträgt nicht nur strengen Frost, es schmeckt danach sogar süßer. Auch Spinat kann gezogen werden, wenn es sonst wenig zu ernten gibt, was den Speiseplan bereichert. Wenn es aber ums gute Aussehen geht, kann die Wahl nur auf den Baumspinat fallen.

Grünkohl

Pflanzen
Grünkohl 'Black Tuscany' und 'Dwarf Green Curled'

Standort
Sonne oder Halbschatten

Härte
Winterhart

Erntezeit
Winter

Topfgröße
45 cm

Topfmaterial
Kunststoff

Substrat
Universalerde

Einige Mitglieder der Gattung *Brassica* machen optisch wenig her, der Grünkohl aber ist der Beau unter den Kohlgewächsen. Viele seiner Sorten bringen nicht nur Farbe und Abwechslung in den winterlichen Garten, sondern auch Schmackhaftes auf den Tisch. Die Sorte 'Black Tuscany', auch Schwarzkohl oder Cavalo nero genannt, gehört mit ihren dunklen, stark gerunzelten »Wedeln« zu den attraktivsten Vertretern.

Man sät im Frühjahr unter Glas in Töpfe. Die Samen werden 2 cm hoch mit Erde bedeckt und gegossen. Heranwachsende Sämlinge werden später vereinzelt. Im späten Frühjahr kommen sie in größeren Töpfen ins Freie. Wird das Laub gelb oder wächst langsam, muss man düngen.

PFLEGE
Gießen Sie gut und schützen Sie Ihre Pflanzen mit Netzen vor Tauben und dem Kohlweißling. Geerntet wird nach Bedarf von außen nach innen, doch kann man auch ganze Köpfe abschneiden. Im Winter prüft man öfter, ob der Wind die Pflanzen aus der Erde gezerrt hat.

TIPP: SORTENWAHL

'Black Tuscany' trägt runzelige, fast schwarze Blätter mit pfeffrigem Geschmack. Das grüne Laub von 'Redbor' wird mit der Zeit tiefrot, während 'Red Curled' dichte krause Blätter trägt. 'Red Russian' hat gekräuselte rote und grüne Blätter (links). Die kleine Sorte 'Dwarf Green Curled' verträgt exponierte Standorte.

'Black Tuscany' und 'Dwarf Green Curled' bereichern den Garten im Winter mit kräftigen Farben und schmecken gut.

Spinat

Pflanze
Baumspinat (*Chenopodium giganteum*)

Standort
Volle Sonne

Härte
Winterhart

Erntezeit
Sommer, Herbst und Winter

Topfgröße
30 cm

Topfmaterial
Kunststoff

Substrat
Universalerde

In diesem Punkt besteht kein Zweifel: Unser Gemüsespinat, so gesund und grün er auch sein mag, sieht nicht sonderlich gut aus. Ganz anders der Baumspinat, der mit ihm nicht näher verwandt ist: Mit seinen dreieckigen Blättern und magentaroten Trieben sieht er prima aus – und bereichert Topfgruppen obendrein um ein vertikales, hohes Element. Jung schmecken die Blätter als Salat köstlich, während man reiferes Laub genau wie Gemüsespinat zubereitet. Je mehr Blätter man abzupft, desto länger kann man ernten.

KULTUR

Herkömmlichen Gemüsespinat sät man 2 cm tief in Töpfe mit Universalerde, Baumspinat dagegen auf die Oberfläche. Sobald die Sämlinge groß genug sind, dünnt man sie aus, sodass rund 7 cm Abstand zwischen ihnen bleiben. Die Gefäße werden besonders bei Trockenheit gut gegossen, denn gestresste Pflanzen schossen. Verlangsamt sich das Wachstum, gibt man ihnen einen stickstoffreichen Dünger.

Spinat kann ganzjährig satzweise gesät werden. Wer im Sommer ernten will, sät vom zeitigen Frühjahr bis zum Frühsommer, wer Spinat im Winter genießen möchte, sät von Spätsommer bis Frühherbst. Im Winter schützt man ihn mit festen Abdeckungen oder Vlies vor der schlimmsten Witterung. Ernten Sie die äußeren Blätter zuerst.

Baumspinat muss manchmal gestützt werden.

SPINAT UND ANDERES PFLÜCKGEMÜSE

Blatt- oder Schnittspinat ergibt mit seinen zarten Blättern ein gutes Herbst- und Wintergemüse. Erntet man die Pflanzen regelmäßig ab, halten sie zwei Jahre aus.

Neuseelandspinat ist mit unserem Gemüsespinat nicht näher verwandt, wird aber genauso geerntet und verarbeitet. Er wächst buschig und liefert bis zum ersten Frost Blätter.

'Galaxy' treibt dunkelgrüne Blätter, die besser schmecken als Spinat aus dem Supermarkt. Dünnt man die Sämlinge nicht aus, kann man das Laub als Babyleaf-Salat ernten.

'Medania' hat einen milden, süßen Geschmack. Er liefert fleischige Blätter, solange man ihn immer gut gießt. Zudem ist er widerstandsfähig gegen Mehltau.

Buschbohnen

Sie haben die Wahl zwischen traditionellen Buschbohnen-Sorten mit viel Geschmack oder modernen Hybriden, die fleischige, fadenlose Hülsen verheißen. Ganz gleich, wofür Sie sich entscheiden, Sie werden nie wieder Supermarktware kaufen wollen. Bohnen aus dem eigenen Garten schmecken nicht nur besser, sie werden absolut frisch geerntet.

HÜLSENFRÜCHTE

Pflanzen
Buschbohnen,
Thunbergia alata

Höhe und Breite
Buschbohne: H 1,5 m;
Thunbergia: H 1,5 m

Standort
Volle Sonne

Härte
Verträgt keine Temperaturen unter 0 °C

Erntezeit
Spätes Frühjahr bis Frühherbst

Topfgröße
45 cm

Topfmaterial
Ton, Stein, Kunststoff

Substrat
Universalerde

Besitzer kleiner Gärten lassen meist die Hände von Bohnen, dabei eignen sich Buschbohnen bestens für winzige Anlagen, denn man kann sie in einem großen Topf an einem dekorativen Obelisken oder Stangenzelt hochklettern lassen. Einige Sorten sehen mit ihren auffallend gefärbten Hülsen richtig gut aus, während andere einen geringeren Zierwert haben und daher am besten mit blühenden Kletterpflanzen kombiniert werden. So kann man beispielsweise einer unscheinbaren Buschbohne eine gelbblütige Schwarzäugige Susanne (*Thunbergia elata*) oder eine Duftwicke (*Lathyrus odoratus*) als charmante Begleitung zur Seite stellen.

Bohnen werden im zeitigen Frühjahr drinnen gesät oder als Jungpflanzen gekauft und direkt draußen in einen Topf mit Universalerde gepflanzt, sobald die Frostgefahr vorüber ist. Die Rankpflanzen halten sich von selbst an ihrer Stütze fest, doch führt man sie anfangs auf den rechten Weg, indem man sie mit einer Schnur an ihre Stütze bindet. Zwergsorten brauchen keine Stütze.

PFLEGE

Gießen Sie die Pflanzen zurückhaltend, bis sie gut eingewachsen sind. Wenn die ersten Blüten erscheinen, gibt man ihnen mehr. Außerdem brauchen sie nach der Blütenbildung alle 14 Tage einen Tomatendünger. 8–12 Wochen nach der Aussaat kann man mit der Ernte beginnen. Zupfen Sie die Hülsen regelmäßig ab, solange sie klein und zart sind – das regt die Pflanze zu neuem Fruchtansatz an.

*Mitte **Gemischtes Doppel:** Buschbohnen und die Schwarzäugige Susanne gemeinsam in einem großen Topf setzen Farbtupfer und liefern frisches Gemüse.*

TIPP: AUSSAAT

Ein Samenkorn in einen mit Anzuchterde gefüllten Topf stecken. Das Gefäß an einen hellen, frostfreien Platz stellen, bis das Saatgut keimt. Im späten Frühjahr nach draußen umsiedeln. Eine weitere Möglichkeit ist, je zwei Samen 5 cm tief neben eine Stütze zu setzen und nach dem Keimen den schwächeren Sämling zu entfernen.

Empfehlenswerte Sorten

'Blue Lake' ist eine altbewährte Sorte mit relativ großen, zarten und fadenlosen Hülsen.

'The Prince' heißt eine Zwergsorte, die nicht gestützt werden muss. Sie liefert lange flache Hülsen in Mengen.

'Delinel' trägt wohlschmeckende, schmale, fadenlose, knackige Hülsen an niedrigen Pflanzen.

'Purple Tepee' bringt dekorative, schmackhafte Hülsen. Sie sind frisch tiefviolett und werden beim Kochen grün.

'French Rocquencourt', eine ausgesprochen ansehnliche Zwergsorte, zieht mit goldgelben Hülsen die Blicke auf sich.

'Cobra' braucht einen großen Topf, weil sie so stark wächst. Man schätzt sie wegen ihrer zahlreichen langen Hülsen.

Feuerbohnen

Das Traditionsgemüse liefert nicht nur körbeweise Ertrag mit einem Minimum an Aufwand, sondern auch Blüten, die jeden Garten bereichern. Zur Auswahl stehen etliche schmackhafte Samensorten mit Hülsen in mehreren Größen und Geschmacksrichtungen. Feuerbohnen kommen durchaus in einem großen Topf zurecht, wenn sie eine tragfähige Stütze zum Hochklettern, etwa aus Bambusstäben oder Haselnusszweigen, erhalten.

Pflanze
Feuerbohne 'Red Rum'

Standort
Volle Sonne

Härte
Verträgt keine Temperaturen unter 0 °C

Erntezeit
Sommer bis Herbst

Topfgröße
45 cm

Topfmaterial
Kunststoff, Stein, Ton

Substrat
Universalerde

Die Pflanzen sind ziemlich kopflastig, weshalb man einen schweren Topf braucht. Auch geht es nicht ohne eine tragfähige Stütze, denn je nach Sorte können Feuerbohnen mit ihren langen, windenden Trieben, den Unmengen Laub und vielen Hülsen bis zu 2 m hoch werden. Ein Zelt aus Bambus lässt sich ganz leicht aufstellen: Stecken Sie einfach 4–8 Stäbe in einem Kreis in das Substrat und binden Sie sie am oberen Ende zusammen. Zwergsorten, die kaum 60 cm hoch werden, kommen sogar mit einem tiefen Kasten mit ein paar Stöckchen in einem Kübel auf einer Pflasterfläche zurecht.

SÄEN, DÜNGEN, GIESSEN
Ausgesät wird in der Frühjahrsmitte in kleinen Töpfen, um sechs Wochen später nach dem letzten Frost ernten zu können. Eine weitere Möglichkeit besteht darin, im Juni oder Juli direkt in Töpfe im Freiland zu säen. Man setzt je zwei Samen 5 cm tief zu Füßen eines Stabs und gießt gut. Sobald Keimlinge erscheinen, zupft man den schwächeren der beiden aus und lässt den wüchsigeren an der Stütze hochranken. Feuerbohnen winden sich von allein.

Nach der ersten Blüte muss regelmäßig gegossen werden. Bei trockener Witterung benetzt man die Blätter gelegentlich mit einer Sprühflasche. Sobald die Triebe am oberen Ende ihrer Stütze ankommen, zwickt man die Spitze ab, um die Bildung weiterer Sprosse zu fördern. Feuerbohnen sind hungrig; düngen Sie anfangs mit einem Algenpräparat und ab der Blüte kalibetont.

TIPP: ERNTEN

Mit der Ernte kann man etwa drei Monate nach der Aussaat rechnen. Um eine konstante Versorgung mit Hülsen zu gewährleisten, erntet man die Früchte alle paar Tage in jungem, zartem Zustand. Wie lange man sie an der Pflanze lässt, hängt von der jeweiligen Sorte ab. Wartet man zu lange, werden die Hülsen zäh und fädig. Sobald man die Bohnen in den Hülsen spürt, sind sie schon zu alt und nicht mehr sonderlich schmackhaft.

Wenn man sie jung und zart erntet, *braucht man sie nur leicht dünsten und mit ein bisschen Butter servieren, um ein köstliches Gemüse zu bekommen.*

Empfehlenswerte Sorten

'White Lady' trägt hübsche weiße Blüten und dicke, zarte Hülsen. Bienen lieben den Flor.

'Painted Lady' bietet so schöne rote und weiße Blüten, dass die schmackhaften Hülsen fast nur noch Dreingabe sind.

'Polestar' entwickelt massenweise zarte, fadenlose Hülsen und schmückt sich mit leuchtend hellroten Blüten.

'Lady Di' beeindruckt mit roten Blüten und einer reichlichen Ernte schlanker, schmackhafter, fadenloser Hülsen.

Die Feuerbohne 'Red Rum' braucht einen großen Topf und Bambusstäbe als Stützen für die kletternden Triebe. Die schönen roten Blüten sind selbst in einem Innenhof nicht fehl am Platz.

Erbsen

Man braucht nicht viel Platz, um Pal-, Mark- oder Zuckererbsen zu kultivieren. Die Pflanzen hangeln sich an Stützen in großen Kübeln hoch und passen daher in kleinste Innenhöfe und auf winzige Terrassen. Die zarten Hülsen kommen in einheimischen Traditionsgerichten ebenso zum Einsatz wie in exotischen fernöstlichen Speisen. Am besten schmecken die Früchte aber, wenn man sie frisch von der Pflanze nascht.

Mark- und Palerbsen

Pflanze
Erbse

Standort
Volle Sonne

Härte
Verträgt keine Temperaturen unter 0 °C

Erntezeit
Sommer

Topfgröße
30 cm und mehr

Topfmaterial
Kunststoff, Ton, Erdsäcke

Substrat
Universalerde

Eine wahre Geschmackssensation sind Erbsen, wenn man sie Sekunden nach dem Abzupfen schält und in den Mund steckt. Aber nicht nur am Gaumen machen sie viel Freude, sie sehen auch ausgesprochen dekorativ aus. 'Purple Podded' heißt eine bewährte Sorte mit violetten Hülsen. 'Blauwschokker' trägt rote und violette Blüten, aus denen sich violette Hülsen entwickeln.

AUSSAAT
Säen Sie Erbsen von Frühjahr bis Hochsommer 5 cm tief in große Töpfe mit Universalerde. Gutes Gießen ist wichtig. Wenn die Sämlinge erscheinen, geben Sie ihnen eine Stütze, an der sie sich hochziehen können. Will man früher ernten, treibt man ein paar Samen im zeitigen Frühjahr drinnen in kleinen Töpfen vor und siedelt sie ab Mitte Mai nach draußen um.

Die Erde darf nicht austrocknen, doch muss auch für guten Wasserabfluss gesorgt werden. Daher stellt man die Gefäße auf Füße oder Steine. Ab der Blüte gibt man Tomatendünger. Regelmäßiges Ernten fördert den Fruchtansatz.

TIPP: STÜTZEN

Wenn die Sämlinge etwa 5 cm hoch sind, drückt man Stützen in die Erde, damit die Triebe nicht umfallen. Das können rustikale Zelte aus Ruten, an der Spitze zusammengebundene Bambusstäbe oder, wenn es ganz dekorativ werden soll, ein gekaufter Dreifuß sein. Die Triebe klettern selbstständig mit ihren Ranken, doch müssen sie am Anfang noch mit einer Schnur an der Stütze festgebunden werden.

Weiße Blüten und reifende Hülsen sehen in Wuchsbeuteln gar nicht schlecht aus. Stellen Sie die Beutel auf Kiesel.

Gewöhnliche Zuckererbsen

Pflanze
Gewöhnliche
Zuckererbse
(Zuckerschwerterbse)

Standort
Volle Sonne

Härte
Verträgt keine Temperaturen unter 0 °C

Erntezeit
Sommer

Topfgröße
30 cm oder mehr

Topfmaterial
Kunststoff, Ton,
Erdsäcke

Substrat
Universalerde

Mange-touts reifen den ganzen Sommer hindurch.

Die flachen, zarten Hülsen der Zuckererbsen werden als Ganzes gegessen. Man kann sie dünsten, kochen oder pfannengerührten Gerichten hinzufügen. Es gibt viele schmackhafte Sorten: 'Carouby de Maussanne' etwa lässt ihren hübschen violetten Blüten lange, breite Hülsen folgen. 'Oregon Sugar Pod' trägt breite, intensiv süß schmeckende Früchte.

Säen Sie Zuckererbsen wie Mark- und Palerbsen aus (*siehe Seite gegenüber*) und geben Sie ihnen kräftige Stützen, sodass sie bis auf 1–1,5 m hochklettern können.

ERNTE
Gewöhnliche Zuckererbsen erntet und isst man am besten jung, denn später werden sie zäh und fädig. Lassen Sie sie nicht länger als 5 cm werden. Häufiges Ernten fördert den Ansatz von Hülsen über einen langen Zeitraum hinweg.

Zuckerbrecherbsen

Pflanze
Zuckerbrecherbse

Standort
Volle Sonne

Härte
Verträgt keine Temperaturen unter 0 °C

Erntezeit
Sommer

Topfgröße
30 cm oder länger

Topfmaterial
Kunststoff, Ton,
Erdsäcke

Substrat
Universalerde

Zuckerbrecherbsen haben Hülsen, die als Ganzes verspeist werden – aber erst, wenn die Samen darin zu voller Größe herangereift sind. Die süßen, knackigen, schmackhaften Genüsse werden als Zutat zu pfannengerührten Gerichten verwendet oder ein paar Minuten lang gedünstet, sodass sie danach noch bissfest sind. Man sät sie ab dem späten Frühjahr bis zum Hochsommer direkt im Freien in große Töpfe mit Universalerde. Bevor sie umfallen, gibt man ihnen eine Stütze.

Zuckerbrecherbsen werden wie Mark- und Palerbsen (*siehe Seite gegenüber*) kultiviert. Man schützt sie vor Schnecken und Vögeln. Gegen Schnecken hilft Kupferband (*siehe S. 243*), gegen Vögel ein Netz.

SORTEN
Das Angebot an Sorten von Zuckerbrecherbsen ist überschaubar, dennoch lohnt sich eine Auswahl, da manche äußerst wüchsig sind und eine Höhe von 1,8 m erreichen können. Zu den besten Formen für große Gefäße gehören 'Sugar Ann' mit gemäßigter Wuchshöhe von 75 cm und die 90 cm hohe 'Cascadia'.

Zuckerbrecherbsen gedeihen gut.

Tolle Knolle

Ob geschnipselt, geröstet, zu Brei zerstampft, sautiert, gekocht oder gebacken, Kartoffeln sind ein unverzichtbarer Bestandteil unserer Küche. Die Pflanzen entwickeln ein recht umfangreiches Wurzelsystem, lassen sich aber dennoch leicht in Töpfen ziehen. Man pflanzt sie in der ersten Frühjahrshälfte und kann nach ein paar Monaten ernten.

Pflanze
Kartoffel

Standort
Volle Sonne

Härte
Verträgt Frost bis
-15 °C

Erntezeit
Je nach Sorte vom
späten Frühjahr zum
Frühherbst

Topfgröße
Mindestens 30 cm
Breite und 30 cm
Tiefe

Topfmaterial
Kunststoff, Gewebe-
beutel

Substrat
Universalerde

Obwohl die Zahl der Kartoffelsorten riesig ist und Züchtungen in etlichen Farben, Formen und Größen zur Auswahl stehen, schaffen es nur die wenigsten in die Regale der Supermärkte. Wenn man etwas ungewöhnlichere Vertreter sucht (gerade sie schmecken oft am besten), muss man sie sich also selbst heranziehen.

TOPFKULTUR

Vor dem Pflanzen müssen die Knollen vorgekeimt werden. Dazu gibt man sie im Spätwinter in eine flache Schale, stellt sie in einen Eierkarton oder legt sie auf einige Lagen Zeitungspapier und lässt sie an einem kühlen, hellen Ort eine Weile ruhen, bis sie austreiben. Sobald die Triebe rund 3 cm lang sind, was bis zu sechs Wochen dauern kann, werden sie gepflanzt.

Kartoffeln brauchen ein breites, tiefes Gefäß – ideal ist ein Abfalleimer aus Kunststoff oder ein Wuchsbeutel aus Gewebe. Das Behältnis muss reichlich Abzugslöcher haben. Geben Sie eine 15 cm dicke Schicht Erde hinein und legen Sie zwei Knollen so darauf, dass die Sprossen nach oben zeigen. Nun werden sie mit einer zweiten 15 cm dicken Schicht abgedeckt und gut gegossen. Sobald die Triebe rund 20 cm hoch sind, füllt man eine weitere Lage Substrat in das Gefäß, sodass nur noch ihre Spitzen aus der Erde gucken. So geht es weiter, bis der Topf fast voll ist. Gießen Sie immer gut, vor allem bei Hitze und Trockenheit. Eine ausgeglichene Vorratsdüngung ist ideal.

Mitte **Die Triebe von Kartoffeln** brechen leicht. Bei der Topfkultur kann man ein paar Zweige als Stütze in die Erde stecken.

TIPP: ERNTEN

Kartoffeln werden vom Frühsommer bis zum Frühherbst geerntet. Salat- und Frühsorten sollten während der Blüte der Pflanzen aufgenommen werden, Vertreter der Haupternte erst dann, wenn das Laub abstirbt. Legen Sie das Gefäß auf die Seite, lockern Sie den Ballen und kämmen Sie mit den Fingern durch die Erde.

Empfehlenswerte Sorten

'Foremost' liefert glatte, runde Knollen mit gelber Schale und festem, weißem Fleisch. Früh- und Salatkartoffel.

'Red Duke of York' hat ovale Knollen mit auffallender roter Schale und creme-weißem Fleisch. Gut zum Backen.

'Accent' ist die ideale Pellkartoffel. Sie gehört zu den frühen Sorten und hat ovale Knollen mit hellgelbem Fleisch.

'Belle de Fontenay' liefert kleine gelbe, nierenförmige, festkochende Knollen. Eine Salatsorte, die sich gut lagern lässt.

'Yukon Gold' heißt eine große gelbscha-lige Kartoffel, die man am besten bäckt oder brät. Reicher, buttriger Geschmack.

'Pink Fir Apple' bildet knotige Knollen, die sich nicht schälen lassen, weshalb man sie abreibt. Kalt in Salaten servieren.

'Ratte' ist eine alte französische Sorte mit nussigem, festkochendem Fleisch. Die Knolle wird kalt oder heiß verzehrt.

'Charlotte' schmeckt hervorragend, hat einen hohen Ertrag und schmale Knol-len mit festem, cremegelbem Fleisch.

KÖSTLICHE WURZELN

Gesunde Wurzeln

Wurzelgemüse in Töpfen zu ziehen mag nicht das Naheliegendste sein. Aber solange man den Pflanzen ein tiefes Gefäß gibt und sie mit ausreichend Wasser versorgt, gedeihen sie gut in dieser Art von Kultur. Rote Bete brauchen praktisch überhaupt keine Pflege. Meerrettich hingegen fordert etwas mehr Aufmerksamkeit, doch lohnt sich für Liebhaber seiner scharfen Saucen die Mühe auf jeden Fall.

KÖSTLICHE WURZELN

Meerrettich

Pflanze
Meerrettich

Höhe und Breite
H 75 cm, B unterschiedlich

Standort
Sonne oder Halbschatten

Härte
Winterhart

Erntezeit
Herbst

Topfgröße
Mindestens 30 cm

Topfmaterial
Kunststoff

Substrat
Universalerde

Im Freiland kann Meerrettich wuchern, doch kann man seinen Ausbreitungsdrang zügeln, indem man ihn in einen großen Kübel verbannt. Die nackten Wurzeln werden im Frühjahr verkauft, Jungpflanzen sind etwas später erhältlich. Man pflanzt die Wurzeln (die »Fechser«), indem man einen Topf mit Erde füllt, mit einem Pflanzholz Löcher in das Substrat sticht und die Wurzel so hineinsteckt, dass sich das obere Ende 5 cm unter der Oberfläche befindet. In einem 30-cm-Topf bringt man drei Exemplare unter. Sie werden mit Erde abgedeckt und gut gegossen. *Armoracia rusticana* 'Variegata' mit weiß geflecktem Laub ist wesentlich ansehnlicher als die normalerweise kultivierte grüne Art.

VERJÜNGEN
Meerrettich erweist sich als sehr wüchsig und füllt den Topf in kürzester Zeit aus. Man verjüngt ihn am besten mit der Ernte im Herbst. Holen Sie etwa die Hälfte der Wurzeln heraus und pflanzen Sie die restlichen wieder neu ein. Diese treiben im Frühjahr neu aus.

TIPP: LAGERN

Meerrettich wird am besten frisch genossen. Wer zu viel geerntet hat, legt die Wurzeln in eine Kiste, bedeckt sie mit feuchtem Sand und stellt sie an einen kühlen, dunklen, frostfreien Platz. Man kann sie auch schälen, raspeln und im Ofen bei schwacher Hitze ein paar Stunden trocknen. Luftdicht gelagert halten sie so 2–3 Monate.

Panaschierter Meerrettich ist ein attraktiver Laubschmuck und liefert dieselben scharfen Wurzeln wie einfarbige Formen.

Rote Bete

Pflanze
Rote Bete

Höhe und Breite
H 1,8 m, B 1 m

Standort
Volle Sonne

Härte
Winterhart

Erntezeit
Sommer bis Früh-
herbst

Topfgröße
30 cm

Topfmaterial
Kunststoff, Ton

Substrat
Universalerde

Wer noch nie frische Rote Bete genossen hat, weiß nicht, was ihm entgeht. Die Knollen haben einen warmen, erdigen Geschmack, der wesentlich süßer ist als alles, was man in Essig eingelegt als Konserve bekommt. Zarte Babywurzeln schmecken roh in Salate geraspelt köstlich, reifere Exemplare dagegen kocht oder grillt man am besten. Sie werden geerntet, bevor sie in der Mitte verholzen – idealerweise mit nicht mehr als 6 cm Durchmesser. Auch die kräftig gefärbten Blätter sind essbar; man erntet sie jung für Salate oder dämpft sie wie Spinat.

Die Auswahl an Sorten in den verschiedensten Farben und Formen ist groß, doch haben sie alle eines gemeinsam: Sie sind kinderleicht zu ziehen.

AUSSAAT

Die Aussaat erfolgt vom Frühjahrsbeginn bis zum Frühsommer. Füllen Sie dazu ein Gefäß mit Erde und lassen Sie 5 cm Abstand zum Rand, damit das Wasser beim Gießen nicht überläuft. Nun wird der Samen dünn auf die Oberfläche gesät und mit einer 2 cm dicken Schicht gesiebter, klumpenfreier Erde bedeckt. Wässern Sie die Samen regelmäßig. Sobald die Sämlinge groß genug sind, dünnt man sie auf 12 cm Abstand aus, damit die Wurzeln genug Platz haben, sich zu entwickeln. Die ausgedünnten Pflänzchen kann man als Salat genießen.

Rote Bete bringen Farbe ins Spiel und lassen sich problemlos aus Samen ziehen. Man braucht sie nur gut zu gießen.

EMPFEHLENSWERTE SORTEN

'Red Ace' wächst kräftig und verträgt Trockenheit. Die dunkelroten runden, einheitlich großen Wurzeln verführen mit einem feinen, süßen Geschmack.

'Chioggia Pink' heißt eine außen rosarote Sorte, die beim Aufschneiden ein rosa Fleisch mit konzentrischen Kreisen zeigt. Man wässert sie gut, damit sie nicht schosst.

'Boltardy' ist eine sehr beliebte Sorte, weil sie kaum schosst und bei früher Aussaat sehr früh geerntet werden kann. Die zarten runden Knollen haben eine glatte Schale.

'Forono' lässt sich wegen der langen Wurzeln gut in Scheiben schneiden. Junge Exemplare schmecken besonders gut. Man sät erst zur Frühjahrsmitte, um Schossen zu verhindern.

Knackige Karotten

Eine akkurate Reihe von Karotten in Gemüsebeeten sind wir gewohnt, doch entwickeln sich die Wurzeln auch in der Topfkultur. Man braucht nur die Topfhöhe an die gesäte Sorte anzupassen: Lange, spitz zulaufende Formen brauchen ein hohes Gefäß, während kurze Stumpen mit flachen Behältnissen und Erdsäcken zurechtkommen.

KÖSTLICHE WURZELN

Pflanze
Karotte 'Mini Finger'

Standort
Volle Sonne

Härte
Winterhart, doch junge Pflanzen können vom Frost geschädigt werden

Erntezeit
Spätsommer bis Herbst

Topfgröße
20 cm

Topfmaterial
Kunststoff, Ton, Balkonkästen

Substrat
Tonhaltige, nährstoffreiche Blumenerde

Die runden Stumpfen eignen sich natürlich am besten für Gefäße. Falls man aber tiefe Töpfe hat, kann man auch traditionelle lange Sorten darin ziehen. Karotten werden idealerweise jung und zart geerntet, bevor sie zu verholzen beginnen. Daher wartet man, bis sie Farbe annehmen (meist werden sie orangefarben), und erntet sie, sobald sie etwa fingerdick sind. Gedrungene Sorten empfehlen sich besonders: Die Zwergform 'Mini Finger' reift rasch und hat schlanke Wurzeln.

Frühsorten werden im zeitigen Frühjahr gesät, müssen anfangs aber zum Schutz vor widriger Witterung mit Hauben oder Vlies abgedeckt werden. Ab April oder Mai kann man sie auch ohne Schutz im Freien aussäen.

Damit sich die Karottenkultur lohnt, sollte man immer mehrere Töpfe zur Ernte parat haben und sie in etwa 14-tägigem Rhythmus satzweise besäen. Eine weitere Möglichkeit ist, ein großes Gefäß in mehrere Abschnitte zu teilen und die Aussaat darin zu staffeln. Die Samen werden dünn auf die Oberfläche von feuchtem Substrat im Abstand von 2–3 cm gesät und 1 cm hoch mit Erde bedeckt.

GIESSEN UND DÜNGEN

Die Erde muss stets feucht bleiben, doch darf man auch nicht überreichlich wässern, sonst bildet sich zu viel Laub auf Kosten der Wurzeln. Lässt man den Ballen dagegen mehrere Tage lang austrocknen und gießt anschließend wieder, platzen die Karotten auf. Frische tonhaltige Topferde enthält ausreichend Nährstoffe, sodass ein Düngen nicht notwendig ist.

*Mitte **Die Karottensorte 'Mini Finger'** entwickelt zylindrische Wurzeln, die fingerbreit am zartesten schmecken.*

TIPP: SCHUTZ VOR DER MÖHRENFLIEGE

Beim Ausdünnen der Sämlinge wird die Möhrenfliege vom Geruch angelockt und legt ihre Eier ab. Nach dem Schlüpfen fressen sich die Larven in die Wurzeln. Man sät daher spärlich aus, um nicht ausdünnen zu müssen, und deckt die Töpfe mit Kulturschutznetz ab.

Empfehlenswerte Sorten

'Bangor' *wird am besten in einem hohen Gefäß gezogen. Die Sorte hat schmackhafte, glatte, längliche Wurzeln.*

'Carson' *ist eine spitz zulaufende Sorte mit süßem Geschmack und knackiger Konsistenz. Sie lässt sich gut lagern.*

'Chantenay Red Cored 2' *schmeckt herrlich süß. Die gedrungenen Wurzeln sind dunkelorangefarben.*

'Infinity' *entwickelt lange, schlanke, knackige Wurzeln, die sehr süß schmecken. Man erntet sie nach drei Monaten.*

'Amsterdam Forcing 3' *ist eine beliebte alte Sorte mit orangefarbenen, süßen Wurzeln, die roh köstlich schmecken.*

'Autumn King 2' *bildet schmackhafte Wurzeln mit rotem Kern, die kaum aufplatzen, aber ein hohes Gefäß brauchen.*

'Volcano' *heißt diese sehr schmackhafte, lange, schlanke Sorte, die wegen ihrer Frosthärte früh gesät werden kann.*

'Parmex' *reift rasch und liefert rundliche Wurzeln mit intensivem Geschmack, die man als Ganzes naschen kann.*

Kürbisse

Kürbisse bringen den frühherbstlichen Garten zum Leuchten wie kaum ein anderes Gemüse, gleich ob sie über den Rand eines Gefäßes hängen oder an Stützen emporklettern. Man kann sie bis zu sechs Monate lang lagern und ihr schmackhaftes Fruchtfleisch genießen, das für winterliche Gerichte gebacken, gedünstet oder gekocht wird. Die kleinen Formen bieten sich zudem als origineller Tischschmuck an.

FÜR DIE KALTE JAHRESZEIT

Pflanzen
'Harlequin', Patisson, kleiner Kürbis

Standort
Volle Sonne

Härte
Verträgt keine Temperaturen unter 0 °C

Erntezeit
Herbst

Topfgröße
Mindestens 30 cm

Topfmaterial
Kunststoff, Hochbeet, Erdsack

Substrat
Universalerde

Die Auswahl an Kürbissen ist unüberschaubar groß, was angesichts der Vielfalt an Formen, Fruchtfarben und Größen auch kein Wunder ist. Sie sehen in Gefäßen, Hochbeeten oder Erdsäcken auf einer sonnigen, geschützten Terrasse blendend aus, dabei schmecken sie obendrein noch gut.

Man kauft entweder im späten Frühjahr Jungpflanzen oder sät im Haus aus, indem man im Frühjahr zwei Samen 2–3 cm tief in Seitenlage in kleine Töpfe steckt, die in einen beheizten Anzuchtkasten kommen. Nach der Keimung wird der schwächere der beiden Sämlinge entfernt. Sobald sich die Wurzeln im Abzugsloch zeigen, setzt man die Pflänzchen in größere Gefäße um. Wenn die Spätfrostgefahr vorbei ist, dürfen sie nach draußen. Wer nicht genug Platz hat, um die Triebe über den Boden kriechen zu lassen, zieht sie an Stützen. Wenn sie sich nicht festhalten, bindet man sie fest. Die Stützen müssen jedoch die schweren Früchte tragen können. Vor allem bei Hitze muss man regelmäßig gießen.

KÜRBISSE REIFEN LASSEN
Die Früchte reifen nur, wenn sie viel Licht und Sonne bekommen. Daher muss beschattender Wuchs entfernt werden. Geerntet wird je nach Sorte unterschiedlich, aber immer vor dem ersten Frost.

TIPP: LAGERN VON KÜRBISSEN

Nach der Ernte legen Sie Ihre Kürbisse auf eine saubere Fläche an einen sonnigen Platz, etwa auf ein Regal in einem kühlen Raum oder eine Bank im Gewächshaus. Dort bleiben sie ungefähr eine Woche lang, bis die Schale hart wird. So kann das Fleisch während der Lagerzeit im Winter nicht austrocknen. An einem kühlen, frostfreien Platz auf einer trockenen Lage Karton oder Stroh halten sie bis zum Frühjahr.

'Harlequin' und Patissons sowie kleine Kürbisse brauchen wöchentlich einen kalireichen Dünger, etwa einen Tomatendünger. Der Lohn für die Mühe sind ausgesprochen dekorative Früchte.

Empfehlenswerte Sorten

'Turk's Turban' gehört zu den farbenprächtigsten Kürbissen. Das zitronengelbe Fleisch schmeckt etwas nach Rübe.

'Jack Be Little' trägt bis zu acht winzige Früchte pro Pflanze. Sie sind gerade so groß, dass sie für eine Portion reichen.

'Sweet Dumpling' hat bis zu zehn gestreifte Früchte pro Pflanze. Man bäckt sie ganz oder schneidet sie in Eintöpfe.

'Crown Prince' bietet eine gerippte, blaugraue Schale und orangefarbenes Fleisch, das gebacken köstlich schmeckt.

Kleine Kürbisse brauchen keine Stütze, wenn man schwere Früchte in Netze steckt, in denen Zitrusfrüchte verkauft werden, und diese an kräftige Stäbe bindet, damit keine Triebe brechen.

Winterfreuden

Sie ziehen sich gern Ihr eigenes Gemüse heran? Dann gibt es keinen Grund, warum im Herbst damit schon Schluss sein sollte. Sie können die Saison problemlos mit winterhartem Gemüse bis in den Winter ausdehnen und auch in der kalten Jahreszeit noch frische Genüsse draußen ernten. Das kälteverträgliche Gemüse kann in großen Töpfen gezogen werden und lässt sich leicht aus Samen oder Jungpflanzen ziehen, die man sich im Handel besorgt.

Lauch

Pflanze
Lauch

Standort
Volle Sonne

Härte
Winterhart

Erntezeit
Spätherbst bis Winter

Topfgröße
30 cm oder größer

Topfmaterial
Stein, Erdsäcke, Kunststoff, Holzkisten

Substrat
Tonhaltige, nährstoff-reiche Blumenerde

Lauch ist eine feste Größe im Gemüsegarten, dank seiner aufrechten Stängel und der über-hängenden, blau bereiften Blätter aber auch eine stattliche, dekorative Topfkultur. Um eine gute Show und gleichzeitig eine erkleckliche Ernte zu liefern, pflanzt man genug für mehrere Mahlzeiten. Lauch wird in preiswerte Plastik-töpfe oder große Gefäße wie z. B. Holzkisten gesteckt, die mindestens 35 cm hoch sind.

Stellen Sie Lauch an einen sonnigen, geschütz-ten Platz. Gesät wird im April–Mai drinnen; im Juni–Juli kommen die Sämlinge in ihr Freilandge-fäß. Man gießt sie gut und erntet die Stangen ab dem Spätherbst.

TIPP: SÄMLINGE AUSPFLANZEN

Pflanzen Sie Lauch-sämlinge im Juni–Juli in große Töpfe. Als Erstes sticht man mit einem Pflanzstock 20 cm tiefe Löcher in 15 cm Abstand und steckt je einen Sämling hinein. Dann gießt man und lässt das Wasser ablaufen. Dadurch werden die Wurzeln mit Erde bedeckt und die Stängelansätze gebleicht.

Geben Sie Lauch in Töpfen im Hochsom-mer einen stickstoffrei-chen Dünger, um das Wachstum bis zur Ernte zu fördern.

Winterkohl und Endivie

Pflanze
Endivie

Standort
Volle Sonne

Härte
Winterhart

Erntezeit
Spätherbst bis Winter

Topfgröße
Große rechteckige
Tröge oder 45-cm-
Topf

Topfmaterial
Stein, Erdsäcke,
Kunststoff

Substrat
Tonhaltige, nährstoff-
reiche Blumenerde

Viel Gemüse kann man im Winter nicht ernten, doch wer Kohl in Gefäßen zieht, braucht auch in der kalten Jahreszeit nicht auf Frisches zu verzichten. Die Köpfe halten nicht nur widrigster Witterung stand, sie sehen dabei auch noch gut aus. Und die Auswahl ist gar nicht einmal so klein. Sie reicht von glattlaubigen Sorten bis zum runzeligen Wirsing.

Säen Sie im späten Frühjahr aus und pflanzen Sie die Sämlinge im Hochsommer in einen Trog oder ein rechteckiges Gefäß, in dem mehrere Köpfe Platz finden. Man deckt sie mit Kulturschutznetzen ab, um sie vor dem Kohlweißling zu schützen, dessen Raupen das Gemüse im Handumdrehen verputzen. Gießen Sie die Pflanzen gut und arbeiten Sie beim Einpflanzen etwas ausgeglichenen Langzeitdünger in das Substrat ein.

ENDIVIEN

Die ausgefransten Blätter der Endivie sehen ausgesprochen dekorativ aus, doch an ihren bitteren Geschmack muss man sich gewöhnen. Ausgesät werden die Salate im Hochsommer in große Gefäße; nach einer Weile dünnt man sie auf 20 cm Abstand aus. Zupfen Sie die äußeren Blätter nach Bedarf ab oder ernten Sie gleich den ganzen Kopf. Mitunter treibt die Pflanze noch einmal durch. Eine Abdeckung im Winter verlängert die Ernte.

Endivie sieht in Töpfen gut aus. Ihr bitterer Geschmack bereichert im Winter die Speisen.

FÜR DIE KALTE JAHRESZEIT

SORTENEMPFEHLUNGEN

'January King 3' ist eine Wirsing-
sorte mit großen schmackhaften
Köpfen, die von bereiften, gekräuselten äußeren Blättern umrahmt
werden.

'Jewel' ist schossfest und trotzt
unbekümmert schlechtem Winterwetter. Die Sorte bildet einen locke-
ren Kopf aus sehr schmackhaften,
glatten dunkelgrünen Blättern.

'Siberia' verdient seinen Namen:
Selbst Frost, Schnee und andere
Wetterunbilden des Winters
können diesem Wirsing mit süßem
Geschmack nichts anhaben.

'Tarvoy' wurde gezüchtet, um
selbst widrigstem Winterwetter zu
trotzen. Der Wirsing bildet einen
dichten Kopf aus runzeligen dunkelgrünen, nahrhaften Blättern.

Frische Pfefferminze

Pfefferminze taugt nicht nur zum Garnieren von Speisen, sondern man bereitet damit auch den beliebten Pfefferminztee zu. Aber warum soll man sich auf »minzige« Pfefferminze beschränken, wenn es auch nach Ingwer, Apfel oder sogar Schokolade schmeckende Vertreterinnen gibt? So vielfältig ihre Geschmacksrichtungen, so facettenreich sind ihre Blattformen. Gönnen Sie sich ein paar dieser Gewächse in Töpfen.

Pflanzen
Mentha suaveolens 'Variegata', Hornveilchen, *Bacopa* (Syn. *Sutera*) *cordata*

Höhe und Breite
Mentha:
H und B 30 cm;
Hornveilchen:
H 15 cm;
Bacopa: B 30 cm

Standort
Sonne oder Halbschatten

Härte
Winterhart

Erntezeit
Frühjahr bis Herbst

Topfgröße
30 cm

Topfmaterial
Ton, Stein

Substrat
Tonhaltige, nährstoffreiche Blumenerde

Wer Pfefferminze in seinem Garten ins Freiland setzt, muss damit rechnen, dass sie sich ungehemmt ausbreitet. Um das zu vermeiden, verbannt man das Kraut in Töpfe, wo man es in Reichweite neben die Eingangstür stellen oder in eine Lücke in der Rabatte versenken kann, wobei der Gefäßrand etwas über die Erdoberfläche hinausragen muss, damit keine Triebe entwischen.

Es stehen Dutzende Pfefferminz-Arten und -Sorten zur Auswahl. die Grüne Minze *Mentha spicata* 'Tashkent' wächst aufrecht und trägt stark runzelige Blätter, während die Schokoladen-Minze *M. × piperita* fo. *citrata* 'Chocolate' dunkelbraunes Laub aufbietet, das nach Schokocreme schmeckt. *M.* 'Berries and Cream' hat eine fruchtige Note, *M. arvensis* 'Banana' duftet, wie der Name schon andeutet, nach Bananen. Wenn Sie mehrere Pfefferminzen kultivieren wollen, pflanzen Sie sie nicht direkt nebeneinander, sonst verlieren sie ihren typischen Duft und Geschmack.

Die Pflege von Pfefferminze ist einfach. Man zieht sie an einem sonnigen bis halbschattigen Platz und gießt sie gut, vor allem bei heißer, trockener Witterung. Zweimal im Jahr bekommt Pfefferminze eine Kopfdüngung mit einer Handvoll Hornmehl.

Durch regelmäßiges Abzupfen der Blätter hält man die Pflanzen kompakt und regt sie zum Neuaustrieb an. Sind sie im Sommer verblüht, schneidet man die Blütentriebe auf etwa 5 cm über dem Boden zurück.

HALTBAR MACHEN

Pfefferminze wird am besten frisch verwendet, doch kann man sie auch für den Winter konservieren. Dazu erntet man die Triebe, wäscht sie gut, schüttelt sie trocken, schneidet sie klein und friert sie in Eiswürfelschalen ein. Braucht man sie, holt man einfach einen Eiswürfel heraus.

Die Zitronen-Minze (Mentha × piperita fo. citrata 'Lemon') *verbindet Pfefferminz- und Zitrusgeschmack. Sie passt in Blatt- wie in Obstsalate.*

TIPP: NEUE PFLANZEN

Wenn es einer Pfefferminze im Topf zu eng wird, muss man sie verjüngen. Dazu Topf umdrehen und Ballen herausholen. Durch Auseinanderziehen der Wurzeln in zwei Teile teilen und die Teile in frisches Substrat eintopfen.

Pfefferminze lässt sich aber auch aus Triebstecklingen ziehen: 10 cm lange Triebe in kleine, mit feuchter Erde gefüllte Töpfe setzen oder in Wasser stellen, bis sie Wurzeln bilden.

Auswahl von Pfefferminzen

Die Rundblättrige Minze (Mentha suaveolens) *trägt ovale Blätter und rosalila Blüten im Sommer.*

Die Rossminze (Mentha longifolia) *ist eine Wildart mit grauem Laub und violetten Blütenständen.*

Die Ingwer-Minze (Mentha × gracilis) *mit eiförmigem Laub verströmt einen würzigen Minzeduft, der zu Obst passt.*

Die Bergamott-Minze (Mentha × piperita fo. citrata) *ist hoch aromatisch. Man legt sie in Essig ein.*

Die Ananas-Minze *bildet mit Veilchen und Bacopa unterpflanzt eine Gruppe im ländlichen Stil. Sie macht sich gut in großen rustikalen Gefäßen wie alten Kaminaufsätzen.*

KRÄUTER

Teekräuter

Kräuter sind nicht nur zum Würzen von Speisen da, viele werden auch wegen ihrer wohltuenden Eigenschaften geschätzt. Aus ihren Blättern oder Blüten lassen sich z. B. aromatische, beruhigende Tees zubereiten. Zu den Heilkräutern, aus denen Tee bereitet wird, gehören Fenchel, Melisse und Kamille. Die nützlichen Pflanzen gedeihen in der Sonne und sind eine willkommene Bereicherung von Topfgärten.

Fenchel *Foeniculum vulgare*

Pflanzen
Gewürz-Fenchel und Knollenfenchel
(*Foeniculum vulgare* var. *dulce* und *F. v.* var. *azoricum*)

Höhe
H 2 m, B 45 cm

Standort
Volle Sonne

Härte
Winterhart

Erntezeit
Blätter vom Frühjahr zum Herbst, Samen im Herbst, Knolle im Herbst

Topfgröße
30 cm und mehr

Topfmaterial
Kunststoff, Metall

Substrat
Tonhaltige, nährstoffreiche Blumenerde

Zwei Varietäten des Fenchels werden in der Küche verwendet: Knollenfenchel und Gewürzfenchel. Der zweijährige Knollenfenchel wird wegen seiner scheidenartig verdickten Blattstiele gezogen, die man in Salate raspelt oder dünstet, während die gefiederten Blätter des mehrjährigen Gewürzfenchels Salate bereichern. Seine scharfen Samen, die auf die gelben Blüten folgen, kommen ebenfalls in der Küche oder als Tee zum Einsatz (*siehe unten*). Neben der grünlaubigen Art lohnt der Anbau der Sorte 'Smokey' mit bräunlichen Blättern und süßem Lakritzgeschmack.

KULTUR

Säen Sie Knollenfenchel im Frühjahr im Haus in kleine Töpfe. Nach den letzten Frösten bringt man die Sämlinge nach draußen und pflanzt sie mit 30 cm Abstand. Gewürz-Fenchel wird ebenfalls ausgesät oder aus gekauften Jungpflanzen gezogen. Beide Arten brauchen stark durchlässige, tonhaltige Erde, in deren oberste Schicht etwas Langzeitdünger eingearbeitet wurde. Man gießt sie gut und mulcht mit Komposterde.

TIPP: FENCHELTEE

Aus Fenchelsamen werden seit jeher wohlschmeckende Tees zubereitet, die verdauungsfördernd wirken und Magenkrämpfe lösen. Dazu bringt man 0,5 l Wasser zum Kochen, gibt einen Teelöffel zerstoßene Fenchelsamen hinein und lässt das Ganze 10 Minuten ziehen. Abseihen und mit frischer Orangenschale servieren.

Wer den Geschmack von Anis mag, hat mit Knollenfenchel (Mitte) *und Gewürz-Fenchel das perfekte Paar im Garten.*

Römische Kamille *Chamaemelum nobile*

Pflanze
Römische Kamille
(*Chamaemelum nobile*)

Höhe und Breite
H und B 30 cm

Standort
Volle Sonne

Härte
Winterhart

Erntezeit
Sommer

Topfgröße
30 cm

Topfmaterial
Ton, Stein, Kunststoff

Substrat
Tonhaltige, nährstoffreiche Blumenerde

Kamillentee wird aus den frischen und getrockneten Blütenköpfchen dieser Einjährigen zubereitet. Ihre weiß-gelben Blumen erscheinen im Sommer an langen Stängeln über grünem, gefiedertem Laub, das beim Zerreiben duftet. Die Blüten der Römischen Kamille haben die beste Qualität. 'Flore Pleno' wird 15 cm hoch und trägt gefüllte Blumen, während die niedrige Sorte 'Treneague' als Bodendecker und Rasenersatz zum Einsatz kommt, jedoch keine Blumen bildet und sich daher nicht für Tees eignet.

KULTUR

Ziehen Sie Kamille aus Samen oder kaufen Sie im Frühjahr Jungpflanzen. Sie werden in 30-cm-Töpfe mit Einheitserde gesetzt und in der vollen Sonne aufgestellt. Alle sechs Wochen wird mit einem Flüssigdünger für Nährstoffnachschub gesorgt. Gelegentliches Stutzen verhindert, dass die Stängel zu lang werden.

Kamille beruhigt die Nerven.

Zitronen-Melisse *Melissa officinalis*

Pflanze
Zitronen-Melisse
(*Melissa officinalis*
'All Gold')

Höhe und Breite
H 75 cm, B unterschiedlich

Standort
Volle Sonne

Härte
Winterhart

Erntezeit
Spätes Frühjahr bis Herbst

Topfgröße
20 cm

Topfmaterial
Ton, Stein, Kunststoff

Substrat
Tonhaltige, nährstoffreiche Blumenerde

Die Melissen-Sorte 'All Gold' eignet sich bestens für Tees.

Das ätherische Öl aus den Blättern der duftenden mehrjährigen Zitronenmelisse kommt in der Aromatherapie zum Einsatz. Der Tee wiederum soll Spannungen lösen, die Verdauung fördern und das Gedächtnis verbessern. Die grüne Art *Melissa officinalis* sieht unspektakulär aus, doch die gelbe Sorte 'All Gold' und die grün-gelb panaschierte Form 'Aurea' brauchen sich nicht zu verstecken. Sie alle setzen ihren Duft bei der leichtesten Berührung frei und können zu beruhigenden Tees verarbeitet werden.

Für ein besonders gutes Aroma stellt man die Pflanzen in die volle Sonne und leicht erhöht, sodass man sie zum Greifen nah hat. Schneiden Sie regelmäßig, um einen verzweigten Wuchs zu fördern, und zwicken Sie die Blütenstände ab.

PFLEGE IM WINTER

Die sommergrüne Staude ist winterhart, leidet aber in nassen Wintern. Man stellt die Gefäße an einen geschützten Ort, etwa im Regenschatten einer Mauer, etwas erhöht auf Füße oder Steine.

Mehrjährige Kräuter

Immergrüne Kräuter verdienen einen festen Platz im Garten. Sie bereichern ihn nicht nur ganzjährig mit ihren Farben, Strukturen und ihrem schönen Wuchs, im Winter sind sie sogar die wichtigsten Protagonisten, wenn es im Kräuterbeet wenig sonst zu ernten gibt. Lorbeer ist zusammen mit Petersilie und Thymian ein wesentlicher Bestandteil des klassischen Bouquet garni, während sich Salbei als Würzkraut für Fleisch einen festen Platz in der Küche erobert hat.

Lorbeer *Laurus nobilis*

Pflanze
Lorbeer (*Laurus nobilis*) als Hochstämmchen

Höhe und Breite
H 1,8 m, B 50 cm

Standort
Volle Sonne

Härte
Verträgt leichten Frost, braucht im Winter Schutz

Erntezeit
Ganzjährig

Topfgröße
30 cm oder größer

Topfmaterial
Beliebig

Substrat
Tonhaltige Blumenerde

Eine Eingangstür lässt sich kaum stilvoller einrahmen als mit einem Paar Lorbeer-Hochstämmchen. Ein einzelnes Exemplar dagegen bietet sich als zentraler Blickfang einer Topfgruppe auf einer befestigten Fläche oder als grüner Akzent in einer farbenfrohen Sommerblumenrabatte an.

Die Mittelmeerpflanze braucht viel Sonne und gute Dränage. Man stellt ihr Gefäß am besten auf Füße, damit Wasser gut ablaufen kann und die Wurzeln nicht in nasser Erde stehen. Im Winter stellt man Lorbeer an einen frostfreien Platz im Haus.

SCHNITT
Der immergrüne Strauch mit dichtem Laubwerk eignet sich vorzüglich für einen Formschnitt – zu einem Kegel oder einer Pyramide lässt er sich leicht zurechtstutzen. Ohne einen Schnitt sieht er nach einer Weile ziemlich zerzaust aus. Man schneidet im Sommer. Triebe am Stamm kappt man mit der Schere oder dreht sie ab.

Lorbeerbäumchen bekommen im Frühjahr und Hochsommer einen ausgewogenen organischen Dünger.

TIPP: BLÄTTER KONSERVIEREN

Lorbeerblätter sind frisch am besten, doch kann man sie auch trocknen und aufbewahren – ob einzeln oder an einem Zweig. Dazu lagert man sie als Ganzes in luftdichten Tüten oder Gefäßen, wo sie sich etwa ein Jahr lang halten. Zusammen mit Petersilie und Thymian bildet Lorbeer das klassische Bouquet garni. In der Küche kommen die Blätter in Suppen und Eintöpfen zum Einsatz.

Echter Salbei *Salvia officinalis*

Pflanzen
Panaschierter
Echter Salbei (*Salvia
officinalis* 'Tricolor'),
Erdbeeren

Höhe und Breite
H 40 cm, B 1 m

Standort
Volle Sonne

Härte
Je nach Sorte
frostempfindlich bis
winterhart

Erntezeit
Ganzjährig

Topfgröße
25 cm

Topfmaterial
Beliebig

Substrat
Kultursubstrat mit
Ton- oder Lehmanteil

Salbei ist ein aromatisches Kraut mit intensivem Geschmack, das gern als Küchengewürz verwendet wird. Am besten schmeckt der Echte Salbei (*Salvia officinalis*), doch macht er mit seinen graugrünen Blättern in einem Topf auf der Terrasse wenig her. Zum Glück gibt es von ihm etliche Sorten, die nicht nur gut schmecken, sondern auch gut aussehen, etwa die panaschierte Form *Salvia officinalis* 'Tricolor', *S. officinalis* 'Purpurascens' mit violettem Laub und *S. officinalis* 'Variegata'.

Die aus Nordafrika und dem Mittelmeerraum stammende Pflanze mit runzeligen Blättern braucht einen sonnigen, geschützten Standort, damit sich ihre ätherischen Öle entfalten. Obwohl sie als Halbstrauch wächst, ist sie kurzlebig, weshalb man sie etwa alle 4–5 Jahre austauschen muss. Wie bei vielen Stauden dauert die Anzucht aus Samen ziemlich lange. Man kauft daher Pflänzchen oder vermehrt über Stecklinge.

PFLEGE

Salbei ist ein recht anspruchsloses Gewächs. Man braucht nur den Sommer über regelmäßig zu gießen und sollte ihn im Frühjahr zurückschneiden. Winternässe mag die Pflanze allerdings nicht; daher stellt man die Töpfe an einen geschützten Platz auf Füße. Versorgen Sie Salbei einmal jährlich mit einem ausgeglichenen Langzeitdünger.

Salbei und Erdbeeren *wurden hier zu einem attraktiven und zugleich aromatischen Früchte-Kräuter-Mix kombiniert.*

KRÄUTER

EMPFEHLENSWERT

S. elegans *'Scarlet Pineapple'* *ist kein Küchenkraut, doch lohnt sich die Kultur wegen der nach Ananas duftenden Blätter und der hellroten Blüten im Herbst.*

S. officinalis *'Tricolor'* *heißt ein panaschierter Salbei, der mit seinen cremefarbenen, grünen und rosa Blättern einen hohen Zierwert hat und auch noch schmeckt.*

S. officinalis *'Purpurascens'* *ist eine winterharte Form mit runzeligen, stechend riechenden Blättern, über denen im Sommer hohe rosa-lila Blütenstände erscheinen.*

S. officinalis, *der Echte Salbei, trägt aromatisch duftendes, graugrünes Laub, das in der Küche einen hohen Stellenwert hat. Die winterharte Art übersteht den Winter im Freien.*

Aromatische Genüsse

Ihre beste Wirkung entfalten diese köstlichen Kräuter mit aromatischem Laub an warmen Tagen, wenn die in ihnen enthaltenen ätherischen Öle die Luft mit ihrem Duft erfüllen. Thymian und Basilikum gehören in eigenen Gefäßen an einen sonnigen Standort oder werden mit anderen Mittelmeerkräutern bzw. Nutzpflanzen zu einer dekorativen Gruppe kombiniert, die so gut aussieht, wie sie schmeckt.

KRÄUTER

Thymian *Thymus vulgaris*

Pflanzen
Echter Thymian, Estragon, Schnittlauch

Höhe und Breite
H und B 25 cm

Standort
Volle Sonne

Härte
Winterhart, braucht Schutz vor winterlicher Nässe

Erntezeit
Nahezu ganzjährig

Topfgröße
15 cm und mehr

Topfmaterial
Beliebig

Substrat
Tonhaltige Blumenerde mit Zusatz von Grobsand

Stellen oder hängen Sie Töpfe und Körbe mit Thymian in die Nähe der Eingangstür oder neben Sitzecken auf der Terrasse, damit man die frischen Blätter in Griffweite hat und sie über Salate oder Grillfleisch streuen kann.

Thymian ist ein zäher immergrüner Strauch, der extreme Trockenheit verträgt. Er gedeiht an einem sonnigen Standort in durchlässiger Erde. Ein trockener Topfballen bewirkt kompakten Wuchs. Im Winter verbessert man den Wasserabzug, indem man die Gefäße auf Füße stellt. Düngen Sie im Sommer alle 14 Tage mit Algenkalk und schneiden Sie die Pflanze nach der Blüte.

IDEAL FÜR TÖPFE
Es gibt viele gute Formen mit weit streichendem Wuchs, für Gefäße braucht man aber aufrechte Vertreter. In Bezug auf Duft, Geschmack und gutem Aussehen zeichnen sich die goldgelbe Sorte 'Golden Lemon', 'Fragrantissimus' mit Orangenduft und *T. pulegioides* 'Archer's Gold' aus.

TIPP: PFLANZPARTNER

Thymian lässt sich bestens mit anderen Kräutern und Nutzpflanzen kombinieren. Schön sieht er in Gesellschaft mit rotem Kopfsalat, Schnittlauch und Salbei in einem großen Gefäß aus. Neben seinem Wert in der Küche eignet er sich aber auch vorzüglich als Begleitpflanze, denn sein stechender Geruch hält Schädlinge fern. Bienen lieben die pollen- und nektarreichen Blüten.

Goldthymian, Estragon und Schnittlauch mögen dasselbe stark durchlässige Substrat in diesem Hängekorb.

Basilikum *Ocimum basilicum*

Pflanzen
Basilikum, Studentenblume, Thymian, Tomaten

Höhe und Breite
H und B 45 cm

Standort
Volle Sonne

Härte
Verträgt keine Temperaturen unter 0 °C

Erntezeit
Frühjahr bis Herbst

Topfgröße
15 cm und mehr

Topfmaterial
Kunststoff, Ton, Stein

Substrat
Universalerde

Selbstgezüchtetes Basilikum schmeckt um Längen besser als die langbeinigen Pflänzchen, die es in Supermärkten in Kunststofftöpfen zu kaufen gibt. Man sät die frostempfindlichen Gewächse im Spätwinter oder zeitigen Frühjahr aus. Dazu füllt man einen 8-cm-Topf mit Vermehrungserde, drückt sie fest, streut einige Körnchen der ausgewählten Sorte darauf und deckt sie mit einer dünnen Lage Vermiculit ab. Wässern Sie behutsam und stellen Sie den Topf in einen Anzuchtkasten oder stülpen Sie eine durchsichtige Plastiktüte darüber. Nach der Keimung nimmt man den Topf aus dem Kasten oder entfernt den Beutel. Halten Sie die Erde feucht und siedeln Sie die Sämlinge zu zweit oder dritt in 8-cm-Töpfe um, sobald sie 4–5 Blätter haben. Sind im Abzugsloch die Wurzeln zu sehen, muss man erneut umtopfen. Ab einer Temperatur von 10 °C kann man die Pflanzen nach draußen stellen.

WUCHSKRAFT ERHALTEN

Basilikum treibt bis zum Sommerende immer neues Laub aus, falls man es stets dann in einen größeren Topf setzt, wenn im alten Gefäß Wurzeln durch das Abzugsloch spitzen. Halten Sie Ihre Exemplare buschig und wüchsig, indem Sie die Triebspitzen regelmäßig abzwicken und Blüten entfernen. Einmal im Monat braucht Basilikum einen Flüssigdünger. Gewässert wird morgens.

Basilikum im Verbund mit Tomaten, *Tagetes* und Thymian

KRÄUTER

BASILIKUM: SORTENEMPFEHLUNGEN

Ocimum basilicum *var.* purpurascens *'Dark Opal'* trägt violette, eiförmige, würzig duftende Blätter. Im Sommer erscheinen kleine rosa Blüten in Büscheln.

O. basilicum *'Horapha Nanum'* wächst kompakt und hat schmale, tief geäderte, nach Anis duftende Blätter, die in der thailändischen Küche häufig zum Einsatz kommen.

O. basilicum *'Well Sweep Purple Miniature'* ist eine Zwergform des violetten Basilikums, das niedrige Büsche bildet. Die grün gerandeten, spitzen Blätter schmecken köstlich.

O. basilicum *'Minette'* heißt eine kompakte Form, die in kleinen Töpfen hübsche runde Büsche bildet. Das Laub begeistert mit köstlich würzigem Geschmack.

Unentbehrliche Küchenkräuter

Petersilie, Rosmarin und Oregano sind drei der wertvollsten und häufigsten Küchenkräuter. Trotzdem haben sie auch fernab vom Herd ihren Wert, denn alle sind mit dekorativem Laub ausgestattet. Rosmarin und Oregano schmücken überdies mit hübschen Blüten, die Nützlinge anlocken. Man stellt die Töpfe mit den Kräutern am besten gleich neben die Tür ins Freie, sodass man sie stets griffbereit hat.

Petersilie *Petroselinum crispum*

Pflanze
Petersilie

Höhe und Breite
H 30 cm, B 25 cm

Standort
Halbschatten

Härte
Winterhart

Erntezeit
Ganzjährig

Topfgröße
25 cm

Topfmaterial
Kunststoff, Stein, Ton

Substrat
Universalerde

Wenn Sie ein Kraut für winterliche Gerichte brauchen, säen Sie im Herbst ein paar Petersiliensamen aus, damit in der kalten Jahreszeit wohlschmeckende Blätter in ausreichender Menge zur Verfügung stehen. Man kann aber auch im Frühjahr aussäen und ganzjährig ernten. Petersilie ist zwar eine Zweijährige, wird jedoch häufig einjährig gezogen. Sie fühlt sich in Töpfen mit Universalerde und an halbschattigen Standorten wohl. Gießen Sie regelmäßig und zupfen Sie die Blätter häufig ab, um den Neuaustrieb zu fördern. Krause Petersilie sieht zwar besser aus, aber die glatte hat einen kräftigeren Geschmack.

TIPP: AUSSAAT

Sauberes Gefäß mit Erde füllen und Samen dünn auf die Oberfläche säen. Mit einer 1 cm dicken Lage Substrat abdecken, gießen und an einen kühlen Platz stellen. Bis die Samen keimen, kann ein Monat vergehen. Sind die Sämlinge groß genug, dünnt man sie auf 2 cm Abstand aus.

Krause Petersilie
hat für Terrassen
einen guten Zierwert
und liefert ganzjährig
frisches Laub.

Rosmarin *Rosmarinus officinalis*

Pflanze
Rosmarin (*Rosmarinus officinalis* Prostratus-Gruppe)

Höhe und Breite
H 15 cm, B 30 cm und mehr

Standort
Volle Sonne

Härte
Meist nicht winterhart

Erntezeit
Ganzjährig

Topfgröße
20 cm

Topfmaterial
Beliebig

Substrat
Tonhaltige, nährstoffreiche Blumenerde

Kriechender Rosmarin gedeiht gut in steinernen Töpfen.

Rosmarin bereichert eine Terrasse oder einen Hof. Der immergrüne Strauch mit vernehmlich riechenden, linealischen Blättern gibt jedes Mal, wenn man ihn streift, seinen Duft frei. Er eignet sich bestens für vielbeschäftigte Gartenbesitzer, denn er braucht wenig Pflege: Gießen und einmal jährlich im Frühjahr Langzeitdünger geben. Die hübschen blauen Blüten erscheinen im Frühjahr und Sommer. Ein Zurückschneiden der Triebe nach der Blüte hält die Pflanzen kompakt.

SORTENAUSWAHL

Als Topfpflanzen bieten sich mehrere Sorten an. 'Miss Jessopp's Upright' erreicht im Gefäß bis zu 60 cm Höhe, während die Vertreter der Prostratus-Gruppe hängend wachsen. 'Lady in White' blüht weiß, 'Majorca Pink' rosa. Die breitwüchsige Form 'McConnell's Blue' wird nur 40 cm hoch.

Oregano *Origanum vulgare*

Pflanze
Oregano (*Origanum vulgare*)

Höhe und Breite
H und B 30 cm

Standort
Volle Sonne

Härte
Bedingt winterhart, vor Winterregen schützen

Ernte
Spätes Frühjahr bis Herbst

Topfgröße
15 cm

Topfmaterial
Beliebig

Substrat
Tonhaltige, nährstoffreiche Blumenerde

Das unverzichtbare Pizzagewürz bereitet bei der Anzucht aus Samen im Frühjahr keine Probleme, doch bekommt man es auch in Form von Jungpflanzen aus dem Gartencenter. Man setzt es in kleine Töpfe mit durchlässiger, tonhaltiger Erde und stellt es an einen sonnigen Platz. Obwohl grünlaubiger Oregano am beliebtesten ist, gibt es ansehnlichere Formen: 'Gold Tip' trägt Blätter mit gelber Spitze, während das Laub von 'Aureum Crispum' gelbgrün und runzelig ist. Zu den dekorativsten Sorten aber gehört 'Kent Beauty' mit kleinen rosa, von tiefrosa Hochblättern umkränzten Blüten.

PFLEGE

Gießen Sie regelmäßig, übertreiben Sie es aber nicht, sonst faulen die Wurzeln. Man stellt die Töpfe auf Füße, damit überschüssiges Wasser abläuft. Im Winter bringt man Oregano an einen geschützten Standort im Regenschatten einer Mauer oder in ein Kalthaus. Nach der Blüte schneidet man die Pflanzen zurück und gibt ihnen einen Flüssigdünger.

Oregano ergibt eine kompakte Blattschmuckpflanze.

Thai-Kräuter

Sie mögen thailändische Gerichte und bereiten sie selbst zu? Dann können Sie die dazugehörigen Würzpflanzen gleich selbst anbauen. Zitronengras, frische würzige Ingwerwurzeln und die Samen und Blätter von Koriander gelten in der südostasiatischen Küche als unverzichtbare Zutaten, die man immer zur Hand haben muss. Sie alle gedeihen gut in Pflanzgefäßen an einem sonnigen, geschützten Standort.

Zitronengras *Cymbopogon citratus*

Pflanze
Zitronengras

Höhe und Breite
H 90 cm, B 60 cm

Standort
Volle Sonne

Härte
Verträgt keine Temperaturen unter 0 °C

Erntezeit
Ganzjährig

Topfgröße
20 cm

Topfmaterial
Kunststoff, glasierte Keramik

Substrat
Tonhaltige, nährstoffreiche Blumenerde

Zitronengras wird in erster Linie wegen seiner verdickten, aromatischen Blattbasen kultiviert. Das Gras bildet ein Büschel aus leicht übergeneigten, riemenförmigen Blättern und kann sogar exotische Sommerblumen und andere Ziergewächse begleiten.

Vermehrt wird Zitronengras aus Stängelstücken, die man im Supermarkt kauft (*siehe unten*), oder durch Aussaat unter Glas im Spätwinter. Ausgebracht wird dünn in Töpfe; die Keimung erfolgt im Anzuchtkasten. Sind die Sämlinge groß genug, pflanzt man sie zu dritt in einen kleinen Topf und stellt sie auf eine helle Fensterbank. Sobald die ersten Wurzeln aus dem Wasserabzugsloch spitzen, kommen die Pflanzen in größere Gefäße.

PFLEGE
Im Frühsommer stellt man Zitronengras nach draußen in die Sonne, gießt es häufig und düngt alle 14 Tage. Wenn es im Spätsommer wieder nach drinnen kommt, stellt man es an einen hellen Platz und reduziert die Wassergaben, sodass der Ballen jedes Mal austrocknet.

TIPP: VERMEHRUNG DURCH STÄNGEL

Kaufen Sie frische Stängel und stellen Sie sie zum Bewurzeln in eine Schale Wasser auf einer sonnigen Fensterbank. Wasser regelmäßig wechseln. Haben sich Wurzeln entwickelt, schneidet man die Spitze ab und pikiert die Stängel in Töpfe mit tonhaltiger Erde. Im Sommer hält man den Ballen feucht, aber nicht nass.

Ernten Sie Zitronengras, sobald die Stängel 30 cm hoch sind. Sie werden 2 cm über dem Ansatz gekappt und treiben wieder aus.

Koriander und Ingwer *Coriandrum sativum* und *Zingiber officinale*

Ingwer, Zitronengras und Koriander sind in Aussehen und Geschmack Exoten, lassen sich aber überraschend einfach in Töpfen ziehen.

Pflanzen
Koriander und Ingwer

Höhe und Breite
Koriander:
H 50 cm, B 20 cm;
Ingwer:
H 90 cm, B 40 cm

Standort
Sonne oder Halbschatten

Härte
Verträgt keine Temperaturen unter 0 °C

Erntezeit
Koriander: Sommer bis Frühherbst;
Ingwer: Herbst

Topfgröße
20 cm

Topfmaterial
Kunststoffgefäß im dekorativen Übertopf

Substrat
Universalerde

Koriander bildet an einem sonnigen bis halbschattigen Platz im Garten einen ansehnlichen Horst aus dekorativen Blättern. Wer das Laub nutzen will, pflanzt 'Cilantro' oder 'Leisure'; wer Samen braucht, kultiviert die Art *Coriandrum sativum*. Alle drei lassen sich ohne Probleme aus Samen ziehen. Sie werden im Frühsommer dünn auf die Oberfläche eines mit tonhaltiger Erde gefüllten Topfs gesät und leicht mit Erde bedeckt. Will man Blätter ernten, lässt man alle 3 cm einen Sämling stehen, braucht man Samen, beträgt der Abstand 10 cm. Halten Sie den Ballen leicht feucht.

INGWER-KULTUR

Im Frühjahr bringt man Rhizome zum Keimen und stellt sie im Sommer nach draußen. Die Erde muss stets feucht bleiben. Eine monatliche Düngergabe ist ratsam. Ingwer mag es feucht, weshalb man ihn hin und wieder besprüht. Den Winter überlebt er nur, wenn es sehr hell und warm ist. Man lässt die Pflanzen also am besten im Herbst austrocknen und erntet die Wurzeln.

TIPP: INGWER PFLANZEN

Ingwer lässt sich leicht aus Rhizomen ziehen. Im Frühjahr frische, kräftige Wurzeln mit reichlich knotigen Augen im Supermarkt kaufen, in 5 cm lange Stücke schneiden, von denen jedes mindestens ein Auge hat, und in einen kleinen Topf mit tonhaltiger Erde stecken. Gießen und an einem hellen Platz aufstellen. Sobald die ersten Triebe erscheinen, aus der Sonne nehmen und nach Bedarf umtopfen. Alle 14 Tage mit Flüssigdünger versorgen. Ingwer ist nicht winterhart und muss am Ende der Wachstumszeit nach drinnen.

Zitronen und Limetten

Süß duftende Blüten und köstliche, aromatische Früchte – gibt es einen besseren Grund, Zitrusfrüchten in der kalten Jahreszeit einen Ehrenplatz im kühlen Wintergarten und im Sommer einen warmen, geschützten Platz draußen zu reservieren? Die Gehölze stellen keine großen Ansprüche, wenn sie Bedingungen bekommen, die ihnen behagen, und belohnen Sie mit saftigen Früchten und elegantem Wuchs, der in Ihrer Wohnumgebung ein besonderes Flair verbreitet.

ZITRUSFRÜCHTE

Zitronen

Pflanze
Citrus meyeri

Höhe und Breite
H 1,8 m, B 1,5 m

Standort
Hell und sonnig

Härte
Mindesttemperatur
7 °C

Erntezeit
Unterschiedlich,
hängt von der Sorte
ab

Topfgröße
45 cm

Topfmaterial
Ton, Stein, glasierte
Keramik

Substrat
Spezialerde für
Zitruspflanzen

Lassen Sie sich von Zitronenbäumen in die Obsthaine Italiens entführen, wo ihr Duft schwer in der Luft liegt. Die Auswahl an guten Sorten ist groß: *Citrus limon* 'Variegata' etwa trägt zweifarbig grün-gelbe Blätter und gestreifte Früchte, während *Citrus meyeri* klein bleibt und schwer an seinen vielen rundlichen Früchten trägt. Die Gehölze eignen sich ideal für einen hellen, frostfreien Wintergarten oder ein Gewächshaus. Im Sommer kann man sie draußen an einen warmen, sonnigen Platz stellen.

ÜBERWINTERN
Pflanzen Sie Zitronen in große Töpfe mit Zitruspflanzenerde. Sie müssen regelmäßig mit Regenwasser gegossen und im Sommer monatlich mit einem Spezialdünger versorgt werden. Wie alle Zitrusfrüchte vertragen auch Zitronen keine Kälte und leiden bei Temperaturen unter 7 °C. Ist es im Winter aber zu warm, setzen sie keine Früchte an. Man sollte daher in der kalten Jahreszeit versuchen, eine Temperatur von 10–15 °C zu halten; man gießt und düngt dann nur sparsam.

TIPP: AUSSAAT MIT KERNEN

Der Kauf von Jungpflanzen ist am einfachsten, doch macht es auch Spaß, einen Zitronenbaum aus einem Kern zu ziehen. Dazu Exemplare einer reifen Frucht 1 cm tief in Töpfe mit Vermehrungserde stecken. In einen beheizten Anzuchtkasten stellen oder bei 16 °C zum Keimen bringen. Es dauert Jahre, bis die Gehölze Früchte tragen.

Zitronen gedeihen im Sommer draußen prächtig, wenn man sie reichlich gießt, sodass der Ballen durchfeuchtet ist.

Limette

Pflanze
Limette

Höhe und Breite
H 1,8 m, 1,5 m

Standort
Hell

Härte
Mindesttemperatur
7 °C

Erntezeit
Sommer, mitunter
aber auch ganzjährig

Topfgröße
45 cm

Topfmaterial
Ton, Stein, glasierte
Keramik

Substrat
Spezialerde für
Zitruspflanzen

Wenn Sie der Ehrgeiz packt, für Ihre Getränke oder asiatischen Gerichte eigene Limetten zu ziehen, dann halten Sie sich ein Exemplar in einem großen Kübel an einem hellen, sonnigen Ort, etwa einem beheizten Gewächshaus oder einem kühlen Wintergarten. Man sollte aber genug Platz außen um die Pflanze herum lassen, denn sie trägt tückische Dornen. Kultiviert und überwintert werden Limetten wie Zitronen (*siehe gegenüber*). Gießen Sie regelmäßig, aber lassen Sie den Ballen jedes Mal fast austrocknen.

ERNTE
Wann die Früchte reif sind, lässt sich schwer erkennen, denn sie wechseln die Farbe nicht, sondern werden nur ein wenig heller. Außerdem fühlen sie sich etwas weicher an und auch die Schale wird glatter. Gepflückt werden Limetten, indem man sie vom Zweig dreht.

Limettenbäume sind mit scharfen Dornen bewehrt.

Kaffir-Limette

Pflanze
Kaffir-Limette

Höhe und Breite
H 1,8 m, B 1,5 m

Standort
Hell

Härte
Mindesttemperatur
7 °C

Erntezeit
Blätter ganzjährig

Topfgröße
45 cm

Topfmaterial
Ton, Kunststoff,
glasierte Keramik

Substrat
Spezialerde für
Zitruspflanzen

Limetten kultiviert man ihrer Früchte wegen, an der Kaffir-Limette (*Citrus hystrix*) aber schätzt man die glänzenden grünen Blätter, die in der thailändischen Küche häufig Verwendung finden. Doch die Bäume liefern nicht nur eine seltene Zutat, die man bestenfalls in Spezialgeschäften auftreibt, sie sehen mit ihren in zwei Segmente unterteilten Blättern und dem bronzeroten Austrieb in großen Töpfen recht dekorativ aus. Aber aufgepasst: Die Zweige sind mit langen Stacheln bewehrt.

KULTUR
Kaffir-Limetten werden wie Zitronen eingetopft (*siehe gegenüber*) und sollten in einem hellen Wintergarten oder Gewächshaus stehen. Die Temperatur darf nachts nicht unter 7 °C fallen und muss im Winter tagsüber leicht darüber liegen. Im Sommer hingegen mag die Pflanze es heiß. Bei einem plötzlichen Temperaturwechsel wirft sie das Laub ab, doch erholt sie sich wieder. Gedüngt, gegossen und überwintert werden Kaffir-Limetten wie herkömmliche Limetten.

Laub und Früchte der Kaffir-Limette

Warmhausfrüchte

Unterhalten Sie Ihre eigene Orangerie oder kultivieren Sie andere Zitrusfrüchte wie Mandarinen, Tangerinen oder die bizarre Zitronatzitronen-Sorte Buddhas Hand? Sie brauchen dafür allerdings ein frostfreies Gewächshaus oder einen Wintergarten. Wenn Sie den Bäumen viel Licht und Wärme bieten, werden Sie mit leuchtenden Früchten belohnt.

ZITRUSFRÜCHTE

Pflanze
Kalamondinorange

Höhe und Breite
Hochstämmchen:
H 1,5 m, B 1 m

Standort
Drinnen hell, draußen in voller Sonne

Härte
Verträgt keine Temperaturen unter 0 °C und braucht zum Fruchten mindestens 14 °C

Erntezeit
Sommer bis Herbst

Topfgröße
45 cm

Topfmaterial
Ton, Stein, glasierte Keramik, Kunststoff

Substrat
Tonhaltige, nährstoffreiche Blumenerde mit etwas Grobsand

Wer in einem relativ kühlen Klima lebt, kann sich kaum vorstellen, Zitrusfrüchte von eigenen Bäumen zu pflücken. Und doch ist es möglich: In der Wärme eines beheizten Gewächshauses oder Wintergartens gedeihen diese Südfrüchte durchaus.

Sie bekommen die verschiedenen Arten und Sorten bei Spezialgärtnereien, meist über den Versand. Die Bäume brauchen große, voluminöse Gefäße mit spezieller Zitruspflanzen- oder mineralischer Erde und einen hellen Standort. Man kann sie im Sommer ins Freie stellen, muss sie aber rechtzeitig nach drinnen bringen, bevor es zum Sommerende nachts wieder kühler wird.

PFLEGE VON ZITRUSPFLANZEN

Zitruspflanzen müssen regelmäßig gegossen werden, vor allem während der Entwicklung der Früchte, da sie sonst abfallen. Sie vertragen kein kalkhaltiges Wasser, weshalb man Regenwasser auffängt. Im Frühjahr und Sommer bekommen sie monatlich einen Spezialdünger für Zitrusgewächse während des Wachstums. Im Winter reduziert man die Wasser- und Nährstoffgaben, gibt beim Gießen jedoch die halbe Dosis eines Zitrusdüngers für den Winter.

Für guten Fruchtansatz brauchen Zitrusgewächse in den sechs Monaten direkt nach der Blüte eine Temperatur von mindestens 14 °C – fällt die Quecksilbersäule unter diesen Wert, gehen sie womöglich in eine Ruhephase über. Von der Bestäubung bis zur Fruchtreife vergehen mitunter bis zu elf Monate.

*Mitte **Kalamondinorangen** wachsen zwergig und tragen süße Früchte, die niedrigere Temperaturen aushalten als die meisten Zitruspflanzen.*

TIPP: SCHNITT VON ZITRUSPFLANZEN

Zitrusgewächse brauchen keinen starken Rückschnitt. Man entfernt einfach tote, kranke oder verletzte Zweige und überkreuzte Triebe, die aneinander reiben könnten. Außerdem werden Seitentriebe gekürzt, damit die Gehölze eine runde, ansehnliche Form behalten. Ideal für einen Schnitt sind der Winter und das zeitige Frühjahr.

Zitrus-Varianten

Orangenbäume sind unschwer zu bekommen. Manche vertragen bis -5 °C. Sie haben dunkelgrünes, glänzendes Laub und duftende weiße Blüten. Im Frühjahr und Frühsommer folgen die Früchte. Wählen Sie für Töpfe kleine Sorten.

Citrus medica var. digitata, als Buddhas Hand bekannt, gehört zu den erstaunlichsten Früchten überhaupt. Die Pflanzen brauchen viel Wärme. Ihre nicht essbaren Früchte werden im Fernen Osten wegen ihres Dufts gezogen.

Mandarinen fruchten oft vom Frühjahr bis zum Herbst. Die Auswahl an Sorten in den unterschiedlichsten Größen mit Früchten in allerlei Geschmacksrichtungen ist groß. Da die Äste leicht brechen, muss man sie eventuell stützen.

Kumquats sind langsam wachsende Bäume, die orangefarbene, ovale Früchte mit süßer Schale und leicht bitterem Fleisch ansetzen. Sie werden von November bis Februar geerntet und entwickeln sich aus weißen, duftenden Blüten.

Tangerinen sind eine Sorte der Mandarine und entwickeln kleine süße, leicht zu schälende Früchte. Es lohnt sich außerdem, nach Tangelos Ausschau zu halten, einer Kreuzung zwischen Tangerine und Grapefruit oder Orange.

Clementinen werden oft als Hochstämmchen mit einer buschigen Krone aus dunklem, immergrünem Laub verkauft. Man zieht sie wegen der kleinen süßen Früchte, die je nach Sorte von Herbst bis Februar geerntet werden.

ZITRUSFRÜCHTE

Johannisbeeren

Die leicht zu ziehenden Beeren sind Vitaminbomben und schmecken in Süßspeisen, Obstkuchen und Saucen oder zu Säften verarbeitet himmlisch. Sie eignen sich für Gartenneulinge ebenso wie für erfahrene Hobbygärtner. Die leuchtenden, säuerlichen Weißen und Roten Johannisbeeren leuchten im Frühsommer auf Terrassen. Neue Züchtungen der Schwarzen Johannisbeere wiederum liefern große süße, saftige Beeren an unverwüstlichen Büschen.

Rote Johannisbeeren

Pflanze
Rote Johannisbeere 'Rovada'

Höhe und Breite
H bis 2 m, B 60 cm

Standort
Sonne oder Halbschatten

Härte
Winterhart

Erntezeit
Sommer

Topfgröße
Mindestens 30 cm

Topfmaterial
Ton, Stein, Kunststoff

Substrat
Tonhaltige Erde

Obwohl Rote und Schwarze Johannisbeeren eng miteinander verwandt sind, zieht man die roten Vertreter mehr wie Stachelbeeren. Die Pflanzen kühlerer Klimate gedeihen hierzulande problemlos und vertragen Halbschatten, doch reifen die Beeren in der vollen Sonne schneller und werden auch süßer. Im Topf gezogene Büsche und fertig erzogene Spaliere kann man ganzjährig erstehen, die beste Pflanzzeit aber ist der Frühherbst. Setzen Sie Rote Johannisbeeren nicht an windige Standorte und in Frostlöcher.

TOPFKULTUR

Rote Johannisbeeren gedeihen in Universalerde mit etwas Ton- oder Lehmzusatz. Man wässert gut, vermeidet aber Staunässe – am besten, indem man die Gefäße auf Füße stellt.

Halten Sie Ausschau nach den Larven der Stachelbeer-Blattwespe, die die Pflanze kahlfressen können. Bei einem Befall sammelt man die Schädlinge mit der Hand ab oder bringt ein Insektizid aus. Gedüngt und geschnitten wird wie bei Weißen Johannisbeeren (*siehe Seite gegenüber*).

TIPP: SORTENAUSWAHL

Es gibt eine Reihe neuer Züchtungen der Roten Johannisbeere, die in Gefäßen besonders gut gedeihen: 'Stanza' ist eine spät blühende Form und bietet sich für spätfrostgefährdete Gebiete an. 'Junifer' fruchtet sehr früh und reichlich. 'Rovada' und 'Red Lake' sind beide wenig krankheitsanfällig und liefern Unmengen an Beeren.

Die Rote Johannisbeere 'Rovada' trägt reichlich. Wenn sich die Beeren entwickeln, stellt man sie an einen sonnigen Platz.

Schwarze Johannisbeeren

Pflanze
Schwarze Johannis-
beere 'Ben Lomond'

Höhe und Breite
H 1,2 m, B 1 m

Standort
Sonne oder Halb-
schatten

Härte
Winterhart

Erntezeit
Sommer

Topfgröße
Mindestens 45 cm

Topfmaterial
Ton, Stein, Kunststoff

Substrat
Universalerde

Schwarze Johannisbeeren sind robust, relativ pflegeleicht und fruchten zuverlässig. Neue Sorten mit 'Ben' im Namen tragen große Beeren, die man frisch wie gekocht genie-ßen kann. Man pflanzt sie in große Kübel mit Universalerde und stellt sie an einen windge-schützten Platz. Setzen Sie die Büsche etwas tiefer, als die Bodenmarke am Stamm andeutet – das regt die Pflanze zur Bildung unterirdischer Triebe an. Gedüngt werden sie wie Weiße Johannisbeeren (*siehe unten*).

SCHNITT
Nach dem Pflanzen im Frühjahr schnei-det man die Zweige bis auf eine Knospe zurück; der Neuaustrieb trägt im darauffol-genden Sommer die Früchte. Alte Frucht-triebe stutzt man jährlich im Spätwinter auf eine Knospe zurück. Töpfe bei Frost schützen.

Die Sorte 'Ben Lomond' trägt große Beeren.

Weiße Johannisbeeren

Pflanze
Weiße Johannisbeere
'Blanka'

Höhe und Breite
H 1,5 m, B 60 cm

Standort
Sonne oder Halb-
schatten

Härte
Winterhart

Erntezeit
Sommer

Topfgröße
Mindestens 30 cm

Topfmaterial
Ton, Stein, Kunststoff

Substrat
Universalerde oder
tonhaltige Erde

Die Weiße Johannisbeere 'Blanka' bringt süße Früchte.

Weiße Johannisbeeren schmecken süßer als ihre roten Vettern und fruchten auch in nördlichen Breiten. Empfehlenswert sind vor allem die Sor-ten 'Blanka' und 'Versailles Blanche'. Sie wurzeln wie die Roten Johannisbeeren flach und gedei-hen in großen Töpfen. Man stellt ihre Gefäße aber auf Füße, um die Dränage zu verbessern. Bei Trockenheit muss regelmäßig gegossen wer-den, damit die Erde nicht austrocknet.

Im Spätwinter kratzt man die oberste Substrat-schicht ab und ersetzt sie durch frische Erde mit Langzeitdünger. Nach dem Düngen wird gegos-sen, gedüngt und ein Mulch aus gut verrottetem Stallmist auf den Ballen gestreut, der Flüssigkeit speichern hilft und Unkräuter unterdrückt.

SCHNITT
Ein Schnitt erfolgt im Spätwinter oder zeitigem Frühjahr. Entfernen Sie ein Viertel der alten Triebe bis zum Ansatz. Die restlichen werden um die Hälfte bis zu einer nach außen zeigenden Knospe, Seitentriebe bis auf eine Knospe gekürzt.

FÜR KUCHEN UND CO.

Saurer Segen

Die Stängel des Rhabarbers und die dicken, saftigen Früchte der Stachelbeere sind, mit Zucker gesüßt und zu Obstkuchen, Tartes, Pies oder Süßspeisen verarbeitet, ein erfrischender Sommergenuss. Beide Pflanzen liefern Jahr für Jahr verlässlich Gutes, ohne große Ansprüche zu stellen. Sie schmecken nicht nur köstlich, sondern punkten auch noch mit ihrem Zierwert, besonders in Töpfen auf Pflasterflächen.

Rhabarber

Pflanze
Rhabarber 'Timperley Early'

Höhe und Breite
H und B 45 cm

Standort
Sonne oder Halbschatten

Härte
Winterhart

Erntezeit
Frühjahr bis Sommer; Spätwinter, falls vorgetrieben

Topfgröße
45 cm und größer

Topfmaterial
Stein, Ton, Kunststoff, glasierte Keramik

Substrat
Tonhaltige, nährstoffreiche Blumenerde

Dank der riesigen Blätter bringt Rhabarber eine bizarre Note in Höfe, Gärten und auf Terrassen. Die rosa, roten oder grünlichen Blattstiele schmecken gekocht köstlich und werden bevorzugt für Obstkuchen verwendet. Rhabarber fühlt sich in der vollen Sonne wohl, verträgt aber auch Halbschatten. Um zu gedeihen, braucht er einen großen Topf und viel Wasser. Kaufen Sie Jungpflanzen im Frühjahr und topfen Sie sie in immer größere Gefäße um, bis sie ihre endgültige Größe erreichen. Werden sie zu groß für ihren Standort, entfernt man ein, zwei äußere Blätter. Rhabarber wird meist im Frühjahr geschnitten, doch kann man durch ein Vortreiben schon früher ernten. Wenn die Pflanze im Herbst einzieht, entfernt man alten Wuchs.

TREIBEREI

Legen Sie im Spätwinter Stroh über die ruhenden Pflanzen und decken Sie sie mit einem Rhabarbertopf oder Eimer ab, damit sie kein Licht mehr bekommen. Die Triebe bilden sich im Dunkeln und sind nach vier Wochen erntereif.

Düngen Sie Rhabarber im zeitigen Frühjahr mit einem Langzeitdünger und halten Sie die Erde gleichmäßig feucht.

TIPP: ERNTE

Rhabarberstängel sollten nicht mit dem Messer geschnitten werden, denn über die Wunde können Krankheitserreger in die Pflanze eindringen. Stattdessen nimmt man den Stiel am Ansatz und zieht ihn aus der Erde oder dreht ihn behutsam ab, ohne ihn zu zerbrechen. Geerntet werden die Stängel vom Frühjahr bis Ende Juni.

Stachelbeeren

Pflanze
Stachelbeere 'Hinnonmäki Röd'

Höhe und Breite
H und B bis 1 m

Standort
Sonne oder Halbschatten

Härte
Winterhart

Ernte
Sommer

Topfgröße
45 cm

Topfmaterial
Stein, Ton, Kunststoff, glasierte Keramik

Substrat
Tonhaltige, nährstoffreiche Blumenerde

Vergessen Sie die sauren Beeren aus dem Supermarkt – selbst gezogene Stachelbeeren sind erstaunlich süß, haben eine zarte Schale und zergehen fast auf der Zunge. Die Pflanzen fruchten im Frühsommer und wachsen meist als Büsche im Freiland, doch kann man sie problemlos als Halbstamm im großen Topf erziehen. So nehmen sie nicht nur weniger Platz weg, sondern lassen am Stammansatz auch noch Platz für weitere Nutzpflanzen wie z. B. Kräuter.

GANZJÄHRIGE PFLEGE

Topfpflanzen können ganzjährig gekauft werden, zu einem optimalen Start aber verhilft man ihnen, wenn man sie im Herbst setzt. Sie kommen in ein mit tonhaltiger Erde gefülltes, standfestes Gefäß, das nicht so schnell umfällt. Hochstämme müssen eventuell gestützt werden.

Stachelbeeren werden regelmäßig gewässert, da bei Trockenheit die Beeren platzen. Arbeiten Sie im März oder April einen Langzeitdünger in die oberste Substratschicht ein. Droht während der Blüte Frost, deckt man die Gehölze mit Vlies ab. Halbstämme bilden oft am Ansatz Wildtriebe – sie werden abgezupft oder bis unter die Erdoberfläche abgeschnitten. Um reichlich Beeren zu ernten und eine ansehnliche runde Krone zu erhalten, schneidet man nach dem Abernten, indem man Seitentriebe bis auf fünf Blätter stutzt.

Schützen Sie Stachelbeeren mit einem Netz vor Vögeln.

EMPFEHLENSWERTE SORTEN

'Invicta' ist eine sehr beliebte, wüchsige Sorte. Sie trägt in der ersten Sommerhälfte reichlich große, glattschalige Beeren mit gutem Geschmack.

'Hinnonmäki Gul' entwickelt wie die Schwestersorte 'Hinnonmäki Röd' (siehe großes Bild) im Frühsommer mehltauresistente, große, süße und aromatische Beeren.

'Xenia' hängt voller großer, rotschaliger Früchte, die im Frühsommer erntereif sind und den Garten um ein dekoratives Element bereichern. Gute Mehltauresistenz.

'Leveller' trägt glatte, hellgrüne Früchte, die zu den süßesten Stachelbeeren überhaupt gehören. Allerdings ist die Sorte anfällig für Mehltau und eher schwachwüchsig.

Saftiges Obst

In süße, saftige Pfirsiche oder Aprikosen zu beißen, die perfekt ausgereift sind, ist eine Offenbarung. Man braucht heutzutage kein beheiztes Gewächshaus mehr, um solche Köstlichkeiten selbst zu ziehen, denn es gibt viele neue Züchtungen, die auch in kühleren Klimazonen gedeihen. Sie werden als frei stehender Baum und als Spaliergehölz vor einer Süd- oder Westmauer kultiviert, wo sie rasch zur Reife gelangen.

Pfirsiche

Pflanze
Zwergpfirsich

Höhe und Breite
H 1,5 m, B 1 m

Standort
Volle Sonne

Härte
Winterhart

Erntezeit
Sommer

Topfgröße
Mindestens 45 cm

Topfmaterial
Beliebig

Substrat
Tonhaltige, nährstoffreiche Blumenerde

Wählen Sie einen Pfirsichbaum auf einer schwachwüchsigen Unterlage (*siehe unten*) und ziehen Sie ihn als frei stehendes Gehölz oder kaufen Sie einen zum Spalier erzogenen Baum für die Kultur an einer Wand. Wurzelnackte Exemplare kann man im Spätherbst oder Frühwinter, solche mit Ballen ganzjährig pflanzen.

Um schnell zu reifen und optimalen Geschmack zu entwickeln, stellt man Pfirsiche an sonnige, geschützte Standorte. Regelmäßiges Wässern und Düngen ist unabdingbar. Im Frühjahr entfernt man die oberste Erdschicht und ersetzt sie durch frisches Substrat mit Langzeitdünger sowie eine Mulchschicht aus Humus. Während der Fruchtbildung brauchen die Pflanzen wöchentlich Tomatendünger. Im März–April schützt man sie vor Regen, um die Kräuselkrankheit zu vermeiden. Blühende Exemplare werden bei Frost abgedeckt.

REICHE ERNTE
Zu Beginn der Blüte stecken Sie die Bürste eines kleinen, weichen Pinsels in jede Blüte. Das fördert die Bestäubung und erhöht den Ertrag.

TIPP: ZWERGUNTERLAGEN

Bäume auf der schwachwüchsigen Unterlage 'Saint Julien A' eignen sich für Gefäße, da sie nur 1,2–1,5 m hoch werden und ein starker Schnitt nicht nötig ist. 'Duke of York' trägt köstliche Früchte mit hellem, saftigem Fleisch. Die alte Sorte 'Peregrine' schmeckt vorzüglich. 'Garden Lady' begeistert mit süßem, saftigem, gelbem Fleisch, 'Bonanza' trägt reichlich. Obstgehölze brauchen zur Bestäubung oft andere Bäume in ihrer Nähe, diese Pfirsiche aber sind selbstbestäubend.

Pfirsiche in Kübeln tragen oft reichlich. Die Früchte müssen ausgedünnt werden, sonst brechen die Zweige unter der Last.

Aprikosen

Pflanze
Aprikose

Höhe und Breite
H 1,5 m, B 1 m

Standort
Volle Sonne

Härte
Winterhart

Erntezeit
Sommer

Topfgröße
Mindestens 45 cm

Topfmaterial
Ton, Stein, glasierte Keramik

Substrat
Tonhaltige, nährstoffreiche Blumenerde

Ein warmer, sonniger Innenhof ist der perfekte Lebensraum für dieses saftige Obst. Man zieht die Gehölze als Busch oder, falls es ganz eng wird, als Spalier an einem Gerüst vor einer Süd- bzw. Westmauer.

Aprikosen sind zwar winterhart, weil sie aber früh im Jahr blühen, erfrieren Blüten und Knospen leicht – eine Ernte ist dann nicht mehr möglich. Droht die Quecksilbersäule unter 0 °C zu fallen, wickeln Sie den Baum in Vlies oder bringen Sie ihn nach drinnen. Einige in Nordamerika und Frankreich gezüchtete neue Sorten blühen später.

Wenn die Früchte etwa fingernagelgroß sind, dünnt man sie auf 10 cm Abstand aus. Gießen und düngen Sie regelmäßig und fördern Sie die Bestäubung wie bei Pfirsichen (*siehe Kasten gegenüber*). Die reifenden Früchte schützt man mit Netzen vor Vögeln und Eichhörnchen. Trotz aller Bemühungen braucht man für einen guten Ertrag aber in erster Linie einen langen, heißen Sommer.

UNTERLAGEN

Wie Pfirsiche gibt es auch Aprikosen mit schwachwüchsigen Unterlagen wie 'Saint Julien A' (*siehe gegenüber*). Topfpflanzen sind ferner mit der Unterlage 'Torinel' erhältlich, die als mittelstark wüchsig eingestuft ist und daher etwas höher wird und sehr reich trägt.

Aprikosen brauchen Wärme.

EMPFEHLENSWERTE SORTEN

Flavorcot ('Boyoto') *ist eine kanadische Sorte mit sehr hohem Ertrag. Sie trägt große orangerote Früchte mit festem Fleisch und intensivem Geschmack. Selbstbestäubend.*

'Petit Muscat' *liefert Unmengen walnussgroßer gelber und roter Früchte. Sie duften verlockend und schmecken herrlich saftig-süß. Selbstbestäubend.*

'Tomcot' *ist die am frühesten fruchtende Aprikose. Ihre rot überlaufenen, dekorativen Früchte können schon im Hochsommer geerntet werden. Selbstbestäubend und ertragreich.*

'Alfred' *heißt eine Sorte, die große ovale, hübsch rötlich gelb überlaufene Früchte mit saftigem orangefarbenem Fleisch bietet. Selbstbestäubend und wenig krankheitsanfällig.*

Südliche Sonnenanbeter

Holen Sie sich Urlaubsstimmung nach Hause – mit einem Feigen- oder Olivenbaum in Ihrem Hof oder auf der Terrasse. Die Gehölze beschwören mediterrane Landschaften herauf und fruchten in unseren Breiten sogar, sofern man sich ein bisschen Zeit für sie nimmt. Und selbst wenn Sie nichts ernten können, so lohnt sich die Kultur doch wegen des dekorativen Laubs und der eleganten Wuchsform.

Feigen

Pflanze
Ficus carica 'Brown Turkey'

Standort
Volle Sonne

Härte
Verträgt Frost bis -15 °C

Erntezeit
Sommer

Topfgröße
45 cm

Topfmaterial
Ton, Stein

Substrat
Tonhaltige, nährstoffreiche Blumenerde

Feigen werden zwar in erster Linie wegen ihrer Früchte kultiviert, doch sind sie mit ihrem großen, tief gelappten Laub nicht nur reine Nutzpflanzen. Sie gedeihen in großen Kübeln prächtig und wenn man sie relativ klein hält, setzen sie umso mehr Früchte an. Zudem sind kompaktere Exemplare einfacher zu schneiden.

Feigenbäume kauft man im Frühjahr und setzt sie in große Gefäße mit tonhaltiger Erde. Man muss sie regelmäßig gießen und während der Entwicklung der Früchte mit Hilfe von Tomatendünger das Wachstum in Gang halten. Ende März verabreicht man einen Langzeitdünger, der in das Substrat eingearbeitet wird.

ERNTESAISON
Feigen erscheinen im zeitigen Frühjahr als erbsengroße runde Kügelchen an nackten Zweigen. Sie schwellen im Frühjahr und Sommer und können in der Regel im Spätsommer geerntet werden. In etwa zu dieser Zeit erscheint eine zweite Charge, die in warmen Ländern groß und saftig wird, bei uns aber nur mit viel Pflege reift.

TIPP: FEIGEN ÜBERWINTERN

Junge, im Sommer gebildete Früchte reifen in kühlerem Klima im Freiland nicht aus. Man stellt den Topf daher in ein Gewächshaus oder einen kühlen Wintergarten, wo sie sich weiterentwickeln. Wer drinnen nicht genug Platz hat, zupft alle unreifen Früchte ab, damit sie nicht im Winter faulen und die ganze Pflanze infizieren.

Die beliebte Sorte 'Brown Turkey' wächst und fruchtet gut in großen Kübeln an sonnigen, geschützten Plätzen.

Oliven

Pflanze
Olea europaea

Höhe und Breite
Oliven sind in vielen Größen erhältlich. Ein Halbstamm hat etwa die Maße H 2 m, B 60 cm

Standort
Volle Sonne

Härte
Manche Formen vertragen bis -10 °C

Erntezeit
Herbst

Topfgröße
30 cm oder mehr

Topfmaterial
Ton, Stein, rechteckiger Holzkübel

Substrat
Tonhaltige, nährstoffreiche Blumenerde

Oliven genießen ein Sonnenbad an geschützten Standorten und vertragen Trockenheit. Man setzt sie in einen dekorativen Topf und genießt ihr silbrig glänzendes Laub, die winzigen weißen, oft duftenden Blüten und die hübschen Früchte. Während der Wachstumsperiode gießt man gut, stellt das Gefäß aber auf Füße, damit überschüssiges Wasser ablaufen kann. Eine monatliche Nährstoffgabe in Form eines Flüssigvolldüngers fördert den Fruchtansatz. Mit einem Schnitt im Hochsommer wahren Sie die Form des Gehölzes. Tote oder kranke Zweige werden entfernt.

PFLEGE IM WINTER

Viele Oliven vertragen Minustemperaturen, leiden aber bei strengem Frost. Man bringt sie bei großer Kälte nach drinnen oder wickelt die Krone gut ein. Unter Glas wird weniger gegossen.

TIPP: OLIVEN GENIESSBAR MACHEN

Oliven können nicht direkt vom Baum gegessen werden, weil sie frisch zu hart und bitter sind. Man muss sie vorher behandeln, indem man sie entweder mehrere Wochen lang in trockenes Salz einlegt, einige Tage lang in Salzlake badet oder ein paar Monate in Öl legt. Spezialgärtnereien wissen meist, welche Methode sich für welche Sorte am besten eignet.

Schneiden Sie Oliven im Sommer, damit die Wunden bis zur Ruhezeit im Winter heilen können.

Obstmedley

Ananas, Guaven, Quitten – diese drei faszinierenden Früchte verwöhnen die Geschmacksknospen und ziehen garantiert die Aufmerksamkeit von Besuchern auf sich. Während die Kultur von Ananas und Guaven zwar viel Spaß macht, die beiden als Tropenpflanzen aber einen warmen, hellen Wintergarten brauchen, eignen sich Quitten als Solitäre für Freilandgefäße und liefern Früchte, die man zu Marmelade, Gelee oder Mus einkochen kann.

Ananas *Ananas comosus*

EXOTISCHE FRÜCHTE

Pflanze
Ananas comosus

Höhe und Breite
H und B 1 m

Standort
Volle Sonne, in einem warmen, hellen Wintergarten

Härte
Mindesttemperatur 18 °C

Erntezeit
Bei Vollreife der Frucht

Topfgröße
20 cm

Topfmaterial
Kunststoffgefäß im dekorativen Übertopf

Substrat
Tonhaltige, nährstoffreiche Blumenerde mit Zusatz von Grobsand

Ananas gehören zur Familie der Bromeliengewächse und sind in den Tropen beheimatet. Trotzdem lassen sich die hübschen Pflanzen mit ihrem lanzettlichen, spitzen Laub und den stachelig wirkenden Früchten erstaunlich einfach ziehen. Man kauft sie als fertige Pflanzen oder zieht sie aus gekauften Früchten. Schneiden Sie eine dicke Scheibe vom oberen Ende ab und entfernen sie die unteren Blätter. Weiches Fleisch wird herausgeschabt, dann lässt man den Schopf ein paar Tage trocknen, bevor man ihn mit der Aushöhlung nach unten in tonhaltige Erde setzt. Ananas brauchen sechs Sonnenstunden täglich und Temperaturen über 18 °C.

TIPP: FRUCHTANSATZ FÖRDERN

Ananas wachsen langsam und fruchten frühestens, wenn sie drei Jahre alt sind. In der Blattrosette muss immer Wasser stehen; zudem sollte man die Pflanzen hin und wieder besprühen. Während des Wachstums brauchen sie einmal im Monat einen Tomatendünger.

Die tropische Schönheit erobert jeden Wintergarten, in dem sie mit viel Licht und Wärme verwöhnt wird.

Guave *Psidium guajava*

Pflanze
Psidium guajava

Höhe und Breite
H und B 2 m

Standort
Volle Sonne

Härte
Mindesttemperatur
3 °C

Erntezeit
Spätes Frühjahr

Topfgröße
30 cm und größer

Topfmaterial
Ton, Stein, glasierte
Keramik

Substrat
Tonhaltige, nährstoff-
reiche Blumenerde

Kleine grüne Guaven sieht man in Gemüseläden nur selten. Wenn man die Pflanzen in unseren Breiten in einem Wintergarten zieht, sind sie eine Attraktion. Man kann sie aussäen, einfacher aber ist der Kauf einer Jungpflanze. Guaven brauchen viel Platz und Licht, man setzt sie daher am besten in einen großen Topf und stellt sie in einen temperierten, hellen Wintergarten. An einer Südmauer können sie in den warmen Monaten auch draußen stehen, doch muss man Blüten und Früchte vor Frost schützen. Guaven fruchten nur nach einem langen, heißen Sommer.

PFLEGE

Der Ballen darf weder austrocknen noch zu nass werden. Im Frühjahr brauchen Guaven Nährstoffdoping in Form eines Langzeitdüngers, den man in die oberste Substratschicht einarbeitet. Ein Schnitt im Frühjahr hält sie buschig und kompakt.

Guaven schmecken süß nach Ananas und Minze.

Quitte *Cydonia oblonga*

Pflanze
Cydonia oblonga

Höhe und Breite
Hochstamm:
H 1,5 m, B 1 m

Standort
Volle Sonne

Härte
Winterhart, aber
Frostsenken meiden

Erntezeit
Herbst

Topfgröße
Mindestens 45 cm

Topfmaterial
Ton, Stein

Substrat
Tonhaltige, nährstoff-
reiche Blumenerde

Quitten schmecken aromatisch und sind dekorativ.

Die aromatischen, birnenförmigen gelben Früchte der Echten Quitte werden unter anderem für die Zubereitung von Gelee als Beilage zu Fleisch und Käse verarbeitet. Sie sind um Welten besser als die Früchte der Zierquitte.

Man zieht die Bäume in großen Kübeln mit tonhaltiger Erde und weist ihnen den sonnigsten, wärmsten Platz zu, damit die Früchte ausreifen. Gießen Sie gut und stellen Sie das Gefäß auf Füße, um den Wasserabzug zu verbessern. Im Spätwinter entfernt man die oberste Erdschicht und ersetzt sie durch frisches Substrat mit Langzeitdünger. Quitten werden recht groß, doch gibt es schwachwüchsige Unterlagen. Das Kappen der Zweigspitzen bremst ihren Wuchs ebenfalls.

ERNTE

Geerntet wird im Herbst, wenn die Quitten goldgelb werden, am besten nach dem ersten Frost. Man wickelt sie ein und lagert sie an einem kühlen, trockenen, dunklen Platz – getrennt von anderem Obst, weil sie stark duften.

Ein Korb voll Erdbeeren

Nichts lässt sich mit dem Geschmack frischer, sonnengereifter Erdbeeren vergleichen. Man zieht das Beerenobst am besten in großen Körben und kombiniert früh und spät tragende Sorten – oder gleich Monatserdbeeren, die den ganzen Sommer lang kontinuierlich köstliche Früchte tragen.

SOMMERBEEREN

Pflanze
Monatserdbeere

Höhe und Breite
H 15 cm, B 30 cm

Standort
Volle Sonne

Härte
Winterhart

Erntezeit
Vom Sommer bis zum Frühherbst

Topfgröße
30 cm großer Hängekorb bzw. Blumenampel

Topfmaterial
Große Körbe

Substrat
Universalerde mit etwas Zusatz von Ton oder Lehm

Die Kultur von Erdbeeren in Hängekörben hat mehrere Vorteile: Die Früchte wachsen nicht nur auf Augenhöhe, was das Pflücken erleichtert, sie sind auch außerhalb der Reichweite vieler Schädlinge und faulen normalerweise nicht, da sie keinen direkten Bodenkontakt haben. Die Auswahl an Erdbeersorten ist so groß, dass man sie nach ihrer Reifezeit in zwei Gruppen einteilt. Die meisten werden als einmaltragende Formen eingestuft und fruchten in der Regel ein einziges Mal reichlich. Die zweite Gruppe der Monatserdbeeren lässt den ganzen Sommer bis in den Herbst hinein immer neue Früchte heranreifen.

Erdbeeren werden meist im Herbst oder Frühjahr gepflanzt. Im Frühjahr setzt man sie in Körbe mit einer Mischung aus Blumenerde mit Lehmzusatz und hängt sie an einem sonnigen, geschützten Standort auf. Im Herbst werden die Körbe genauso bepflanzt, aber bis zum Frühjahr an einen kühlen, frostfreien Platz gestellt. Erdbeeren brauchen viel Wasser und wöchentlich etwas Tomatendünger. Mit Netzen schützt man sie vor naschhaften Vögeln.

ÜBERWINTERN

Monatserdbeeren sind nach der Ernte am Ende und werden am besten jährlich neu gepflanzt, einmaltragende Sorten dagegen liefern rund vier Jahre lang Köstlichkeiten. Nach dem Abernten schneidet man trockenes und verletztes Laub ab und stellt die Körbe in einen kühlen, hellen Raum oder in ein frostfreies Gewächshaus.

*Mitte **Bepflanzen Sie einen großen Hängekorb** mit Monatserdbeeren – und Sie können vom Hochsommer bis zur Herbstmitte ernten.*

TIPP: WALDERDBEEREN IN WANDGEFÄSSEN

Walderdbeeren werden wegen des intensiven Geschmacks der winzigen Beeren geschätzt. Die Pflanzen tragen lange, aber der Ertrag ist naturgemäß begrenzt. Die Ernte fällt etwas höher aus, wenn man mehrere Pflanzen in Balkonkästen oder erhöhten Trögen kultiviert, wo man sie einfach abzupfen kann. Sie gedeihen auch im Streuschatten.

Auswahl an Sorten

'Cambridge Favourite' liefert süße Beeren, die man länger als bei anderen Sorten an der Pflanze lassen kann.

'Albion' ist eine gegen Krankheiten widerstandsfähige Monatserdbeere mit leuchtend roten, kegelförmigen Früchten.

'Mara des Bois', eine Monatserdbeere, bildet ihre aromatischen, süßen Früchte vom Hochsommer bis zum Herbst.

'Domanil' wächst kräftig, trägt viele Blätter und im Hochsommer Unmengen großer dunkler Beeren.

'Flamenco' lässt ab Hochsommer viele große süße, saftige Beeren heranreifen und gehört zu den Monatserdbeeren.

'Elsanta' erfreut sich mit ihren Unmengen großer orangeroter, schmackhafter Beeren im Hochsommer großer Beliebtheit.

'Sonata' trägt reichlich sehr süße, hellrote Beeren mit festem Fleisch. Sie erscheinen zur Sommermitte.

Walderdbeeren sind viel kleiner als Gartenerdbeeren, aber unglaublich aromatisch und köstlich süß.

SOMMERBEEREN

Saftige Beeren

Mit ihren großen Früchten schmecken Brombeeren, Tayberrys und Loganberrys nach Sommer. Viele Auslesen sind für Töpfe zu wüchsig, in den letzten Jahren kamen jedoch einige neue Sorten auf den Markt, die auch mit beengten Verhältnissen gut zurechtkommen. Sie stellen ganz ähnliche Ansprüche an die Kulturbedingungen und bei wenig Aufwand lassen sich Unmengen von Früchten ernten.

Brombeere

SOMMERBEEREN

Pflanze
Brombeere 'Loch Maree'

Höhe und Breite
H 1,8 m, B 1 m

Standort
Sonne oder Halbschatten

Härte
Winterhart

Erntezeit
Sommer bis Frühherbst

Topfgröße
30 cm und mehr

Topfmaterial
Ton, Stein, Kunststoff

Substrat
Tonhaltige, nährstoffreiche Blumenerde

Brombeeren sind widerspenstige Gartenrowdys, die sich nur mit horizontal gespannten Drähten zähmen lassen. Einige aber benehmen sich so artig, dass man sie ohne Probleme im Topf ziehen kann. Dazu zählt die Form 'Loch Maree', die sich durch gefüllte rosa Blüten und süße saftige Beeren auszeichnet. 'Loch Ness' heißt eine Sorte mit einfachen weißen Blüten. Beide Züchtungen tragen keine Stacheln.

Man pflanzt Brombeeren in einen großen Topf und stellt sie an einen sonnigen Platz, wenngleich sie auch halbschattige Bedingungen vertragen. Stützen Sie die biegsamen Ruten mit Stäben und wässern Sie gut, vor allem bei Trockenheit. Weil die Pflanzen Staunässe nicht vertragen, stellt man ihre Gefäße auf Füße.

SCHNITT

Nach dem Pflanzen bindet man die Triebe an, um sie im Zaum zu halten. Im ersten Winter schneidet man Seitentriebe an den Hauptruten auf 5 cm zurück. Danach werden alte Ruten, die gerade gefruchtet haben, im Winter ganz entfernt.

TIPP: DÜNGEN

Brombeeren gedeihen gut, wenn man sie im Frühjahr düngt, sobald sie austreiben. Für einen optimalen Start in die Wachstumszeit gibt man ein Düngergranulat in der vom Hersteller empfohlenen Dosis in das Topfsubstrat. In den folgenden Jahren verabreicht man immer im Frühjahr einen Langzeitdünger.

Die Brombeere 'Loch Maree' ist eine stachellose Sorte, die speziell für große Töpfe und kleine Gärten gezüchtet wurde.

Tayberry

Pflanze
Tayberry

Höhe und Breite
H 1,8 m, B 1 m

Standort
Volle Sonne

Härte
Winterhart

Erntezeit
Sommer

Topfgröße
45 cm

Topfmaterial
Kunststoff, Ton

Substrat
Tonhaltige, nährstoff-
reiche Blumenerde

Tayberrys schmecken zwar wie Brombeeren und werden auch ähnlich kultiviert, sehen aber eher wie
Himbeeren aus. Die 5 cm langen, süßen, aromatischen Früchte erscheinen Ende Juni in dichten
Büscheln. Früher war die Topfkultur mit
Risiko behaftet, weil Tayberrys mit
tückischen Stacheln bewehrt waren,
inzwischen aber sind stachellose Züchtungen wie 'Buckingham' erhältlich. Daher
lassen sich diese schönen Beeren nun ganz unproblematisch auf
einer Pflasterfläche bzw. Terrasse ziehen.

KULTUR

Stecken Sie ein Rankgitter in das Gefäß oder ziehen Sie die Triebe
an Drähten vor einer Wand. Während des Wachstums muss großzügig gegossen werden, ebenso wichtig aber ist ein guter Wasserabzug,
weshalb man die Töpfe im Winter auf Füße stellt. Geschnitten werden
die Pflanzen wie Brombeeren.

Tayberry 'Buckingham' trägt keine Stacheln.

Loganberry

Pflanze
Loganberry

Höhe und Breite
H 1,8 m, B 1 m

Standort
Volle Sonne

Härte
Nicht zuverlässig
winterhart

Erntezeit
Spätsommer bis
Frühherbst

Topfgröße
45 cm

Topfmaterial
Kunststoff, Ton

Substrat
Tonhaltige, nährstoff-
reiche Blumenerde

Für Töpfe eignen sich schwachwüchsige Sorten.

Die Loganberry ist eine Kreuzung zwischen
Himbeere und Brombeere. Die Pflanzen setzen
lange dunkelrote Früchte an, die in der Regel um
den Herbstbeginn reif werden. Stachellose Sorten
fruchten reich, wenn man sie in großen Töpfen
zieht. Weil aber manche ziemlich wuchern, entscheidet man sich am besten für eine langsa-
mer wachsende Form wie 'Ly 654'. Abgesehen
von ihren köstlichen Beeren haben die Pflanzen
einen weiteren Vorzug: Sie locken mit ihren
nektarreichen weißen Blüten zahlreiche Bienen
und Schmetterlinge an.

PFLEGE

Stellen Sie den Topf an einen sonnigen, offenen,
windgeschützten Platz. Für eine gute Ernte muss
man im Sommer regelmäßig gießen und im
Frühjahr einen Langzeitdünger geben.

Loganberry wird wie Tayberry an einer kräftigen Stütze gezogen (*siehe oben*). Nach dem
Abernten im Herbst schneidet man alle Ruten,
die Früchte trugen, bis zum Boden zurück.

Blaues Wunder
Heidelbeere und Sibirische Blaubeere

Wegen ihres hohen Vitamingehalts werden diese Beeren oft als »Superfood« gepriesen. Sie wachsen an kleinen Sträuchern, die bestens auf einer befestigten Fläche zurechtkommen. Ihre Vorzüge beschränken sich jedoch nicht auf die blauen Beeren: Die Minigehölze wirken interessant für lange Zeit, beginnend mit hübschen Blüten und endend mit feurigen Herbstfarben.

Pflanzen
Heidelbeeren und
Maibeeren

Höhe und Breite
Heidelbeeren:
H und B 1 m;
Maibeeren:
H und B bis 1,5 m

Standort
Sonne oder Halbschatten

Härte
Winterhart

Erntezeit
Sommer

Topfgröße
45 cm

Topfmaterial
Jedes nicht poröse
Material

Substrat
Heidelbeeren: Moorbeeterde;
Maibeeren: Einheitserde

HEIDELBEEREN

Die gesunden Beeren passen perfekt in Kleingärten oder Höfe, denn sie bereichern sie gleich um mehrere Facetten: Im Frühjahr tragen sie winzige weiße Blüten, auf die im Sommer blaue Beeren und – bei manchen Sorten – im Herbst scharlachrote Blätter folgen.

Heidelbeeren werden in Töpfen mit saurer Moorbeeterde gezogen und mit Regenwasser gegossen – Leitungswasser sollte nur zur Not verwendet werden, wenn die Regenauffangtonne leer ist. Während des Wachstums versorgt man die Sträucher alle 14 Tage mit einem Spezialdünger für kalkfliehende Pflanzen.

Wählen Sie aus der Vielzahl der Sorten eine Form aus, die klein bleibt. Manche Heidelbeeren sind nicht selbstbestäubend, sodass man zwei Exemplare braucht. In großen Töpfen kann man sie mit Preiselbeeren kombinieren, die ebenfalls saure Erde mögen, und die Erntezeit so bis in den Herbst ausdehnen.

SIBIRISCHE BLAUBEEREN (MAIBEEREN)

Die aus Sibirien stammende Heckenkirschen-Art *Lonicera kamtschatica* hält extreme Kälte aus. Die Pflanzen tragen große Beeren, die wie Heidelbeeren aussehen und schmecken – am besten kultiviert man zwei Exemplare gleichzeitig. Maibeeren gedeihen in tonhaltiger Erde und vertragen Leitungswasser. Im Frühjahr bekommen sie einen Langzeitdünger, nach der Blüte außerdem alle zwei Wochen einen Tomatendünger.

TIPP: EINMACHEN

Sobald die Beeren reif sind, zupft man sie behutsam vom Strauch. Sie schmecken frisch oder gekocht in Süßspeisen am besten. Im Kühlschrank bleiben sie mehrere Wochen lang frisch, müssen allerdings dort flach in einem Behälter ausgebreitet werden, sodass sie nicht übereinanderliegen, denn dadurch könnten die untersten zerdrückt werden und faulen. Wenn übermäßig viel Heidelbeeren reifen, friert man Früchte ein.

Heidelbeeren brauchen saure Erde. Ist der Gartenboden alkalisch, setzt man sie einfach in Töpfe.

Empfehlenswert

Heidelbeere 'Brigitta' trägt intensiv schmeckende Beeren, die zum Sommerende reifen. Man pflanzt sie zu mehreren.

Heidelbeere 'Earliblue' bildet einen wüchsigen Busch, der im Hochsommer mit großen saftigen Beeren übersät ist.

Heidelbeere 'Toro' trägt im Sommer Massen von Beeren und besticht durch leuchtend rote Herbstfärbung.

Maibeeren entwickeln im Frühsommer lange, ovale Beeren mit Heidelbeer- und Honiggeschmack.

Die köstlichen Beeren erscheinen im Sommer in Hülle und Fülle, doch schmecken sie auch Vögeln. Damit die Früchte nicht plötzlich weg sind, deckt man die Pflanzen mit Netzen ab.

Spätsommerliche Genüsse

Wegen ihrer Größe konnten Kirschen und Pflaumen früher nur als Baumobst auf größeren Flächen gezogen werden. Heute aber sind beide auf schwachwüchsigen Unterlagen erhältlich. Man postiert die beliebten Obstgehölze an einem warmen, sonnigen, geschützten Standort und genießt ihre reiche Blütenpracht im Frühjahr, auf die in der zweiten Sommerhälfte ein reicher Ertrag an süßen, saftigen Früchten folgt.

Kirschen

Pflanze
Zwergkirsche

Höhe und Breite
H 2,5 m, B 1 m

Standort
Volle Sonne

Härte
Winterhart

Erntezeit
Sommer

Topfgröße
Mindestens 45 cm

Topfmaterial
Ton, Kunststoff, glasierte Keramik

Substrat
Tonhaltige, nährstoffreiche Blumenerde

Mit ihrem herrlichen Blütenkleid im Frühjahr und den glänzenden Früchten im Sommer sind Kirschen sehr begehrt für Gärten, Höfe und Terrassen. Man bekommt sie als frei stehenden Busch oder als platzsparende Säule, die ihre Früchte an kurzen Spießen an einem aufrechten Stamm und nicht an ausladenden Ästen trägt. Außerdem kann man sie als Spalier an einer Wand ziehen.

Sie brauchen große Kübel mit tonhaltiger Erde und einen sonnigen, geschützten Standort. Weil sie schon im zeitigen Frühjahr blühen, sind sie anfällig für Frostschäden, weshalb man sie notfalls nach drinnen bringt oder einwickelt.

PFLEGE
Gießen Sie die Bäume gut, vor allem wenn die Früchte reifen, aber auch bei Trockenheit. Im späten Frühjahr düngt man sie, indem man die oberste Erdschicht entfernt und durch frisches, mit Langzeitdünger angereichertes Substrat ersetzt. Stellen Sie den Kübel auf Füße, um den Wasserabzug zu verbessern. Reifende Früchte schützt man mit einem Netz vor hungrigen Vögeln.

TIPP: SORTENAUSWAHL

Die Topfkultur von Kirschen ist erst seit Kurzem möglich. Alte Sorten waren zu wüchsig und ließen ihre Wurzeln nicht in ein Gefäß sperren, aber selbstbestäubende Formen auf modernen Unterlagen wie Gisela 5 bleiben klein. Zu den empfehlenswertesten Kirschenzüchtungen gehören 'Sunburst', 'Crown Morello' und 'Stella' (links).

Moderne Kirschensorten gedeihen frohgemut in Töpfen und liefern trotz der beengten Verhältnisse eine gute Ernte.

Pflaumen

Pflanze
Pflaume 'Stanley'

Höhe und Breite
H 2,2 m, B 1 m

Standort
Volle Sonne

Härte
Winterhart

Erntezeit
Spätsommer

Topfgröße
Mindestens 45 cm

Topfmaterial
Kunststoff, Ton,
glasierte Keramik

Substrat
Tonhaltige, nährstoff-
reiche Blumenerde

Pflaumenbäume gab es früher nur in großen Nutzgärten, wo sie als reife, ausladende Exemplare viel Platz in Anspruch nahmen. Die Früchte sind von einem stattlichen Baum allerdings schwer zu ernten und lassen sich kaum vor gierigen Vogelschnäbeln schützen, weshalb man sie wie Kirschen mit Netzen schützen sollte, um auch etwas vom Ertrag abzubekommen. Moderne Zwergsorten sind da schon wesentlich gartenfreundlicher: Man bekommt Pflaumen inzwischen als kleine Spindeln, Säulenobst oder Spaliergehölze für die Kultur vor Mauern und Zäunen.

Damit die Bäume möglichst reich tragen, stellt man sie an einen sonnigen Platz und gießt sie regelmäßig, sodass der Ballen nie austrocknet, vor allem während die Früchte heranreifen. Im Spätwinter gibt man ein Düngergranulat und schützt sie vor strengem Frost (*siehe dazu auf der Seite gegenüber*). Weil Pflaumenbäume sehr ertragreich sind, prüft man die Äste immer wieder, damit sie nicht unter der Last brechen. Bei Bedarf müssen sie mit Latten oder Seilen gestützt werden.

UNTERLAGEN

Es sind drei geeignete Unterlagen erhältlich: die mittelstark wüchsige, etwa 2,2 m hohe 'Pixy', die neue Züchtung 'VVA1' für rund 2,5 m hohe Exemplare und 'Saint Julien', die 2,7 m hoch aufragt.

Die Pflaume 'Stanley' ist ein selbstbefruchtender Baum mit Unmengen an Blüten und tiefblauen Pflaumen.

PFLAUMEN: EMPFEHLENSWERTE SORTEN

'Victoria' ist eine beliebte alte, um 1840 entstandene Sorte. Der selbstbefruchtende Baum trägt im Spätsommer Unmengen süßer, saftiger roter Pflaumen.

'Warwickshire Drooper' zeichnet sich durch attraktiven hängenden Wuchs aus. Die gelben süßen Früchte hängen im Frühherbst in Kaskaden an den Ästen. Selbstbefruchtend.

'Marjorie's Seedling' ist widerstandsfähig gegenüber Krankheiten und teilweise selbstbefruchtend. Die süßen blauvioletten Früchte sind im Spätsommer erntereif.

'Giant Prune' heißt eine amerikanische Traditionssorte mit sehr süßen ovalen Früchten, die im Frühherbst reifen. Ziemlich widerstandsfähig gegen Krankheiten und Frost.

Äpfel auf der Terrasse

Es lohnt sich, Äpfel selbst zu kultivieren, denn bei den vielen hundert Sorten in den verschiedensten Formen, Größen, Farben und Geschmacksrichtungen ist für jeden etwas dabei. Etliche beliebte Züchtungen werden auf schwache Unterlagen veredelt und tragen normal große Früchte an kleinen Pflanzen.

BAUMOBST

Pflanze
Malus 'Fiesta'

Höhe und Breite
H 1,8 m, B 1 m

Standort
Volle Sonne

Härte
Winterhart

Erntezeit
Spätsommer bis Herbst

Topfgröße
45 cm

Topfmaterial
Ton, Stein, hoch belastbarer Kunststoff

Substrat
Tonhaltige, nährstoffreiche Blumenerde

Nicht jeder hat im Garten Platz für einen Apfelhain. Das heißt aber nicht, dass man sich dieses Obst nicht selbst ziehen kann. Man bekommt durchaus kleine Bäume für große Töpfe, die in einem sonnigen, geschützten Hof prächtig gedeihen, solange sie nicht in einer Frostsenke oder einer Windschneise stehen. Äpfel blühen meist im späten Frühjahr und werden von Insekten bestäubt, die bei starken Böen nicht landen können.

Wie hoch und breit ein Apfelbaum wird, hängt von seiner Unterlage ab. Wächst er unveredelt, wird er zu groß oder liefert wenig Ertrag. Daher veredelt man Äpfel auf eine Unterlage, die für Wachstum und Größe verantwortlich ist. Für die Topfkultur geeignete Unterlagen sind 'M26', die 2,5–3 m hohe Bäume hervorbringt, oder 'M9' für etwas kleinere Gehölze. Um gute Bestäubung zu gewährleisten, zieht man mehrere Exemplare in Töpfen oder kauft einen Baum, auf dessen Unterlage mehrere Sorten veredelt wurden.

ERTRAGSSTEIGERUNG

Gießen Sie während des Wachstums regelmäßig und geben Sie im März einen Langzeitdünger. Mit einem Schnitt im Winter bewahrt man die Kronenform und dünnt verdichteten Wuchs aus. Stehen in einem Bündel zu viele Äpfel, bleiben sie klein, weil sie nicht genug Platz zum Wachsen haben. Der Baum wirft zwar von selbst einige Früchte ab, doch kann man durch Ausdünnen etwas nachhelfen. Dabei wird der große mittlere, minderwertige Apfel ebenso entfernt wie kranke und missgebildete Exemplare.

Die Sorte 'Fiesta' wird häufig auf schwachwüchsigen Unterlagen angeboten und trägt im Herbst süße Äpfel.

TIPP: ÄPFEL LAGERN

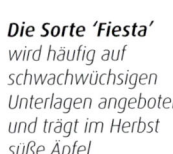

Äpfel ernten, sobald sie sich mit einer behutsamen Drehung vom Zweig lösen. In Küchenpapier wickeln und einlagig in einer Holzkiste deponieren oder ohne Hülle in Plastikschalen mit Gitter legen, sodass sie sich nicht berühren. In einer frostfreien Garage oder einem Schuppen lagern. Gelegentlich auf Fäulnis prüfen.

Empfehlenswerte Sorten

'Discovery' öffnet im Frühjahr Büschel aus hübschen weißen Blüten. Aus ihnen entwickeln sich mittelgroße, rotschalige, knackige und saftige Äpfel, die meist zum Sommerende oder Herbstbeginn erntereif sind.

'Red Falstaff' trägt dekorative runde Äpfel, die um die Herbstmitte reifen. Die für ihren hervorragenden Geschmack bekannten, knackigen Früchte halten sehr lange, man kann sie mitunter sogar noch im Frühjahr genießen.

'Egremont Russet' ist eine sehr beliebte Sorte mit leicht rauer, braungelber Schale, süßem nussigem Geschmack und cremigem Fleisch. Man erntet sie im Frühherbst. Die Äpfel halten bei guter Lagerung bis weit in den Winter hinein.

'Pixie' liefert mittelgroße, süße Äpfel mit grünlich gelber, rot überlaufener Schale an kleinen Bäumen mit sehr hohem Ertrag. Sie sehen sehr dekorativ aus. Man pflückt sie zur Herbstmitte von den Bäumen.

'Improved Ashmead's Kernel' ist eine Traditionssorte mit aromatischen Äpfeln, die eine blassgelbe Schale tragen und nach Birnendrops schmecken. Die süßen, saftigen Früchte verzehrt man roh oder gekocht. Sie reifen im Herbst.

'Ellison's Orange' wird von vielen Gärtnereien auf einer schwachen Unterlage verkauft. Die alte Sorte trägt grüngelbe, rot überlaufene Äpfel mit knackigem, saftigem Fleisch und leichtem Anisgeschmack. Erntezeit ist der Frühherbst.

Birnen in Töpfen

Moderne, schwach wachsende Unterlagen haben es möglich gemacht: Durch sie wurde selbst der wüchsigste aller Obstbäume, die Birne, topfkompatibel. Birnen sind so leicht zu kultivieren wie Äpfel und brauchen lediglich ein Quäntchen mehr Wärme, Sonne und Schutz vor Frost und Wind. Wenn diese Voraussetzungen aber stimmen, dann belohnt der Baum Sie mit einem überreichen Segen himmlisch süßer Früchte.

BAUMOBST

Pflanze
Birne 'Terrace Pearl'

Höhe und Breite
H 1,2 m, B 1 m

Standort
Volle Sonne

Härte
Winterhart

Erntezeit
Spätsommer bis Herbst

Topfgröße
Mindestens 45 cm

Topfmaterial
Kunststoff, Ton, Stein

Substrat
Tonhaltige, nährstoffreiche Blumenerde

Manche Zwergformen schaffen es gerade mal auf Hüfthöhe und tragen doch im Frühjahr Unmengen schaumig weißer Blüten, aus denen später viele köstliche Birnen reifen. Zu den kleinsten Sorten überhaupt gehört 'Terrace Pearl'. Den Wuchs größerer Züchtungen kann man begrenzen, indem man sie als Kordon, Spalier oder Fächer zieht. Eine weitere Möglichkeit sind Duo-Birnen mit zwei Sorten an kurzen Fruchtspießen direkt am Stamm statt an ausladenden Zweigen.

Pflanzen Sie Birnen in große Gefäße mit tonhaltiger Erde und gießen Sie regelmäßig. Im Frühjahr brauchen die Gehölze einen Langzeit-Volldünger. Wildtriebe werden am Ansatz entfernt.

AUSDÜNNEN

Birnen werfen einige heranreifende Früchte selbst ab, müssen aber trotzdem noch ausgedünnt werden. Im Sommer entfernt man deformierte und verletzte Exemplare, damit die verbleibenden mehr Platz haben. Geerntet wird im September und Oktober durch leichtes Drehen der Früchte.

Die Zwergsorte 'Terrace Pearl' *hüllt sich in weiße Blüten und trägt für einen so winzigen Baum erstaunlich viele Früchte.*

TIPP: SCHNITT

Regen Sie die Bäume durch Schnitt zu reicherem Fruchtansatz an. Dazu im Sommer Seitenzweige auf 5–6 Blätter zurückschneiden, sodass 5–6 Blätter vom diesjährigen Wuchs bleiben. Seitentriebe von diesen Zweigen auf 3 Blätter über dem dicht gedrängten Blattbündel am Ansatz und neue Seitentriebe auf ein Blatt über dem Blattbündel zurückschneiden. Im Winter in Form bringen.

Empfehlenswerte Sorten

'Concorde' ist eine reich fruchtende, für ihre schlanken, aber saftigen und weichschaligen Früchte bekannte Birne.

'Doyenné du Comice' trägt im Hochsommer große Früchte mit rauer gelbgrüner Schale und braucht es warm.

'Humbug' hat grün, gelb und rosa gestreifte, tränenförmige Früchte, die sehr süß und saftig sind.

'Williams' Bon Chrétien' bringt zum Herbstanfang große blassgrüne Früchte mit köstlichem Geschmack.

Aufrechte Kordonbirnen sind für Höfe und Terrassen ideal. Sie tragen ihre Früchte ganz nah am Stamm an kurzen Spießen und nicht an ausladenden Ästen.

Exoten

Schon erstaunlich, was man in einem warmen Innenhof alles in Gefäßen kultivieren kann. Wer die mexikanische Küche schätzt, möchte vielleicht selbst Tomatillos ernten, die ein wichtiger Bestandteil der klassischen Salsa verde sind. Gesundheitsbewusste wiederum sparen viel Geld, wenn sie sich mit Goji-Beeren und Apfelbeeren ihr eigenes »Superfood« ziehen. Die beiden sind reich an Antioxidantien, unkompliziert und auch noch hübsch anzusehen.

Goji-Beere

Pflanze
Goji-Beere (Gewöhnlicher Bocksdorn)

Höhe und Breite
H und B 1,2 m

Standort
Sonne oder Halbschatten

Härte
Winterhart

Erntezeit
Herbst

Topfgröße
30 cm

Topfmaterial
Ton, Stein, glasierte Keramik

Substrat
Tonhaltige, nährstoffreiche Blumenerde mit Zusatz von Grobsand

Die ovalen roten Früchte der Goji-Beere glänzen wie Perlen an den Zweigen des winterharten Strauchs. Neben ihrem ästhetischen Wert aber haben sie auch einen gesundheitlichen Nutzen, enthalten sie doch reichlich Antioxidantien, Vitamine und Mineralien. Jungpflanzen bekommt man im Frühjahr. Sie werden in Töpfe mit tonhaltiger Erde gepflanzt. Um die Dränage zu verbessern, arbeitet man etwas Kies in das Substrat ein und stellt das Gefäß auf Füße. Ein Langzeitdünger sorgt für den nötigen Nährstoffnachschub. Gießen Sie regelmäßig und schneiden Sie im Frühjahr leicht zurück. Auf die violetten oder rosa Blüten im Sommer folgen im Herbst die Früchte, doch trägt die Pflanze erst im zweiten Jahr.

TIPP: BEEREN TROCKNEN

Die Beeren genießt man frisch oder getrocknet. Zum Trocknen breitet man die Früchte einlagig auf einem Drahtgitter aus und lässt sie entweder an einem warmen, hellen Platz oder im Ofen bei niedriger Temperatur trocknen. Früchte nicht berühren, da sie die Haut verfärben.

Die reifen Beeren
sind sehr gesund. Man genießt sie frisch oder getrocknet.

Apfelbeere

Pflanze
Apfelbeere

Höhe und Breite
H und B 1,2 m

Standort
Sonne oder Halbschatten

Härte
Winterhart

Erntezeit
Herbst

Topfgröße
30 cm

Topfmaterial
Ton, Stein, glasierte Keramik

Substrat
Tonhaltige, nährstoffreiche Blumenerde

Die nährstoffreichen, johannisbeerartigen Apfelbeeren werden zu Saft und Marmelade verarbeitet. Im Frühjahr und Sommer bildet dieser sommergrüne Strauch einen Busch aus glänzendem grünem Laub, doch im Herbst entflammen die Blätter in einem feurigen Rot, das noch kräftiger ausfällt, wenn er in der vollen Sonne steht. Auf die kleinen weißen Blüten im Frühjahr folgen dunkelviolette Beeren im Herbst.

In ihrer natürlichen Umgebung wachsen Apfelbeeren in feuchten, sauren Böden, doch kommen sie auch mit anderen Bedingungen zurecht. Man pflanzt sie in mineralische Erde und wässert gut.

SORTENAUSWAHL
Die Art trägt zwar reichlich Beeren, doch eignen sich kleine Sorten wie Iroquois Beauty ('Morton') und 'Hugin' besser für die beengten Verhältnisse in einem Kübel.

Apfelbeeren sind reich an Antioxidantien.

Tomatillo

Pflanze
Tomatillo 'Toma Verde'

Höhe und Breite
H und B 1 m

Standort
Volle Sonne

Härte
Verträgt keine Temperaturen unter 0 °C

Erntezeit
Spätsommer

Topfgröße
20 cm

Topfmaterial
Kunststoff

Substrat
Tonhaltige, nährstoffreiche Blumenerde

Tomatillos sind mit der Kapstachelbeere verwandt.

Die mit der Kapstachelbeere verwandten Tomatillos tragen in einer papierartigen Hülle breite Früchte, die aber im Gegensatz zu denen ihrer Cousine grün sind. Die großen gelben Blüten der wüchsigen, frostempfindlichen Gewächse kündigen Spätsommerfrüchte an, die in der mexikanischen Küche häufig zum Einsatz kommen.

AUSSAAT
Ausgesät wird im März–April dünn in kleine Töpfe. Sobald die Sämlinge groß genug sind, vereinzelt man sie. Nach dem letzten Frost können sie in einem sonnigen, geschützten Winkel draußen stehen, doch fruchten sie in einem Wintergarten oder Gewächshaus besser. Tomatillos sind nicht selbstbefruchtend, brauchen also ein weiteres Exemplar in der Nähe. Wie bei den ebenfalls mit ihnen verwandten Stabtomaten müssen die Triebe an Ruten gebunden werden. Zu starkes Gießen verwässert den Geschmack. Für einen gelegentlichen Flüssigdünger sind Tomatillos dankbar. Geerntet werden die noch grünen Früchte im Spätsommer.

PFLANZUNG UND PFLEGE

In diesem Kapitel finden Sie einige wertvolle Informationen über die Pflanzung und Pflege Ihrer Bäume, Sträucher und Stauden. Weiter erhalten Sie nützliche Tipps, wie man Gemüsesamen am besten in Gefäße aussät. Schädlinge und Krankheiten können Ihre ganze Arbeit zunichtemachen. Wie Sie sich gegen einen Befall wehren und andere Probleme beheben, erfahren Sie ebenfalls hier.

Säen Sie Gemüsesamen mit Sorgfalt aus, um die Früchte Ihrer Mühe ernten zu können. Gutes Gießen hält die Pflanzen gesund. Erkennen Sie häufige Schädlinge und Krankheiten. Mulch hilft Feuchtigkeit speichern.

Sträucher und Stauden pflanzen

Das Bestücken von Gefäßen mit Stauden und Sträuchern geht überraschend leicht, wenn man sich an bewährte Vorgehensweisen hält. Wichtig ist die sorgfältige Auswahl von Töpfen und Erden: Die Gefäße sollten so groß sein, dass sie das Gewächs in endgültiger Größe aufnehmen können, während das Substrat der Pflanze geeignete Bedingungen bieten muss. Solange die Temperatur nicht unter dem Gefrierpunkt liegt, kann man das Bepflanzen zu jeder Jahreszeit erledigen.

1 Ein Gefäß mit Abzugslöchern auswählen und das Loch mit Tonscherben oder Stücken einer Styroporverpackung abdecken, um zu verhindern, dass das Substrat verschlämmt und das Loch verstopft.

2 Das für die Pflanze geeignete Substrat auswählen und den Kübel in etwa zur Hälfte damit füllen. Tontöpfe vorher eventuell mit Luftpolsterfolie ausschlagen, um den Wurzelballen vor Frostschäden zu schützen.

3 In die Topferde Langzeitdünger mischen; dabei die Dosierhinweise auf der Verpackung beachten. Das Granulat versorgt die meisten Stauden und Sträucher die ganze Wachstumszeit über mit Nährstoffen.

4 Pflanzen gut wässern. Dazu in Wasser stellen, bis keine Blasen mehr aufsteigen. Abtropfen lassen und auf dem Substrat im Kübel mehrere Anordnungen ausprobieren, ohne die Gewächse aus ihrem Topf zu nehmen.

5 Sobald man zufrieden mit dem Arrangement ist, Töpfe entfernen und Pflanzen wieder in den großen Kübel stellen, dabei Erde zwischen die Ballen streuen. In genau der Tiefe einsetzen, in der sie im alten Topf standen.

6 Beim Bepflanzen 5 cm Abstand zwischen der Substratoberfläche und dem Kübelrand lassen, damit beim Gießen kein Wasser überschwappt. Gefäß an einen Platz stellen, der den Pflanzen behagt. Von nun an regelmäßig gießen und dabei nicht die Blätter und Blüten benässen, sondern die Tülle direkt auf das Substrat halten.

Zwiebeln in Gefäße pflanzen

Töpfe voller frühjahrsblühender Zwiebelblumen erfreuen nach der Abfolge dunkler Wintertage. Planen Sie voraus und bestücken Sie die Gefäße schon im Herbst. Optimale Wirkung erzielt man, wenn man unterschiedliche Blüten im großen Gefäß arrangiert.

1 Topf wie für Sträucher und Stauden vorbereiten (*siehe gegenüber*). Substrat einfüllen und die größten Zwiebeln, z. B. Narzissen, darauflegen. Sie müssen doppelt so tief gepflanzt werden, wie sie hoch sind.

2 Zwiebeln mit einer Lage Erde bedecken, dann kleinere Zwiebeln daraufsetzen, etwa Tulpen. Die Spitzen der Zwiebeln müssen nach oben zeigen. Enger setzen, als auf der Verpackung angegeben.

3 Zwiebeln mit Erde zudecken, dann kleine Zwiebeln, etwa Traubenhyazinthen (*Muscari*), darauflegen. Wieder mit Erde abdecken und Topf auf Füße stellen, um Staunässe zu vermeiden. An einen sonnigen Platz stellen.

SUBSTRATE

UNIVERSALERDE
Diese leichte Blumenerde hat keinen Tonanteil und ist für die meisten Töpfe geeignet. Manche Mischungen enthalten genug Nährstoffe, um Pflanzen bis zu sechs Wochen zu ernähren. Auch torffreie Biosubstrate sind erhältlich.

TONHALTIGE ERDE
Sie enthält Ton und ist daher schwerer. Sie speichert Wasser und Nährstoffe besser als Universalerde und eignet sich für langfristige Pflanzungen. Es werden unterschiedliche Qualitäten je nach Nährstoffgehalt unterschieden. Pelargonien und Obstgehölze brauchen relativ hohe Nährstoffgehalte.

WASSERPFLANZENERDE
Diese keimfreie Gartenerde mit Kiesanteil liegt stabil im Wasser. Dank ihres geringen Nährstoffgehalts bleibt die Wasserqualität hoch.

SPEZIALERDEN
Im Fachhandel sind Substrate für die verschiedensten Pflanzengruppen wie Orchideen, Kakteen, Rosen usw. erhältlich.

Moorbeeterde ist eine Spezialmischung für Gewächse, die saures Substrat bevorzugen.

Wählen Sie Zwiebeln, *die gleichzeitig blühen und einen grandiosen Blütenreigen aufführen. Dieses Arrangement blüht im April.*

Bäume in Kübel pflanzen

Kleine Bäume in großen Gefäßen sind elegante Gestaltungselemente, die Höfe und Terrassen aufwerten und als Blickfang im Garten eingesetzt werden. Wählen Sie kleine bzw. kompakte Formen oder solche, die auf eine schwache Unterlage veredelt wurden. Wichtig ist ferner sorgfältiges Einpflanzen. Nicht vergessen: Ihre Gehölze in Töpfen müssen jährlich im Frühjahr mit Nährstoffen versorgt werden. Außerdem darf der Wurzelballen nie völlig austrocknen.

1 Großes Gefäß mit Abzugslöchern kaufen. Über den Löchern Topfscherben oder Styroporstücke verteilen. Den Baum in einen Eimer Wasser stellen, damit sich der Wurzelballen mit Wasser vollsaugt.

2 Gefäß teilweise mit tonhaltiger, nährstoffarmer oder -reicher Erde befüllen und etwas Langzeitdüngergranulat in der auf der Verpackung angegebenen Dosierung dazumischen.

3 Den Baum im Wasser lassen, bis keine Bläschen mehr aus dem Ballen aufsteigen. Aus dem Wasser holen, Topf entfernen und Wurzeln behutsam lockern. Aufrecht in das neue Gefäß stellen.

4 Der Topfballen muss genauso tief im neuen Gefäß stehen wie im alten. Um den Wurzelballen Erde einfüllen, in die Langzeitdünger gemischt wurde. Dabei immer wieder festdrücken.

5 Mindestens 5 cm Abstand zwischen Substrat und oberem Topfrand lassen, um den Ballen gut gießen zu können. Erde um den Wurzelballen festdrücken und erneut prüfen, ob der Stamm aufrecht steht. Gut wässern und den Ballen ständig feucht halten. Jährlich im Frühjahr düngen; dazu die oberste Erdschicht entfernen und durch frische tonhaltige Erde mit Langzeitdünger ersetzen.

Hängekörbe bepflanzen

Bepflanzen Sie einen großen Hängekorb mit Gewächsen unterschiedlicher Farben und Strukturen, damit er möglichst lange gut aussieht. Im Sommer bietet sich eine herrliche Krone aus Blüten und Laub an (*wie hier gezeigt*), während man für die kalte Jahreszeit Empfindliches durch winterharte Gewächse wie Gräser, Zwiebeln und Stiefmütterchen ersetzt. Hängen Sie die Ampel in Kopfhöhe auf.

1 Den Korb in einen Topf stellen und mit geeignetem Material, etwa einem Einsatz aus Kokos, ausschlagen. Eine durchlöcherte Folie auf den Grund legen und mit Kies bedecken.

2 In den Einsatz knapp über der Folie kreuzförmige Schlitze schneiden. Eine Lage Erde in den Einsatz füllen. Die Pflanzen in Folie wickeln. Durch jeden Schlitz eine Pflanze ziehen.

Hier ergänzen sich *Verbena* 'Derby' und *Verbena* 'Peaches 'n' Cream' zu einem Arrangement, dazu kommen hängende, blaue Lobelien, *Lotus berthelotii*, *Dichondra argentea* 'Silver Falls' und eine rosa *Diascia*. Solche Pflanzungen müssen täglich gegossen werden, selbst bei Regen. Im Herbst entfernt man sie und wirft sie auf den Kompost. An ihre Stelle treten vom Herbst bis zum Frühjahr immergrüne Gräser, Blumenzwiebeln und Hornveilchen.

3 Korb bis knapp unter den Rand mit Erde füllen, dann restliche Gewächse einsetzen. Dabei mit der größten Pflanze in der Mitte beginnen und kleine oder hängende am Rand platzieren.

4 Zwischen die Pflanzen mehr Erde mit Langzeitdünger einfüllen. Gut angießen und eine Kiesschicht auf das Substrat streuen, um Feuchtigkeit zu speichern und Unkraut zu vermeiden.

TIPP: HALTERUNGEN BEFESTIGEN

Um eine Halterung für einen Hängekorb sicher an der Wand zu befestigen, hält man sie an die Wand und prüft mit einer Wasserwaage, ob sie gerade ist. Dann zeichnet man die Bohrlöcher an, entfernt die Halterung und bohrt Löcher genau dort, wo sich die Markierung befindet. Stecken Sie Dübel in die Löcher, legen Sie die Halterung an und schrauben Sie in alle gebohrten Löcher mit Beilagscheiben unterlegte Schrauben. Justieren Sie die Halterung bei Bedarf und ziehen Sie die Schrauben fest.

Pflege von Topfpflanzen

Pflanzen in Hängekörben, Töpfen und Kästen brauchen mehr Pflege als ihre Gegenstücke im Freiland, wo den Wurzeln genug Bodenfeuchtigkeit und Nährstoffe zur Verfügung stehen. Für die notwendige Versorgung der Gewächse in ihren engen Gefäßen müssen Sie angemessen sorgen. Allerdings gibt es ein paar Tricks, wie man sich die Arbeit etwas erleichtern und Zeit sparen kann. Beherzigen Sie die folgenden Tipps.

Gießen

Wenn Pflanzen gesund und wüchsig bleiben sollen, müssen sie gut mit Wasser versorgt werden. Wer nicht genug Zeit hat, sie im Sommer oder bei Trockenheit täglich zu gießen, wählt große Gefäße, die mehr Erde fassen und damit auch mehr Wasser speichern. Kleine Tontöpfe müssen am häufigsten gegossen werden, während in hohen Gefäßen aus Kunststoff und anderen undurchlässigen Materialien das Wasser nicht so schnell verdunstet. Auch das Abdecken der Erde mit einer Lage Mulch trägt dazu bei, Feuchtigkeit zu bewahren (*siehe Seite gegenüber*).

Beim Einpflanzen lässt man zwischen der Oberfläche der Topferde und dem Gefäßrand 5 cm Abstand, damit Wasser sich dort sammeln und zu den Wurzeln sickern kann. Gießen Sie direkt auf die Erde, wo die Feuchtigkeit gebraucht wird, und nicht auf die Blätter.

*Oben **Ein-, zweimal die Woche** den Ballen durchdringend gießen, damit Wasser bis zu den untersten Wurzeln gelangt. Das ist wirkungsvoller als ein paar Schluck täglich.*

*Rechts **Hängekörbe** im Sommer ein- bis zweimal täglich wässern. Ein langstieliger Schlauchaufsatz erleichtert die Arbeit.*

Automatische Bewässerung

Sie arbeiten oft lange und wollen gelegentlich in Urlaub fahren, haben aber etliche Töpfe, die zu betreuen sind? Dann sollten Sie über ein automatisches Bewässerungssystem nachdenken. Die meisten modernen Anlagen sind als Baukasten mit Zeitschaltuhr erhältlich und werden an einen Wasserhahn im Garten angeschlossen oder an einer Regentonne befestigt. Sie müssen ferner Schläuche mit Zufuhrrohren und kleinen Tropfbewässerungsdüsen verlegen, die das Wasser direkt in die Töpfe leiten.

Manche Systeme sind nicht ganz einfach zu installieren. Wenn sich die Rohre und Tropfbewässerungsdüsen schwer befestigen lassen, legt man die Schläuche ein paar Minuten in heißes Wasser, sodass sie weich werden. Außerdem sollte man alle paar Tage prüfen, ob die Pflanzen angemessen gewässert werden, und die Zufuhr entsprechend justieren.

*Oben links **Hauptschlauch** neben die Gefäße legen, auf Höhe jedes Topfs auseinanderschneiden und dort ein Zufuhrrohr mit Anschluss einfügen.*

*Oben **Schläuche für die Tropfbewässerung** an die Zufuhrrohre stecken und auf das Substrat legen.*

*Links **Zeitschaltuhr** an den Wasserhahn anschließen und so einstellen, dass frühmorgens oder abends, wenn es kühler ist, gewässert wird.*

Düngen

Drei Hauptnährstoffe brauchen die Pflanzen, um gesund zu bleiben und gut zu wachsen: Stickstoff (N), der für das Blatt- und Triebwachstum gebraucht wird, Phosphor (P), den vor allem die Wurzeln benötigen, und Kalium (K), das die Blüte und den Fruchtansatz fördert. Flüssigvolldünger setzen sich normalerweise aus allen drei Nährstoffen in einem ausgewogenen Verhältnis zusammen. Spezialdünger zur Förderung der Blüten- und Fruchtentwicklung hat einen höheren Kaliumanteil, während Präparate für Blattschmuckpflanzen mehr Stickstoff enthalten.

AUSWAHL
Für Bäume, Sträucher und Stauden, die einige Jahre in einem Topf verbringen, bietet sich die Verwendung von Langzeitdünger im Frühjahr an. Diese Präparate sind meist als Granulat erhältlich. Sie lassen sich leicht ausbringen und versorgen Pflanzen für die gesamte Wachstumszeit. Wer den Blüten- oder Fruchtansatz fördern will, verabreicht seinen Gewächsen außerdem einen kaliumreichen Flüssigdünger, sobald sich die Blütenknospen öffnen – ideal für alle blütenden und fruchtenden Pflanzen ist Tomatendünger. Gewächse mit speziellen Bedürfnissen wie Orchideen oder Zitrusbäume brauchen ein speziell auf ihre Pflanzengruppe zugeschnittenes Präparat.

Mulchen

Mulch ist organisches oder anorganisches Material, das man auf der Oberfläche der Erde verteilt, damit die Feuchtigkeit darin länger gespeichert und die Verdunstung über die Oberfläche reduziert wird. Vor dem Streuen einer Mulchschicht wässert man den Ballen gründlich.

Eine Lage Mulch, die so dick ist, dass kein Licht mehr hindurch dringt, unterdrückt außerdem Unkraut. Soll das Ganze obendrein gut aussehen, verwendet man dekorativen Mulch – vor allem bei einstämmigen Pflanzen wie Bäumen, bei denen die Substratoberfläche gut zu sehen ist.

MATERIAL
Ideal für Töpfe ist ein zugleich praktischer und dekorativer Mulch. Dazu gehören gewaschener Kies, farbige Glasbrocken, die gemahlen wurden, um die scharfen Kanten abzuschleifen, und getrocknete bzw. zerstoßene Muschelschalen, ein Abfallprodukt aus der Fischerei. Bei größeren Gefäßen kann man es mit Kieselsteinen, Schiefermulch oder gehäckselter Rinde probieren. Mulch tut allen Gewächsen gut, vor allem aber alpinen und trockenheitsliebenden Pflanzen, die keine Nässe am Ansatz vertragen.

Streuen Sie um Sommerblumen und alpine Pflanzen einen Kiesmulch. Da das Wasser von dort sogleich in die Erde versickert, hält er die Gewächse trocken, sodass sie nicht faulen.

Dekorativer Mulch, etwa aus Muschelschalen, erhöht den ästhetischen Reiz von Topfpflanzungen. Man kann fast jedes Material verwenden, z. B. Nussschalen, Glasperlen und sogar Knöpfe.

Gemüse aussäen

Sie dachten, die Aufzucht aus Samen sei nur etwas für Gartenspezialisten? Weit gefehlt. Die meisten Gemüse-Arten keimen rasch und bereitwillig. Sie brauchen zu Beginn ihres Lebens lediglich ein kleines bisschen Pflege und Aufmerksamkeit. Hier erfahren Sie, wie Sie direkt in Gefäße draußen aussäen. Die Aussaat frostempfindlicher Nutzpflanzen wie Tomaten ist unter den jeweiligen Beschreibungen behandelt (*siehe S. 156–191*).

1 Topf wie für Sträucher und Stauden vorbereiten (*siehe Schritt 1, S. 234*). Bis 5 cm unter den Rand mit einer Mischung aus Universal- und tonhaltiger Erde füllen. Samen wie auf der Verpackung angegeben aussäen.

2 Ballen mit feiner Brause wässern, damit die Pflänzchen nicht weggeschwemmt werden. An einen sonnigen, geschützten Platz stellen und die Erde feucht halten. Die meisten Samen keimen binnen 1–2 Wochen.

3 Sobald die Sämlinge mindestens 4 Blätter tragen, entfernt man die schwächsten Pflanzen, damit die restlichen genug Platz haben – die Abstände sind auf der Verpackung angegeben. In Töpfen können sie etwas enger stehen.

4 Sämlinge immer gut gießen. Lässt man das Substrat völlig austrocknen, wachsen sie nicht mehr zügig weiter. Vermeiden Sie aber auch Staunässe; stellen Sie daher Töpfe auf Füße oder Steine.

5 Wenn die Pflanzen geerntet werden können, nimmt man sie behutsam mit einer Handgabel aus der Erde. Blattsalate und Mangold können auch einfach mit einer scharfen Schere am Ansatz abgeschnitten werden. Schnell reifendes Gemüse wie Radieschen wird alle paar Wochen neu gesät, damit man satzweise den ganzen Sommer ernten kann.

Tomaten in Erdsäcken ziehen

Das Substrat in Kultursäcken wurde speziell gemischt, um ein optimales Pflanzenwachstum zu gewährleisten. Leider kann die Erde darin aber auch sehr schnell austrocknen. Daher erhöht man ihr Volumen, indem man Töpfe in die Löcher steckt und mit Universalerde füllt. Dadurch steht den Pflanzen mehr Substrat als Wurzelraum und zur Speicherung von Gießwasser zur Verfügung.

1 Mit einem Messer drei große runde Löcher in den Beutel schneiden. Kunststofftöpfe ohne Boden in die Löcher stecken (man kann den Boden selbst entfernen oder unten offene Töpfe kaufen) und mit Erde füllen.

2 Tomatenpflanzen in die Töpfe setzen, sobald sich die ersten Blüten öffnen – eine Tomatenpflanze pro Topf genügt. Den Wurzelballen so in das Substrat setzen, dass er geringfügig versenkt steht. Gut angießen.

3 Stäbe als Stütze in die Erde stecken. Wüchsige Seitentriebe in den Blattachseln abzwicken, da sie zu viel Energie wegnehmen, die für den Fruchtansatz gebraucht wird. Wöchentlich einen Tomatendünger geben.

4 Wachsende Triebe mit Bast oder einer weichen Schnur an die Ruten binden. Damit die Pflanzen nicht zu hoch werden, kappt man die Spitze des Triebs 2–3 Blätter oberhalb des letzten Fruchtbüschels.

5 Tomaten die ganze Wachstumszeit hindurch gut gießen, denn wenn sie nicht ausreichend Feuchtigkeit bekommen, platzen sie auf oder werden von Krankheiten befallen. Zieht man Tomaten im Gewächshaus oder gleich in mehreren Gefäßen, lohnt sich eventuell die Einrichtung eines automatischen Bewässerungssystems (*siehe S. 238*).

Schädlinge und Krankheiten

Das Risiko eines Befalls durch Schädlinge und Krankheitserreger kann man reduzieren, indem man den Pflanzen die geeigneten Bedingungen für ihr Wachstum bietet. Außerdem sollte man sie regelmäßig auf Anzeichen einer Schädigung überprüfen, um das Problem schon im Ansatz zu bekämpfen. Wenn eine Art besonders anfällig für eine Krankheit ist, pflanzt man widerstandsfähige Formen. Ist sie hingegen Ziel ständiger Schädlingsattacken, lockt man räuberische Nützlinge an.

Risiko-Minderung

Gesunden Pflanzen können Schädlinge und Krankheiten nicht viel anhaben. Sorgen Sie dafür, dass Ihre Gewächse nicht unter Stress stehen, indem Sie ihnen ideale Bedingungen bieten und sie regelmäßig gießen. Auch muss man angemessen düngen, denn ein Zuviel an Nährstoffen bringt weichen Wuchs hervor, an dem sich Blattläuse ansiedeln.

Prüfen Sie Ihre Pflanzen regelmäßig auf Befallsspuren. Gekräuselte oder missgebildete Blätter und Triebe deuten oft auf Blattlausbefall hin, während Löcher in den Blättern Anzeichen für Schneckenfraß sind. Sehen Sie sich Blütenknospen und die Laubunterseite gut an und entfernen Sie die Schädlinge per Hand oder mit einem Wasserstrahl. Krankheiten vermeidet man, indem man Töpfe und Werkzeuge desinfiziert und befallene Pflanzenteile entfernt.

Wasserstress, hervorgerufen durch Trockenheit, lässt Pflanzen kümmern und macht sie anfällig für Schädlinge. Dagegen hilft gutes Gießen.

Gesunde Pflanzen auswählen

Oben **Rosa 'Graham Thomas'** **('Ausmas')** schätzt man wegen ihrer Blüten und gesunden Blätter.

Rechts **'Sungold'-Tomaten** wurden speziell auf Süße und Widerstandsfähigkeit gegen Erreger gezüchtet.

Um Krankheiten und Schädlinge nicht unwissentlich in Ihren Garten einzuschleppen, prüfen Sie Pflanzen vor dem Kauf gut. Von welken Exemplaren oder solchen mit gelbem, fleckigem Laub und mit Unkräutern im Topf sollten Sie besser die Finger lassen.

Wenn möglich, wählt man Sorten, die eine gute Widerstandsfähigkeit gegen Krankheiten haben. Rosen beispielsweise sind anfällig für Sternrußtau, Mehltau und Rost. In Katalogen und auf Etiketten finden Sie Informationen darüber, bei welchen Sorten das Befallsrisiko geringer ist. Zahlreiche neue Züchtungen von Tomaten und anderen Gemüsesorten trotzen Viren und Fäulniskrankheiten.

Die Untersuchungsanstalten empfehlen oft bestimmte Sorten, die sich besonders gut für die Kultur eignen. Wer sie kontaktiert oder im Internet ihre Webseiten aufruft, kann viele wertvolle Tipps zu bewährten Züchtungen finden.

Nützlinge anlocken

Sowohl die Larven des Marienkäfers als auch die erwachsenen Tiere vertilgen Blattläuse. Unterstützung bekommen sie von Flor- und Schwebfliegen. Frösche und Kröten wiederum machen sich mit Vorliebe über Schnecken her. Locken Sie diese nützlichen Helfer mit nektarreichen Blüten oder einem Teich in Ihren Garten. Laubreicher Unterbewuchs wiederum ist ein gutes Versteck für Amphibien.

*Ganz oben **Marienkäfer** sind ganz wild auf Blattläuse und fliegen befallene Pflanzen gezielt an.*

*Oben **Frösche und Kröten** fressen Schnecken und Fliegen. Man lockt sie mit einem kleinen Teich an.*

Hindernisse

Optisch sind sie nicht gerade eine Bereicherung, doch schützen Vogel- und Insektennetze wirkungsvoll vor unerwünschten Mitessern. Schnecken dagegen wehrt man mit einem Kupferband ab, das um die Töpfe gewickelt wird: Das Metall versetzt den Schleimern einen elektrischen Schlag.

***Schützen Sie** Erdbeeren und anderes Obst mit Netzen vor Vögeln. Ein Kupferband um Gefäße hält Schnecken fern.*

Zimmerpflanzen

Vor Freilandschädlingen sind Zimmerpflanzen meist in Sicherheit, nicht aber vor anderen Problemen. Viele schleppt man mit neuen Pflanzen ein, weshalb man sie vor dem Kauf gründlich absucht. Die Befallsgefahr steigt, wenn man die Pflanzenpflege und -hygiene vernachlässigt.

Schmier- und Wollläuse sind saugende Insekten mit schützender Wachsschicht. Sie befallen häufig Sukkulenten und schädigen Blätter und Triebe. Man bekämpft sie mit dem Australischen Marienkäfer oder steckt Pflanzenschutzstäbchen ins Substrat.

Weiße Fliegen und ihre weißgrünen Larven saugen Saft an Zimmer- und Gewächshauspflanzen. Sie sondern Honigtau ab, auf dem sich Schwärzepilze ansiedeln. Gegen einen Befall hilft die Raubwespe *Encarsia formosa* oder ein geeignetes Insektizid.

Schildläuse sind auf vielen Zimmerpflanzen zu finden. Die durch einen flachen, runden Panzer geschützten erwachsenen Tiere saugen Pflanzensaft und schwächen dadurch die Gewächse. Man spritzt mit einem Ölpräparat oder steckt Pflanzenschutzstäbchen.

Grauschimmel lässt Gewebe verfaulen und überzieht die Pflanzen mit einem grauen Pilzrasen. Auf Blütenblättern können sich braune Flecken bilden. Man beugt einem Befall durch gutes Lüften und Gießen am Morgen zur Verringerung der Luftfeuchtigkeit vor.

Zierpflanzen: Schädlinge und Krankheiten

Rotpustelpilz Er tritt häufig auf totem Holz von Bäumen und Sträuchern auf. Bei feuchtem Wetter erscheinen kleine rosa oder rote Erhebungen auf der infizierten Rinde. Der Pilz dringt durch offene Wunden ein und bringt Zweige rasch zum Absterben. Gefährdet sind Ahorne, Ölweiden, Feigen, Johannisbeeren und Stachelbeeren. Krankes Holz sofort wegschneiden.

Echter Mehltau Er bildet einen pulvrigen weißen Überzug auf der Blattoberseite verschiedener Pflanzen. Infizierte Teile wachsen verkrüppelt. Blätter fallen ab, Knospen vertrocknen, Triebe sterben ab. Gegenmaßnahmen sind Wässern bei Trockenheit, die Verbesserung der Luftzirkulation durch Schnitt oder Belüftung und der Einsatz von Fungiziden.

Rost Die verschiedensten Pflanzen werden von dieser Pilzkrankheit befallen. Es bilden sich Pusteln aus pulverigen Sporen auf der Unterseite von Blättern und Trieben, die sich in hellen Flecken auf der Oberseite äußern. Pflanzen wie Rhododendren, Rosen und Fuchsien entwickeln orangebraune Sporen. Es kommt oft zu vorzeitigem Laubfall. Erkrankte Gewächse nicht kompostieren, sondern vernichten, um eine Ausbreitung zu verhindern. Rost wird durch Regenspritzer, Wind oder Tiere verbreitet. Rost tritt meist bei großer Feuchtigkeit auf. Infizierte Pflanzen kann man mit einem geeigneten Fungizid behandeln. Fuchsien und einige andere Gewächse reagieren empfindlich auf solche Präparate, daher muss man die Hinweise auf der Verpackung genau durchlesen.

Sternrußtau Ab dem späten Frühjahr zeigen sich dunkelbraune oder schwarze Flecken auf den Blättern. Das infizierte Laub fällt vorzeitig ab, was die Pflanze schwächen kann, doch wirkt man dem durch Förderung der Wuchskraft entgegen. Die Anfangsinfektion erfolgt vorwiegend über Flecken an Zweigen, in denen der Pilz *Diplocarpon rosae* überwintert. Mit einem starken Frühjahrsschnitt entfernt man diese Teile ebenso wie durch Wegräumen des Laubs im Herbst und Mulchen im Frühjahr. Gegen den Sternrußtau helfen verschiedene Fungizide; durch Abwechseln der jeweiligen Wirkstoffe bekämpft man ihn am wirkungsvollsten. Behandeln Sie die Pflanzen sofort nach dem Frühjahrsschnitt und ein zweites Mal beim Blattaustrieb.

Kamelien-Mosaikvirus Auf den dunkelgrünen Blättern sind gelbe bis cremeweiße Flecken bzw. Sprenkel zu sehen. Der Virus kann außerdem zu Blütenverfärbungen führen. Die Wuchskraft ist nicht beeinträchtigt, doch entfernt man befallene Zweige, um eine Ausbreitung zu verhindern. Die Infektion erfolgt über das Veredeln mit infiziertem Material.

Blattminierer Auf den Blättern sind verfärbte Linien und Flecken zu sehen. Die hellen Fraßgänge werden meist von Fliegenmaden und Schmetterlingslarven verursacht, doch kommen dafür auch Larven von Sägewespen und Käfern in Betracht. Blattminierer schädigen Pflanzen nicht ernsthaft. Einen Befall kann man durch Abdecken mit Vlies verhindern.

Zierpflanzen: Schädlinge

Lilienhähnchen 8 mm lange, rote Käfer mit schwarzem Kopf fressen das Laub von Lilien, Hakenlilien und Kaiserkronen an, schädigen aber auch Blüten und Samenstände. Die Larven sind oft völlig von den eigenen schwarzen Exkrementen bedeckt. Die Schäden treten vom Frühjahr bis zum Frühherbst auf. Man liest die Käfer von Hand ab.

Rosenzikade Sie verursacht grobe helle Sprenkel auf der Oberseite von Rosenblättern. Die Insekten saugen an der Unterseite des Laubs. Gefährdet sind vor allem Rosen, die an geschützten Standorten wachsen. Erwachsene Zikaden sind blassgelb und 3 mm lang. Werden sie gestört, springen sie von der Pflanze. Man bekämpft sie mit einem Insektizid.

Blattläuse saugen an den meisten Gartenpflanzen. Bei starkem Befall kommt es zu Kümmerwuchs. Die Tiere überziehen die Pflanze mit klebrigen Exkrementen, auf denen sich Schwärzepilze ansiedeln. Steht ein Wechsel auf eine andere Wirtspflanze an, entstehen geflügelte Blattläuse. Es helfen biologische Maßnahmen wie Stäuben oder ein Insektizid.

Ohrwürmer Sie verstecken sich tagsüber in dunklen Schlupflöchern. Nachts fressen sie weiches Laub und Blütenblätter an, etwa von Dahlien, Chrysanthemen und Clematis. In manchen Jahren treten sie in großer Zahl auf und verursachen entsprechende Schäden. Man fängt sie mit stroh- und grasgefüllten Töpfen oder bekämpft sie mit einem Insektizid.

Erdflöhe Sie fressen kleine runde Löcher in die Blattoberfläche von Kohlgewächsen und Zierpflanzen. Ein starker Befall kann Sämlinge zum Absterben bringen und das Wachstum älterer Pflanzen beeinträchtigen. Säen Sie bei günstigen Witterungs- und Bodenbedingungen, damit die Samen bald keimen und das verletzliche Stadium rasch hinter sich bringen.

Sägewespen Die raupenartigen Larven mit mindestens 7 klammernden Beinpaaren am Hinterleib fressen oft in Gruppen und können das Laub mancher Bäume, Sträucher und Stauden im Nu kahlfressen. Andere Sägewespen leben als Larven im Inneren von Früchten oder als Blattminierer. Man sammelt die Tiere von Hand ab.

Schnecken Sie raspeln mit ihren »Zungen« Blätter, Triebe und Blüten ab. Weil sie es kühl und dunkel mögen, fressen sie vorwiegend nachts oder nach Regenfällen. Besonders gefährdet sind Sämlinge und weicher, junger Wuchs. Man sammelt die schleimigen Fresser von Hand ein, streut Schneckenkorn oder schreckt sie mit Kupferbändern ab (*siehe auch S. 98*).

Dickmaulrüsslerlarven werden bis zu 10 mm lang. Sie sind cremeweiß und beinlos (adulte Tiere sehen aus wie schwarze Laufkäfer). Sie fressen an Pflanzenwurzeln und bohren sich vom Herbst bis zum Frühjahr in die Knollen von Begonien und Alpenveilchen ein, was Topfpflanzen abtöten kann. Man bekämpft sie mit Nematoden oder stäubt ein Insektizid.

Gemüse: Krankheiten, Störungen und Schädlinge

Bütenendfäule an Tomaten Sie wird verursacht durch Kalziummangel und kommt oft in sauren oder unzureichend mit Wasser versorgten Böden vor, was die Kalziumaufnahme der Pflanzen behindert. Am Blütenende der Frucht erscheint ein eingesunkener, ledriger, dunkelbrauner bis schwarzer Fleck. Man entfernt befallene Tomaten und gießt besser.

Kohlhernie wird in der Regel über in den Garten gebrachte Sämlinge eingeschleppt. Sie lässt Gemüsewurzeln unförmig anschwellen. Die Pflanzen wachsen verkrüppelt und das Laub welkt an heißen Tagen, erholt sich aber nachts wieder. Durch verbesserte Dränage und tonhaltige Qualitätserde im Gemüsetopf vermindert man das Befallsrisiko.

Kraut- und Braunfäule an Tomaten Die Früchte verfärben sich und faulen. An den Blättern entstehen braune Flecken. Besonders gefährdet sind Freilandpflanzen. Erntet man Früchte von kranken Exemplaren, wartet man 5 Tage. Faulen sie in dieser Zeit nicht, können sie gegessen werden. Vorbeugend ein Fungizid z. B. auf der Basis von Fosetyl spritzen.

Kartoffelschorf Auf der Schale bilden sich schorfige Stellen. Die Knollen sehen nicht schön aus, doch sind die Schäden nicht schlimm. Sie treten in leichten Böden mit wenig organischer Substanz auf und sind in trockenen Jahren häufiger. Gute tonhaltige Erde verwenden, während der Knollenbildung genug gießen und resistente Sorten pflanzen.

Kraut- und Knollenfäule an Kartoffeln An der Blattspitze sind nekrotische Flecken sichtbar, die größer werden und das Blatt absterben lassen; die Fäule äußert sich in harten, rotbraunen Flecken. Sie breitet sich bei Nässe rasch aus. Vom Wind übertragene Sporen können Pflanzen infizieren. Befallene Knollen lassen sich nicht mehr lagern. Mit Fungizid behandeln.

Falscher Mehltau an Kohl Er schädigt vor allem Sämlinge; auch Samen können infiziert sein. An der Blattoberseite erscheinen gelbe Flecken mit weißen Pilzrasen unter den Verletzungen. Man verbessert die Luftzirkulation, indem man den Pflanzen mehr Platz lässt. Kaufen Sie resistente Sorten und verwenden Sie in jedem Jahr frische Erde.

Tomatenviren Blätter werden fleckig und wachsen missgebildet, der Fruchtertrag ist gering. Das höchst ansteckende Tomatenmosaikvirus (TMV) ist ein ernster Krankheitserreger. Die Frucht bildet sich oft nicht; junge Tomaten wirken verbrannt oder streifig. Beim Auftreten der ersten Symptome vernichtet man die Pflanze sofort. Werkzeug und Hände desinfizieren.

Gemüseeule Braune oder hellgrüne, bis 4 cm lange Raupen mit dünnem gelbem Streifen an den Seiten erscheinen in der zweiten Sommerhälfte. Sie fressen Laub und Früchte von Tomaten. Anschließend verkriechen sie sich zum Verpuppen in den Boden. Man sammelt die Raupen von Hand ab oder stäubt zur Abwehr mit Gesteinsmehl.

Gemüse: Schädlinge

Kohlweißling Die gelben und schwarzen Raupen dieses Falters fressen die äußeren Blätter ab. Mit feinen Netzen verhindert man, dass die Schmetterlinge ihre Eier ablegen. Die Raupen werden von Hand aufgesammelt oder mit Bacillus thuringiensis bekämpft, doch Exemplare, die im Inneren des Kohls fressen, erwischt man damit nicht.

Möhrenfliege Die dünnen, blassen, bis 10 mm langen Maden fressen Gänge in Karotten, Pastinaken und Petersilienwurzeln. Ein wirksames Insektizid gibt es nicht. Man schützt die Möhren mit Vlies oder zieht sie in hohen Töpfen, was sie ebenfalls vor Angriffen schützt, da das Insekt nur bodennah fliegt. 'Flyaway' und 'Resistafly' sind weniger anfällige Sorten.

Kohlerdfloh Die winzigen schwarzen Käfer befallen Kohlgewächse wie Kopfkohl, Blumenkohl und Brokkoli, Speise- und Steckrüben, Rettiche und Rucola. Sie fressen kleine Löcher in das Laub und killen Sämlinge. Man fördert durch gutes Gießen deren Wachstum oder stäubt die Pflanzen mit Gesteinsmehl. Es ist kein Insektizid zugelassen.

Erdraupen Die bräunlich weißen Raupen mehrerer Motten-Arten leben in der Erde und fressen Löcher in Wurzelgemüse und Kartoffeln. Sie vernichten außerdem Sämlinge und Blattsalate durch Anfressen der Wurzeln. Eine wirksame Gegenmaßnahme gibt es nicht. Wenn die Pflanze welkt, versucht man die Raupen im Boden zu finden und zu entfernen.

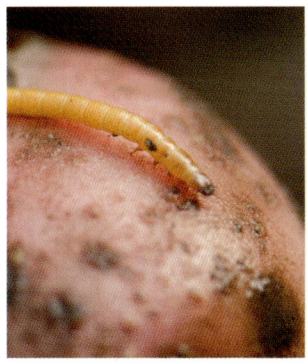

Drahtwürmer Die schmalen, orangegelben Larven werden bis 25 mm lang und haben am Kopfende drei kurze Beinpaare. Sie sind vor allem in neuen Gärten ein Problem, vernichten Sämlinge und bohren sich in Kartoffelknollen, Zwiebeln und anderes Wurzelgemüse. Ein wirksames Insektizid ist nicht verfügbar, nach 1–2 Jahren aber nimmt ihre Zahl ab.

Lauchmotte Die weißlich grünen, bis 11 mm langen Raupen sind Blattminierer, fressen aber auch Gänge in die Stängel und Zwiebeln von Lauch sowie Speisezwiebeln. Jungpflanzen können durch Sekundärinfektionen faulen und absterben. Ein wirksames Insektizid ist nicht erhältlich. Man schützt die Pflanzen, indem man sie unter Vlies kultiviert.

Erbsenwickler Motten legen in der ersten Sommerhälfte Eier auf Erbsenpflanzen. Die Raupen bohren sich in die Hülsen und ernähren sich von den Samen. Durch frühe oder späte Aussaat schnell reifender Sorten, die vor oder nach dem Flug der Schmetterlinge blühen, umgeht man einen Befall. Offene Lagen sind weniger stark gefährdet.

Tauben Die Vögel fressen die Blätter von Erbsen, Kopfkohl und anderen Kohlgewächsen an. Schäden sind das ganze Jahr über möglich, im Winter aber häufiger. Gefährdete Pflanzen zieht man unter Netzen, um die Vögel fernzuhalten. Abwehrmaßnahmen gegen die gefräßigen Tiere zeigen meistens nur für kurze Zeit Wirkung.

Obst und Kräuter: Krankheiten, Störungen, Schädlinge

Monilia-Fruchtfäule Sie befällt viele Obstarten. Auf den Früchten erscheinen weiche, faule Stellen, die schnell größer werden. Auf dem Gewebe bilden sich helle Sporenringe. Faulende Früchte bleiben am Baum hängen, sodass der Pilz auch in die Zweige eindringen kann. Kranke Holzpartien und Früchte werden entfernt, um eine Ausbreitung zu verhindern.

Schorf Es entstehen braune, schorfige Stellen auf der Fruchtschale und graugrüne Flecken auf dem Laub. Apfel- und Birnenfrüchte bleiben oft klein, sind missgebildet, platzen häufig auf und faulen. Man recht infizierte Blätter und Früchte auf und vernichtet sie. Schorfige, aufgeplatzte Triebe abschneiden. Mit einem geeigneten Fungizid behandeln.

Obstbaumkrebs Knospen oder Wunden an Apfel- und Birnbäumen werden durch die Krankheit elliptisch und bilden konzentrische Ringe aus eingesunkener Rinde. Die Sporen dringen über Wunden ein. Kranke Zweige entfernen. Größere Äste auf grünes Holz zurückschneiden und Wundbalsam auftragen. Nach Vorschrift mit Kupferhydroxid spritzen.

Kräuselkrankheit Sie befällt Pfirsich- und Aprikosenbäume. An frischen Blättern bilden sich rote oder blassgrüne Flecken. Das Laub schwillt an und kräuselt sich; später werden weiße Sporen sichtbar. Krankes Gewebe entfernt man. Sobald die Knospen im Winter schwellen und noch einmal 14 Tage darauf ein Fungizid ausbringen. Resistente Sorten kaufen.

Bitterfäule Im Fleisch und manchmal auch auf der Schale von Äpfeln entstehen braune Flecken, die bitter schmecken. Die äußeren Flecken sind leicht eingefallen, ansonsten reifen die Früchte normal aus. Vorbeugend düngt, wässert und mulcht man die Bäume angemessen und besprüht reifende Früchte mit einer Kalziumnitratlösung.

Grauschimmel an Erdbeeren Der Pilz dringt über Blüten ein und ruht, bis die Früchte reifen. Es entsteht ein grauer Überzug auf den Früchten. Verbreitet wird Grauschimmel durch direkten Kontakt oder Wind; die Sporen überleben auf Pflanzenresten und im Boden. Infiziertes Material wird entfernt. Um die Pflanzen herum mit Stroh mulchen, Unkraut entfernen.

Weißfleckenkrankheit der Erdbeere Sie wird von einem Pilz ausgelöst, der weiße, violett gerandete Flecken verursacht und sich über Regen verbreitet. An Blüten, Früchten und Trieben bilden sich Wunden. Die Pflanze wird nicht stark geschädigt, doch ist der dekorative Wert des Laubs beeinträchtigt. Man entfernt Pflanzenreste und zieht resistente Sorten.

Birnengitterrost Auf der Oberseite der Blätter bilden sich im Sommer orange Flecken. Früchte und Zweige können ebenfalls befallen sein. Der Pilz ruft an Zierwacholder Wucherungen hervor, die im Frühjahr Sporen freisetzen. Befallenen Wacholder entfernen, doch können die Sporen noch vorhanden sein. Bei einem starken Befall ein Fungizid anwenden.

Obst und Kräuter: Schädlinge

Mäuse Sie fressen im Boden die Samen von Erbsen, Bohnen und Mais, ebenso die Zwiebeln von Krokussen und Baumobst. Man kann sie durch Mäusefallen etwas dezimieren. In Gärten stellt man die Fallen am besten unter Holzhaufen oder Ziegelsteinen auf, damit keine Vögel oder Haustiere hineingeraten. Ratten verursachen ähnliche Schäden.

Apfelsägewespe Ihre Larven fressen im Inneren unreifer Äpfel, die im Frühsommer abfallen. Bleiben sie am Baum hängen, entwickeln sie im Spätsommer eine lange, braungelbe Narbe. Befallene unreife Äpfel werden entfernt. Es ist kein Insektizid zur Abwehr zugelassen. Befallene und abgefallene Früchte muss man aufsammeln und entfernen.

Pflaumenwickler In den Früchten von Pflaumen, Zwetschgen und Renekloden fressen Raupen das Fruchtfleisch. Wählen Sie später reifende Züchtungen, denn die Wickler befallen eher frühe Sorten. Eine Bekämpfung ist schwer, denn es gibt keine zugelassenen Insektizide. Pheromonfallen können im Frühsommer männliche Wickler abfangen.

Stachelbeer-Sägewespe Ihre Larven ernähren sich vom Laub von Stachelbeeren und Roten Johannisbeeren, die sie komplett kahlfressen können. Von den bis zu 20 mm langen, hellgrünen, oft schwarz gepunkteten Larven erscheinen zwischen Frühjahr und Sommerende 2–3 Generationen. Es ist kein Insektizid zur Bekämpfung zugelassen.

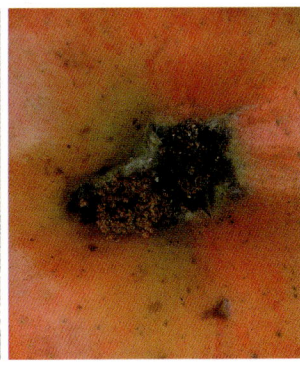

Rosmarinkäfer Die Käfer und ihre grauweißen Larven fressen das Laub von Rosmarin, Lavendel, Thymian und Salbei. Schäden treten vom Spätsommer bis zum darauffolgenden Frühjahr auf. Die erwachsenen Tiere haben eine Länge von 7–8 mm und tragen rot-grün gestreifte Deckflügel. Man schüttelt sie zur Abwehr auf Zeitungspapier.

Lorbeerblattfloh Die Larven saugen an der Unterseite der Blätter, die sich kräuseln, gelb werden und sich verdicken. Die geschädigten Teile vertrocknen und werden braun. Im Sommer erscheinen zwei Generationen des Blattflohs. Die geflügelten, 2 mm langen erwachsenen Tiere ähneln Blattläusen. Befallene Blätter zur Abwehr abzupfen.

Kuckucksspeichel Diese Gelege von Zikaden bestehen aus einer weißen, schaumigen Flüssigkeit. Die Insekten hüllen sich damit ein und fressen an den Trieben von Kräutern und Gartenblumen; ihre Larven werden besonders von Lavendel angelockt. Der Schaden an den Pflanzen ist vernachlässigbar, weshalb sich Bekämpfungsmaßnahmen erübrigen.

Apfelwickler Die Raupen fressen im Kerngehäuse von Äpfeln und Birnen. Wenn die Früchte erntereif sind, hat die Raupe sie in der Regel bereits über einen Fraßtunnel verlassen. Pheromonfallen reduzieren die Zahl der männlichen Wickler und damit auch die Nachkommen an einzelnen Apfelbäumen, was zu einer geringeren Zahl geschädigter Früchte führt.

Register

Bildnachweis und Dank

Martyn Cox dankt Alis, Louis und Lily.

Dorling Kindersley dankt folgenden Personen:
Helena Caldon für das Gegenlesen, Jane Coulter für das Register, Brian North für die zusätzlichen Fotos, Becky Shackleton für die redaktionelle Unterstützung, Mel Watson, weil sie ihre Wohnung und ihren Garten zur Verfügung gestellt hat, und Steve Crozier für seine Mitarbeit bei der Bildbearbeitung.

Der Verlag dankt folgenden Personen und Institutionen für ihre freundliche Genehmigung zum Abdruck der Fotografien:
(o = oben, u = unten, m = Mitte, go = ganz oben, l = links, r = rechts)

9 GAP Photos: Tim Gainey (ur), Graham Strong (um). **10 Marianne Majerus Garden Images:** Marianne Majerus (ur). **Photolibrary:** Ken Hayden (m). **10-11 Photolibrary:** Pernilla Bergdahl. **11 The Garden Collection:** Nicola Stocken Tomkins (ul). **Photolibrary:** Clive Nichols (mu). **12 GAP Photos:** Richard Bloom (r). **The Garden Collection:** Derek Harris (ul). **13 GAP Photos:** Jonathan Buckley - Design: John Massey, Location: Ashwood Nurseries (m), Friedrich Strauss (ul), Visions (gol). **14 GAP Photos:** J. S. Sira - Design Suzan Slater HCFS 2005 (um). **15 GAP Photos:** Richard Bloom (um). **The Garden Collection:** Marie O'Hara, Designer: Paul Williams (ul). **Photolibrary:** Flora Press (ml). **16 GAP Photos:** Suzie Gibbons, Design: David Letham (r). **Marianne Majerus Garden Images:** Marianne Majerus (mlu). **17 Photolibrary:** A. S. Milton (o), Ron Sutherland (u). **18 GAP Photos:** Graham Strong (mor, mol). **Marianne Majerus Garden Images:** Marianne Majerus (u). **19 GAP Photos:** Friedrich Strauss (o, ul). **20 GAP Photos:** Heather Edwards (mr). **Marianne Majerus Garden Images:** Marianne Majerus (ur). **21 GAP Photos:** J. S. Sira (mr). **Marianne Majerus Garden Images:** Marianne Majerus (um). **22 GAP Photos:** Friedrich Strauss (ur, ul). **Getty Images:** Janet Kimber (or). **23 GAP Photos:** Jonathan Buckley, Design: Robin Green and Ralph Cade (um). **Marianne Majerus Garden Images:** Marianne Majerus (t). **24 GAP Photos:** Friedrich Strauss (r). **Photolibrary:** Friedrich Strauss (ul). **25 GAP Photos:** Nicola Browne - Design: Jinny Blom (o), J. S. Sira, Design: Foundation Degree Course and Landscape Design Students (Year 3) Warwickshire College (ur), Rob Whitworth, Design: Jo Ward-Ellison und Janette Dollamore (ul). **26 GAP Photos:** Jerry Harpur, Design: Van Oordt (ul). **Harpur Garden Library:** Jerry Harpur (ur). **26-27 Marianne Majerus Garden Images:** Marianne Majerus. **27 GAP Photos:** Jerry Harpur - Design Christopher Bradley-Hole (u). **28 GAP Photos:** John Glover (ul). **Photolibrary:** Lynne Brotchie (ur). **29 GAP Photos:** Tim Gainey (ul). **Getty Images:** redcover.com (m). **Marianne Majerus Garden Images:** Marianne Majerus (um). **Photolibrary:** Suzie Gibbons (mr), Ellen Rooney (o). **30 GAP Photos:** Clive Nichols (ul), Friedrich Strauss (um, ur). **31 GAP Photos:** (or), Lynn Keddie (ul), Friedrich Strauss (ur, ml). **Photolibrary:** Flora Press (ol). **34 GAP Photos:** Friedrich Strauss (ul). **35 GAP Photos:** Jerry Harpur/Design Nancy Heckler - Oyster Point (or). **36 The Garden Collection:** Michelle Garrett (mr). **37 GAP Photos:** Friedrich Strauss (u). **38-39 GAP Photos:** Jerry Harpur/Design Geoffrey Whiten. **40 GAP Photos:** Jerry Harpur/Design Nancy Heckler - Oyster Point (r). **45 GAP Photos:** Neil Holmes (r). **48 GAP Photos:** Jonathan Buckley, Design: Christopher Lloyd (r). **49 GAP Photos:** BBC Magazines Ltd (mlo), Visions (mlu). **50-51 The Garden Collection:** Andrew Lawson. **51 Getty Images:** Martin Page (ur). **53 GAP Photos:** Rob Whitworth (u). **Getty Images:** GAP Photos (o). **55 Clive Nichols:** (r). **62 GAP Photos:** Friedrich Strauss.

65 Getty Images: GAP Photos RM (ur). **70 GAP Photos:** Mark Bolton/Design Bob Purnell. **73 GAP Photos:** Friedrich Strauss (u). **74 GAP Photos:** Heather Edwards (r). **82-83 GAP Photos:** Friedrich Strauss. **87 Clive Nichols:** (um). **89 Photolibrary:** Maria Mosolova (ur). **92-93 Photolibrary:** Pernilla Bergdahl. **105 Raymond Evison:** www. raymondevisonclematis.com (gor, um). **108 GAP Photos:** Claire Davies. **109 Clive Nichols:** (o). **Thompson & Morgan:** (mr/'Matacuana') www.thompson-morgan.com (ul, ul). **110 GAP Photos:** Jerry Harpur. **113 GAP Photos:** Brian North (ul). **114 GAP Photos:** Visions (r). **115 GAP Photos:** Friedrich Strauss (u, o). **116-117 Marianne Majerus Garden Images:** Marianne Majerus/Susan Bennett. **118 GAP Photos:** Friedrich Strauss (r). **119 GAP Photos:** Friedrich Strauss (o). **120 GAP Photos:** Friedrich Strauss (u). **122-123 GAP Photos:** Friedrich Strauss. **129 GAP Photos:** Neil Holmes (ur). **136 GAP Photos:** John Glover (u). **139 GAP Photos:** Friedrich Strauss (or). **142-143 GAP Photos:** Juliette Wade. **143 GAP Photos:** Visions (om). **145 GAP Photos:** Friedrich Strauss (o), Visions (u). **148 GAP Photos:** Visions (r). **152 GAP Photos:** Friedrich Strauss (ul). **154 GAP Photos:** Friedrich Strauss (ul). **155 Getty Images:** Kathy Collins (ur). **160 Photoshot:** Photos Horticultural (mr). **162 GAP Photos:** John Glover (ur). **163 Dorling Kindersley:** Airedale (u). **171 GAP Photos:** Friedrich Strauss (r). **179 GAP Photos:** Lynn Keddie (r). **180 GAP Photos:** FhF Greenmedia (r). **184 GAP Photos:** Howard Rice (r). **185 Brian North** (or). **186 Brian North** (m). **189 Garden World Images:** Martin Hughes-Jones (ul). **190 GAP Photos:** Friedrich Strauss (u). **204 Photolibrary:** (r). **205 Getty Images:** StockFood (o). **206-207 GAP Photos:** Heather Edwards. **207 Getty Images:** Tim Hawley (mr). **Photolibrary:** Martin Page (gor). **210 Marianne Majerus Garden Images:** Marianne Majerus (r, ul/Petit Muscat). **213 Blackmoor Nurseries:** www.blackmoor.co.uk (ur/Tomcot). **Getty Images:** Inga Spence (o). **214 Marianne Majerus Garden Images:** Marianne Majerus (r). **215 Photolibrary:** Richard Bloom (u). **216 GAP Photos:** Friedrich Strauss (u). **217 GAP Photos:** FhF Greenmedia (u). **Photolibrary:** Photos Lamontagne (or). **221 Getty Images:** Zara Napier (u). **223 Garden World Images:** Francoise Davis (r). **224 The Garden Collection:** Marie O'Hara (r). **225 GAP Photos:** Rob Whitworth (or). **226-227 Getty Images:** Paul Debois. **229 Photolibrary:** Claire Higgins (mr). **230 Alamy Images:** Lou-Foto (u). **Getty Images:** Brand X (mr). **232 GAP Photos:** Sarah Cuttle (um). **241 The Garden Collection:** Andrew Lawson (mr). **243 Royal Horticultural Society, Wisley:** (um). **244 Getty Images:** Nigel Cattlin/Visuals Unlimited, Inc. (or), Mark Turner (om). **Royal Horticultural Society, Wisley:** (um). **245 GAP Photos:** Sarah Cuttle (uml). **Royal Horticultural Society, Wisley:** (oml). **246 FLPA:** Nigel Cattlin (uml, umr). **GAP Photos:** Dave Bevan (aul). **Royal Horticultural Society, Wisley:** (aur). **247 GAP Photos:** Dave Bevan (aor), FhF Greenmedia (aul). **248 FLPA:** Nigel Cattlin (uml, umr). **Royal Horticultural Society, Wisley:** (ur)

Alle anderen Abbildungen © Dorling Kindersley
Weitere Informationen unter www.dkimages.com

Coverfotos
Vorn: Brian North/Howard Shooter
Buchrücken: The Garden Collection: Jonathan Buckley, Design: Alan Titchmarsh
Hinten von links nach rechts: Dorling Kindersley, Elke Borkowski, Dorling Kindersley, Clive Nichols